설악무산의 삶과 생각 그 깊이와 넓이

설악무산의 삶과 생각, 그 깊이와 넓이

초판1쇄 인쇄 2023년 8월 1일
초판1쇄 발행 2023년 8월 10일

엮은이 : 불교평론
펴낸이 : 설악·만해사상실천선양회
펴낸곳 : 인북스

주소 : 경기 고양시 일산서구 성저로 121, 1102-102.
전화 : 031) 924-7402
팩스 : 031) 924-7408

이메일 editorman@hanmail.net
ISBN 978-89-89449-93-5 93220

값 12,000원
잘못된 책은 바꾸어 드립니다.

설악무산의 삶과 생각 그 깊이와 넓이

불교평론 엮음

인북스

책머리에

부처님에게는 그 인격적 다면성을 일컫는 열 가지의 별명이 있었다. 이를 '여래십호'라고 하는데 열거하면 다음과 같다.

진리의 세계에서 오신 진실한 분(如來), 공양을 받을 만한 자격을 갖추신 분(應供), 바른 지혜를 갖추어서 알지 못하는 것이 없는 분(正遍知), 앎과 삶이 일치하시는 분(明行足), 생사의 고해를 잘 건너가신 분(善逝), 온갖 세간의 문제를 잘 이해하는 분(世間解), 비교할 수 없이 훌륭한 신사((無上士), 어리석음을 조복 받는 능력을 갖추신 분(調御丈夫), 신과 인간들의 스승으로 추앙받는 분(天人師), 진리를 깨달으신 가장 존귀한 분(佛世尊).

부처님에 대해서만이 아니다. 사람들은 자기가 좋아하는 것들에 대해서는 각자의 안목으로 다른 이름을 붙여 부르기를 즐겨 한다. 예를 들면 우리나라의 대표적 명산인 금강산의 경우 이름이 넷이다. 봄에는 금강석처럼 아름답다고 해서 금강산, 여름에는 신선들이 즐겨 먹는 약초가 무성하다 해서 봉래산, 가을에는 단풍이 붉게 물든다 해서 풍악산, 겨울에는 모든 잎이 다 떨어져 뼈만 드러난다고 해서 개골산이라 한다. 어떤 사람이 언제 금강산에 갔는지, 가서 무엇을 보았는지에 따라 달리 이름을 붙였기 때문이다.

5년 전 돌아가신 설악무산 스님에 대한 사람들의 생각도 이와 같다. 문단에서는 스님을 현대 선시조를 개척한 '시인 조오현'으로 기억한다. 일찍이 시조시인으로 등단한 스님은 2백여 편 조금 넘는 작품을 남겼지만 그 문학적 성취는 한국문학사에 우뚝하다. 시조 부흥에 기울인 남다른 노력도 인구에 회자되고 있다. 그런가 하면 조계종 종립선원 조실이었던 스님은 대종사의 법계에 오른 뛰어난 선사로 기억되고 있다. 스님은 1975년 설악산과 인연을 맺은 뒤 설악산문을 열고 조계종의 종풍을 선양하는 데 큰 역할을 했다. 한편으로는 강원도 속초와 인제 지역에서는 존경할 만한 동네 어른으로 기억된다. 스님은 특히 백담사가 있는 인제 지역 주민을 위해 장학사업을 비롯해, 물심양면의 후원을 아끼지 않았다. 스님이 돌아가시자 가장 섭섭해 한 사람은 평소 스님과 가깝게 지내던 지역주민들이었다.

스님의 이러한 면모에 대한 기억과 숭모는 시간이 지나도 좀처럼 무너지지 않고 있다. 써도 써도 줄어들지 않는 화수분 같다고나 할까. 물론 스님도 사람이니까 모든 분야에서 완벽한 성취를 이룩했다고는 말할 수 없다. 허물도 많고 경우에 따라서는 비판의 대상이 되기도 했다. 하지만 생각해보니 그런 허물과 비판도 때로는 뒷사람에게 교훈이 되는 것이었다. 만해 스님이 경허 화상의 행장을 기록한 《경허집》 발문을 쓰면서 '고승이 죽으면 허물은 사라지고 가르침만 남는다'고 한 말은 스님에게도 적절한 것이었다. 이 책은 이런 의도로 기획한 연속기획 세미나 마지막 주제인 '설악무산의 삶과 생각, 그 깊이와 넓이'에 발표된 논문을 모은 것이다.

스님은 생전에 자주 《금강경》 야보송 "바른 사람은 틀린 말을 해도 바른말이 되고 삿된 사람은 바른말을 해도 틀린 말이 된다(正人說邪法 邪法悉歸正 邪人說正法 正法悉歸邪)"는 말씀을 인용해 후학들을 가르쳤다. 스님의 행록을 읽는 우리의 안목도 이와 같기를 바란다.

2023년 여름
불교평론 주간 홍사성 합장

차 례

책머리에 ·· 4

• 설악무산의 불교관
  마성 ·· 9

• 설악무산의 수행관
  공일 ·· 35

• 설악무산, 사유의 형이상성과 통합성
  유성호 ·· 61

• 설악불교의 중흥을 이끌다
  김종현 ·· 89

• 만해축전 25년의 성과와 전망
  유권준 ·· 111

• 설악무산이 보여준 사하촌과 바람직한 관계
  이학종 ··· 139

• 21세기 무애도인의 풍모
  곽병찬 ··· 165

• 설악무산의 저술·연구자료 서지(書誌) 고찰
  이성수 ··· 199

• 설악무산이 세상에 던진 메시지
  김한수 ··· 227

• 기자가 본 설악무산의 인간적 면모
  조현 ·· 253

설악무산의 불교관
—초기불교 관점에서 본 해석과 평가

마성

차 례

1. 머리말

2. 선서(禪書) 해석에 나타난 설악무산의 불교관
   1)《벽암록》과《무문관》해제
   2)《벽암록》과《무문관》사족의 특징

3.《선문선답》에 나타난 설악무산의 불교관

4. 맺음말

마성 / 속명 이수창. 팔리문헌연구소 소장. 스리랑카팔리불교대학교 불교사회철학과 졸업, 동 대학원 철학석사(M.Phil). 태국 마하출라롱콘라자위댜라야대학교 박사과정 수학, 동방문화대학원대학교 철학박사. 동국대학교 불교문화대학원 겸임교수를 역임했다. 저서로《사캬무니 붓다》《초기불교사상》《불교도는 어떻게 살아야 하는가》등이 있고, 60여 편의 논문을 발표했다. 불교평론 뇌허불교학술상 수상.

1. 머리말

설악무산(雪嶽霧山, 1932~2018) 스님(이하 '무산'으로 표기하고, 존칭은 생략함)의 필명은 조오현(曺五鉉)이고, 법명은 무산(霧山), 법호는 만악(萬嶽), 자호는 설악(雪嶽)이다. 그런데 그의 저서에는 오현, 조오현, 무산오현 등 다양하게 표기하고 있다. 그가 어떤 인물이었는가에 대해서는 함부로 가름하기 어렵다. 문인(文人)들은 그가 시조시인으로 한글 선시조(禪時調)를 개척하여 현대 한국문학에 큰 발자취를 남긴 인물로 평가한다. 그러나 불교계에서는 신흥사 조실로 설악산문(雪嶽山門)을 재건한 근대 한국불교를 대표하는 고승 가운데 한 분으로 평가한다. 사람들은 각자 근기에 따라 무산을 다르게 평가할 수밖에 없을 것이다. 그러나 그의 본모습은 그대로일 것이다.

일반적으로 그는 선사였기에 교학보다는 선불교에 심취해 있었을 것으로 생각할 것이다. 그러나 그가 남긴 저서나 문학작품, 일화 등을 살펴보면 의외로 석가모니 붓다의 가르침에 심취해 있었음을 알 수 있다. 비록 그가 스스로 자신의 사상이 초기불교의 가르침에 토대를 두고 있다고 밝히지는 않았지만, 그는 최소한 초기불교의 핵심 사상을 정확히 꿰뚫고 있었던 것이 분명하다. 이 논문에서는 초기불교의 관점에서 설악무산의 불교관에 대해 살펴보고자 한다. 다만 여기서는 그의 문학작품은 제외하고 선서(禪書), 즉《벽암록(碧巖錄)》과《무문관(無門關)》'사족(蛇足)' 및《설악무산의 방할(棒喝)》에 나타난 그의 불교관을 살펴볼 것이다.

필자는 개인적으로 무산을 가까이에서 접해 본 경험이 없다. 그래서 그의 인간적인 면모에 대해서는 잘 알지 못한다. 다만 여기서는 그가 남긴 글을 통해 그의 불교관을 추적해 볼 뿐이다. 이러한 필자의 작업은 그의 참모습보다는 겉모습 가운데 극히 일부에 지나지 않을지도 모른다. 마치 눈먼 사람들이 코끼리를 만져보고 각기 다르게 코끼리를 표현하는 '군맹모상(群盲摸象)'과 다를 바 없을 것이다. 혹시 이 글이 무산의 진면목에 누가 되지나 않을까 염려스럽다. 왜냐하면 필자는 선(禪)에 대해 전혀 조예가 없는 문외한이기 때문이다.

2. 선서(禪書) 해석에 나타난 설악무산의 불교관

1) 《벽암록》과 《무문관》 해제

무산은 선(禪)과 관련된 세 권의 저서를 남겼다. 세 권의 저서는 《벽암록(碧巖錄)》 《무문관(無門關)》 《선문선답(禪門禪答)》이다.[1] 《벽암록》과 《무문관》에서는 '사족(蛇足)'이라는 '덧붙임'에서 선(禪)에 대한 자신의 견처(見處)를 밝히고 있다. 그것이 바로 선서 해석에 나타난 설악무산의 불교관이다. 반면 《선문선답》은 중국·한국·일본 선사들의 선화(禪話) 혹은 일화를 소개한 것이라 무산의 불교관이 특별히 드러나지 않는다. 그리고 《벽암록》과 《무문관》의 공안과 중복되는 부분도 많아서 《벽암록》과 《무문관》의 사족을 중심으로 그의 불교관을 살펴볼 것이다.

중국 선종의 오가(五家) 중 운문종(雲門宗)에 속하는 송대(宋代) 설두중현(雪竇重顯, 980~1052)이 《경덕전등록(景德傳燈錄)》에 실린 1,700칙(則)의 공안(公案) 중에서 가장 중요하다고 생각되는 100칙(則)을 선별하여, 그 하나하나에 송고(頌古)를 달았다. 이것을 《송고백칙(頌古百則)》이라고 한다.

《벽암록》은 원오극근(圜悟克勤, 1063~1135)이 설두중현이 편집한

---

1) 오현 역해 《벽암록(碧巖錄)》 불교시대사, 1999 ; 오현 역해 《무문관(無門關)》 불교시대사, 2007 ; 오현 역해 《선문선답(禪門禪答)》 불교시대사, 1994이다.

《송고백칙》을 저본(底本)으로 수시(垂示), 착어(着語), 평창(評唱)을 덧붙여 만든 책이다. 원오극근이 첨가한 수시란 그 칙의 종지(宗旨)나 착안점을 제시하는 일종의 서문에 해당한다. 착어란 본칙(本則)이나 송고 하나하나의 어구에 대한 부분적인 단평이다. 평창이란 본칙과 송고에 대한 전체적인 상세한 평가[詳評]이다.[2]

정휴(正休) 스님은 〈벽암록 해제〉에서 "착어는 냉소와 질타, 풍자와 독설로 문제의 핵심에서 잠시도 한눈을 팔 수 없도록 하는 반면, 평창은 비교적 온건한 문투로 고사를 인용해 가며 자세한 해설을 곁들이고 있어 크게 대비된다. 이 가운데 특히 착어는 평자들에 의해 촌철살인의 선기(禪機)를 격발하는 '용의 눈'과 같다는 높은 평가를 받아 왔다."[3]고 논평했다.

그런데 오현 역해《벽암록》은 착어와 평창을 삭제하고, 설두중현의 본칙과 원오극근의 수시와 송(頌)에 무산이 '사족(蛇足)'을 덧붙였다. 그는 '사족'을 덧붙이면서 "눈 밝은 거북이 사냥꾼에게 내 목숨을 내놓는 바이다"[4] 라고 납작 엎드렸다. 하지만 우리는 이 사족을 통해 무산이 백칙(百則)을 어떻게 이해했는가를 엿볼 수 있다.

《무문관》은 무문혜개(無門慧開, 1183~?)가 1228년에 지은《선종무문관(禪宗無門關)》이다. 고칙공안(古則公案)을 발췌한 것으로《벽암록》《종용록》과 함께 고래로 총림에서 중시되었다. 이 책은 임제종에 속하는 무문혜개가 46세의 여름, 복주(福州) 영가(永嘉)의 용상사(龍翔寺)에서 학인의 청에 따라 불조기연(佛祖機緣)의 고칙공안 48칙을 발췌하여, 여기에 평창과 송을 더하고,《무문관》이라는 이름을 붙였다.[5]

---

2) 정승석 편《불전해설사전》민족사, 1989, p.141.
3) 정휴(正休) 〈벽암록 해제〉 오현 역해《벽암록》불교시대사, 2015, pp.373-374.
4) 오현 역해《벽암록》'蛇足에 대한 변명'.
5) 정승석 편《불전해설사전》p.111.

"책의 전체 분량은 다른 공안집에 비해 절반밖에 되지 않는다. 또 굳이 왜 48칙만 뽑았는지도 이유가 분명하지 않다. 그러나 이 책은 분량보다는 내용 면에서 다른 공안집과 비교된다. 문학적 수사에 기운《벽암록》이나 《종용록》과는 달리 무문의 평창과 게송은 실천적이고 종교철학적인 성격이 농후하다."[6] 《무문관》에는 《벽암록》과 중복되는 공안이 모두 다섯 가지가 있다. 즉 제3칙, 제14칙, 제15칙, 제32칙, 제34칙이다. 이 글에서 중복되는 공안은 다루지 않았다.

2) 《벽암록》과 《무문관》 사족의 특징

첫째, 무산은 공안을 통상적인 상식으로 접근한다.

무산은 사족에서 공안(公案), 즉 화두(話頭)라는 것도 범부(凡夫, puthujjana)의 잘못된 인식을 바꾸어주기 위한 도구 혹은 방편이라고 한다. 그는 "일단 우리는 이 문제를 통속적인 상식으로 접근하려는 발상부터 바꿔야 한다."[7]고 했다. 이 말은 역설적으로 공안이라는 것도 상식의 범주에서 벗어나지 않는다는 것이다. 그는 "선(禪)은 이심전심(以心傳心)으로 교외별전(敎外別傳) 하는 것이라고 하지만, 자세히 살펴보면 선사들의 문답이야말로 상식에 근거하고 있음을 알 수 있다. 무엇보다도 선문(禪門)에서 자주 회자되는 선화일수록 불교의 사상과 교리에 딱 맞아떨어진다."[8]고 했다. 다시 말해 선서에 나오는 화두도 그것을 알고 보면 붓다의 가르침에 어긋나지 않는다는 것이다. 다만 사람들이 화두라는 어떤 고정관념에 갇혀 벗어나지 못하고, 외도설(外道說)과 불설(佛說)을 구별하지 못하고 있을 뿐이다. 무산은 이 점을 안타깝게 생각한다.

6) 홍사성 〈무문관 해제〉 오현 역해 《무문관》 불교시대사, 2015, p.317.
7) 오현 역해 《벽암록》 p.19.
8) 오현 역해 《무문관》 2015, p.23.

《벽암록》제2칙 〈조주부재명백(趙州不在明白)〉이라는 본칙은 중국 선종의 제3조 승찬(僧璨, ?~606) 대사가 지은 《신심명(信心銘)》에 나오는 첫 구절, 즉 "지극한 도는 어렵지 않다. 오직 간택하는 것을 꺼리면 된다(至道無難 唯嫌揀擇)."라는 것에 대해 조주(趙州, 778~897) 화상이 "도의 경지를 말하려 한다면 바로 간택에 떨어지거나 명백에 떨어지는 것이다. 그러나 나는 명백한 그것 속에도 있지 않다."라고 했다. 그때 어떤 승려가 조주 화상에게 "이미 명백한 데에도 있지 않다면 무엇을 보호하고 아껴야 합니까?"라고 물었다. 조주 화상은 "나도 모른다"라고 답했다. 이것이 '조주부재명백(趙州不在明白)'이라는 공안이다. 이에 대해 무산은 "간택을 버리고 꺼리는 것만이 훌륭한 것이 아니다. 진리라는 것에 열광하는 그것을 꺼리고 버리는 것이 더 중요하다. 그런데 우리 주변에는 자기가 한번 옳다고 생각하면 미친 듯이 거기에 빠져 버리는 광신자들이 너무나 많다."[9] 라고 사족을 달았다. 많은 사람이 승찬의 《신심명》에 나오는 "도에 이르는 것은 어렵지 않다. 오직 간택하는 것을 꺼리면 된다"라는 말을 금과옥조로 삼고 있다. 그러나 무산은 거꾸로 진리라는 것에 열광하는 것이 더 문제라고 지적하고 있다. 이러한 발상은 초기불교적 관점과 일치한다.

불교는 어떤 도그마도 용납하지 않는다. 이것은 주지의 사실이다. 불교에서는 '이것만이 진리이고, 다른 것은 진리가 아니다'라고 주장하지 않는다. 진리에 집착하는 것도 또 다른 집착에 불과하기 때문이다. 인간이 쉽게 변하지 않는 근본 원인은 '집착(upādāna)' 때문이다. 《마하니다나 숫따(Mahānidāna-sutta, 大緣經)》(DN15)에 의하면 집착에는 네 가지가 있다. 네 가지 집착(cattāri upādānāni)이란 ① 감각적 욕망에 대한 집착(kāma-upādāna, 欲取), ② 견해에 대한 집착(diṭṭhi-upādāna, 見

---

9) 오현 역해 《벽암록》 p. 23.

取), ③ 계율과 의례에 대한 집착(sīlabbata-updāna, 戒禁取), ④ 자아의 교리에 대한 집착(attavāda-upādāna, 我語取)이다.[10] 특히 네 가지 집착 중에서 견해의 집착에서 비롯된 고정관념으로 말미암아 아소견(我所見, attaniya-diṭṭhi)이 형성한다. 무산은 이것을 더 중요하게 여겼다.

둘째, 무산은 공안을 해석하면서 초기 경전을 많이 인용했다.
《벽암록》과《무문관》사족에서는 의외로 초기 경전을 많이 인용하고 있다. 이를테면《증일아함경(增一阿含經)》〈권청품(勸請品)〉《전유경(箭喩經)》남전의《대반열반경(大般涅槃經)》《선생경(善生經)》등이다.
초기 경전은 철저한 분석[분별]으로 듣는 자가 이해할 수 있도록 설명한다. 그러나 공안은 무분별의 직관에 의한 안목을 갖추도록 한다. 따라서 무산은 분별을 통한 무분별의 직관을 터득할 수 있도록 제시하고 있다. 이러한 접근 방법은 다른 선사나 학자들의 해석에서는 찾아볼 수 없는 무산의 독창적인 해석이라 할 수 있다.
《벽암록》제6칙〈운문일일시호일(雲門日日是好日)〉이라는 본칙은 인구(人口)에 회자되고 있는 유명한 공안이다. 이것은 운문(雲門, 864~949) 화상이 소참법문(小參法門)에서 설한 것이다. 무산은 여기에 다음과 같은 사족을 달았다. "즉 미래가 됐든 과거가 됐든 정말로 좋은 날이 되자면 오늘 하루하루가 좋은 날이어야 한다는 것이다. …… 우리가 가장 충실해야 할 자리는 바로 '지금, 여기'다. 하루하루를 충만하게 살아가다 보면 과거는 더욱 아름다워지고 미래는 더욱 화려한 꿈이 실현된다."[11] 이 사족은 전형적인 초기불교 사상이다. 즉 '현재의 삶에 충실하라'고 가르친 붓다의 교설과 완전히 일치한다. 붓다는 맛지마

---

10) Dīgha Nikāya(PTS), vol. II, p. 58.
11) 오현 역해《벽암록》p. 40.

니까야 제131 《밧데까랏따 숫따(Bhaddekaratta-sutta, 一夜賢善經)》에서 "과거를 좇지 말고, 미래를 원치 말라. 과거는 이미 지나갔고, 미래는 아직 오직 않았다. 다만 현재의 법을, 그때그때 관찰하고, 초조하지 않고 흔들림 없이, 그를 요달해 알아 닦고 익혀라."[12]고 했다. 이 경에 대응하는 중아함 제165경 《온천림천경(溫泉林天經)》의 내용도 똑같다.[13] 무산은 오늘 하루의 삶에 최선을 다하라는 이 경의 가르침을 숙지하고 있었음을 알 수 있다.

셋째, 무산은 경전 성립사와 초기불교 교설에 정통했다.

《벽암록》 제14칙 〈운문대일설(雲門對一說)〉에서 무산은 천태지의(天台智顗, 538~597)의 오시교판(五時敎判)이 역사적 사실이 아님을 지적하고 있다. 예나 지금이나 대승불교도들을 오시팔교가 역사적 사실이라고 믿고 있다. 그러나 무산은 천태지의의 교판에 대해 "수많은 경전에 대한 사상적 분류라는 탁월성에 비해 역사적 진실과는 거리가 먼 해석이다. 다시 말해 《화엄경》을 가장 먼저 설하고 《법화경》을 나중에 설했다는 것은 역사적 사실과는 다르다. 모든 대승 경전은 후대에 찬술됐다는 것이 최근 불교학자들의 연구성과다. 따라서 오시팔교의 주장은 교리적 진실에는 가까울지 모르나 사실은 아니다."[14]라고 단호하

---

12) Majjhima Nikāya(PTS), vol. Ⅲ, p.187, "Atītaṃ nānvāgameyya, nappaṭikaṅkhe anāgataṃ. Yad atītaṃ pahīnan taṃ, appattañ ca anāgataṃ. Paccuppannañ ca yo dhammaṃ tattha tattha vipassati, Asaṃhīraṃ asaṃkuppaṃ, taṃ vidvā man-ubrūhaye."

13) 中阿含 제165경 《溫泉林天經》(大正藏 1, p.697a), "부디 과거를 생각지 말고, 또한 미래를 원하지 말라. 과거는 이미 멸했고, 미래는 아직 이르지 않았다. 현재에 있는 모든 일에 대해서도, 그것에 대해 생각해야 하나니, 어느 것도 단단하지 않다고 생각하라. 슬기로운 사람은 이렇게 아느니라(慎莫念過去, 亦勿願未來, 過去事已滅, 未來復未至. 現在所有法, 彼亦當爲思, 念無有堅强, 慧者覺如是)."

14) 오현 역해 《벽암록》 pp.71-72.

게 말했다. 그가 경전 성립사에 대해 알고 있었다는 사실에 감탄하지 않을 수 없다. 최근 학자들의 연구성과까지 알고 있는 것으로 보아서, 그가 많은 책을 읽은 독서가였음을 짐작할 수 있다.

오늘날 수좌(首座)들은 초기불교의 기본 교설을 모르고, 또 교학자(敎學者)들은 선사의 격식 밖의 기틀[格外禪機]을 알지 못한다. 마치 본질과 현상을 구분할 줄 모르는 것과 같다. "색즉시공(色卽是空)만 알고 공즉시색(空卽是色)을 모르면 모깃소리를 음악 소리라고 강변하는 것이 된다. 반대로 공즉시색만 알고 색즉시공을 모르면 음악을 앰뷸런스의 사이렌이라고 우기는 꼴이 된다."[15]

그가 초기불교의 기본 교설에 정통해 있었음을 확인할 수 있다. 그는 초기불교의 교설에 대한 든든한 토대 위에 선종(禪宗)의 종지(宗旨)를 꿰뚫고 있다. 그야말로 선(禪)과 교(敎)를 자유자재로 넘나들었던 인물이다. 근현대 한국불교에서 선과 교, 두 방면에 정통한 종장(宗匠)은 흔치 않다. 거기에다 그는 중생을 교화하는 방법까지 터득하고 있었으니, 가히 '기인(奇人)'이라 할 만하다. 그는 "울고 싶은 놈은 실컷 울도록 해주는 것이다. 옷이 필요한 놈은 옷을 주는 것이다. 배고픈 놈에게는 호떡을 입에 물려주는 것"[16]이라고 했다. 그것을 그대로 몸소 실천했던 분이 바로 무산이다.[17]

넷째, 무산은 공안을 지금의 문제로 환원시켜 설명한다.

무산의 공안 해석은 남이 흉내 낼 수 없는 독창성과 탁월성을 갖추었다. 그는 공안을 과거의 문제로 남겨두지 않고, 오늘 지금의 문제로 환원시켜 설명한다. 만일 이러한 작업이 없었다면 선의 공안은 시체와

---

15) 오현 역해, 위의 책, pp. 295-296.
16) 오현 역해, 위의 책, p. 288.
17) 김병무·홍사성 엮음 《설악무산 그 흔적과 기억》 인북스, 2019 참조.

다를 바 없다. 다행히 눈 밝은 무산이 있어서 공안의 참뜻을 되살렸다. 그는 세 권의 선서를 발행함으로써 승려로서의 밥값을 다했다고 평가할 수 있다. 예를 들면《무문관》제1칙 조주구자(趙州狗子) 공안의 본칙은 다음과 같다.

> 조주[18] 화상에게 어떤 수행자가 물었다.
> "개에게도 불성이 있습니까, 없습니까?"
> 화상이 대답했다.
> "없다."

이 공안은《벽암록》에는 실리지 않았고, 다른 공안집에서도 중요하게 다루지 않았다. 그런데《무문관》에서는 제1칙 공안으로 나타난다. 이 공안을 간화선 수행자들은 '조주무자(趙州無字)' 화두라고 부르며 매우 중요하게 여긴다. 이 공안이《조주록》에 수록되기 이전의 원형은 다음과 같다.

> 어느 날 조주 화상에게 한 선객이 찾아와 물었다.
> "개에게도 불성이 있습니까?"
> "있다(有)."
> "있다면 어째서 가죽 주머니 속에 들어 있습니까?"
> "알면서도 짐짓 범했기 때문이니라."
> 그런 뒤 어느 날 또 누가 찾아와 물었다.
> "개에게도 불성이 있습니까?"
> "없다(無)."

---

18) 조주(趙州, 778~897)는 산동성(山東省) 조주부(趙州府)에서 출생. 속성은 학(郝)씨. 법명은 종심(從諗)이다. 14세에 남전보원(南泉普願)에게 출가했다.

"일체중생이 실유불성이라 했는데 어째서 없다고 하십니까?"

"그에게 업식(業識)이 있기 때문이니라."

위에 인용한 조주 화상의 문답은 교리문답과 같다. 그런데 무문(無門)이 거두절미하고 앞뒤를 잘라버리고, "개에게도 불성이 있습니까?" "없다(無)"만 남겨 놓음으로써 '무자공안(無字公案)'이 되었다.

이 무자공안에 대한 무산의 사족은 탁월하다. 조주는 어떤 선객의 물음에 개에게도 불성이 있다고 말했다. 그러자 선객이 '그렇다면 왜 개가죽을 뒤집어쓰고 있느냐'고 물었다. 이에 대한 조주의 답변은 '개처럼 살면 안 되는 줄 알면서 개처럼 살기 때문'이라는 것이다. 그 반대의 경우도 마찬가지다. '업식에 지배받는 삶을 산다면 백 년이 가도 개 꼬리가 여우 꼬리로 변하는 일은 없을 것'이라는 것이다.[19] 이러한 무산의 사족[해석]은 매우 독창적이다. 기발한 선기(禪機)가 없으면 할 수 없는 말이다. 사실 이 공안은 불성이 있느냐 없느냐의 문제가 아니라는 것이 무산의 견해다. 그는 "개에게도 불성이 있다는 것은 당위지만 정말 부처처럼 살고 있느냐는 별개라는 사실이다. 다시 말해 불성이 있느냐 없느냐가 아니라 당연히 부처여야 하는데, 돌아보고 찾아보니 내가 곧 부처가 아니더라는 것이다. 부처로 사는 것이 아니라 개처럼 살고 있는 것이 우리 인생이 아닌가."[20] 라고 했다. 여기서 우리는 과연 부처로 살고 있는지 개로 살고 있는지 스스로 끊임없이 자문해야 할 것이다.

《무문관》 제18칙 〈동산삼근(洞山三斤)〉에 따르면 "무엇이 부처입니까?"라는 한 수행자의 질문에 "마가 세 근쯤 되지(麻三斤)."라고 동산이 답했다. 무산은 '삼 세 근'을 승려가 입은 가사의 무게라고 했다. 그

---

19) 오현 역해 《무문관》 pp. 17-18.

20) 오현 역해, 위의 책, p. 18.

는 "삼으로 만든 세 근짜리 가사를 입고 있는 그대야말로 바로 부처일세." [21] 라는 의미로 해석했다. 요약하면 지금 나에게 무엇인가 묻고 있는 그대에게 답이 있다는 것이다. 다시 말해 '너는 본래부터 부처다. 다른 데서 부처를 찾지 말라' '굳이 부처의 본질이 무엇인지 알고 싶으면 너 자신의 참모습을 보라'는 것이다. [22]

이 공안은 《벽암록》 제7칙 〈혜초문불(慧超問佛)〉과 같은 내용이다. 혜초가 법안문익(法眼文益, 885~958) 선사에게 '무엇이 부처냐'고 물었다. 이에 대해 법안문익은 "네가 곧 혜초니라(汝是慧超)"라고 대답했다. "부처란 다른 것이 아니라, 묻는 그대가 바로 부처라는 말이다." [23] 그러나 이것만으로는 부족하다. 이에 대해 무산은 명쾌한 해답을 제시하고 있다. 즉 "너는 진짜 부처로서 살아가고 있는 것이냐?"라고 묻고 있다. 참으로 명쾌한 해석이 아닐 수 없다.

《벽암록》 제3칙 〈마조왈일면불월면불(馬祖曰日面佛月面佛)〉에서 마조 화상은 병문안을 온 원주에게 '일면불 월면불'이라고 했다. 이것은 '오늘 죽어도 좋고 내일 죽어도 좋다'는 의미로 한 말이다. 이 말은 아무나 할 수 있는 말이 아니다. 그런데 수행자들이 흔히 '내일 죽어도 좋다'고 호기를 부린다. 그러나 막상 죽음이 닥쳐오면 살고 싶다고 절규한다. 이것이 인간의 참모습이다. 여기서 무산은 "그런데 나는 어떤 부류에 속하는 인간인가?"라고 자신에게 되묻고 있다.

다섯째, 무산은 현실주의적 불교관을 갖고 있다.

《무문관》 제5칙 〈향엄상수(香嚴上樹)〉라는 공안을 '선택의 문제'로 풀이한 것은 무산의 탁견이다. 그는 "이렇게 지금 이 순간의 선택이 곧

---

21) 오현 역해, 위의 책, p. 124.
22) 오현 역해, 위의 책, p. 124.
23) 오현 역해, 위의 책, p. 125.

생사를 갈라놓는 것이라면 우리는 매 순간의 선택을 그렇게 하지 못할 것이다."[24] 라고 했다. 이 공안의 참뜻은 "매 순간이 이렇게 절체절명의 순간인데 그때 어떤 선택을 할 것이냐 하는 것이다. 부처님은 어떤 선택을 했고, 조사는 어떤 선택을 했으며, 그대는 어떤 선택을 할 것이냐를 묻고 있는 것이다."[25] 무산은 이 공안을 다음과 같이 풀이했다.

> 우리는 매 순간 칼날 같은 현실 위에서 이렇게 할까 저렇게 할까 하는 선택을 요구받으며 살고 있다. 그 선택을 잘하기 위해 복잡한 계산도 하고 이웃의 조언도 구한다. 그런데 그렇게 해서 내린 결정이 때로는 터무니없는 패착(敗着)이 되는 일도 수없이 많다. 역사에 이름을 더럽힌 사람의 대부분이 이 선택을 잘못한 사람들이다. 그러나 부처님과 조사들은 달랐다. 밤새 머리가 하얗게 세도록 고민하다가도 선택의 순간이 오면 언제나 양심과 정의와 진리의 입장에서 결단을 내렸다.[26]

이것은 폐부를 찌르는 말이다. 그는 공안을 과거 선사들의 문답으로 치부하지 않고, '지금·여기'의 문제로 환원함으로써 공안에 생명력을 불어넣고 있다. 그는 선사들의 문답을 과거에 있었던 한 사건으로 보지 않고, 현재의 문제를 해결할 수 있는 실마리를 공안에서 찾고 있다. 그는 철저하게 현실에 무게 중심을 두고 있다. 이를 통해 그가 현실주의적 불교관을 갖고 있었음을 알 수 있다.

여섯째, 무산은 한국불교의 병폐에 대해 강하게 비판한다.

---

24) 오현 역해, 위의 책, p. 41.
25) 오현 역해, 위의 책, p. 41.
26) 오현 역해, 위의 책, p. 43.

《벽암록》제11칙 〈황벽당주조한(黃蘗噇酒曹漢)〉에서 황벽(黃蘗, ?~850) 화상이 "선이 없다는 것이 아니다. 다만 스승이 없다는 것이다 (不道無禪, 只是無師)."라고 했다. 이에 대해 무산은 "돌아보면 우리 주변에는 참다운 스승을 찾아보기가 그리 쉽지 않다. '종교는 있어도 참다운 종교인이 드물고, 학교는 있어도 참다운 스승이 없다'는 한탄이 가득하다. '스승' 근처에도 가지 못한 사람들이 스승 노릇을 위장하는 꼴이란 술찌게미를 먹고 진짜 술에 취한 듯하는 꼴이 아니고 무엇이랴."[27] 라고 '사족'을 달았다. 현재의 한국불교가 쇠퇴의 길을 걷고 있는 것은, 붓다의 가르침이 부족하기 때문이 아니라 올바른 사문(승려)이 없기 때문이다.

《무문관》제6칙 〈세존염화(世尊拈花)〉에서 선종의 전등(傳燈) 계보 (系譜), 즉 법맥 전승에 대해 무산은 초기 경전을 근거로 통렬하게 비판한다. "모두가 진리에 의지해서 살면 그가 법왕이고 정법의 계승자다. 누가 적통이고 누가 방계인가 하는 것은 다 쓸데없는 짓거리다. …… 법맥이라는 것은 누가 누구에게 배웠는가를 설명하는 도구일 뿐이다. 진리를 무슨 물건처럼 전해주고 그 징표로 '전법게(傳法偈)'를 주고받는 것은 웃기는 노릇이다."[28] 한마디로 스승이 어떤 특정한 제자에게만 법맥을 전해준다는 것은 있을 수 없는 일이라는 것이다. 그는 "꽃의 아름다움과 향기를 어떻게 한 사람에게 물려주고 물려받을 수 있겠는가"[29] 라고 반문하며, 법맥 운운하는 자에게 일침을 가하고 있다.

《무문관》제9칙 〈대통지승(大通智勝)〉에서는 한국불교 승단의 병폐에 대해서도 질타한다. 그는 "남이 알아듣지 못하는 말을 법문이라고 하는 사람은 또 얼마나 많은가. 그런가 하면 도인인 척하면서 욕심은

27) 오현 역해《벽암록》pp. 61-62.
28) 오현 역해《무문관》pp. 49-50.
29) 오현 역해, 위의 책, p. 50.

태산 같고, 사소한 짜증도 참지 못하고, 앞뒤 처신도 분별하지 못하는 사람이 부지기수다. 어떤 때는 도리어 도 닦았다는 사람이 더 형편없는 짓을 하는 경우도 있다."[30]고 지적한다. 또 그는 "말하기는 민망하지만 가끔 서울 한복판 조계사에서 싸움질하는 모습이 그렇다. 겉으로는 그럴듯한 명분을 내세우지만, 이들의 속내는 다른 데 있다. 세속적으로 남보다 높게 되어서 잿밥을 마음대로 먹겠다는 것이다."[31] 무산의 벼락같은 호통에 모골이 송연하다.

또 무산은 제15칙 〈동산삼돈(洞山三頓)〉은 수행자가 직분을 다하지 않았다고 운문이 동산을 꾸짖은 것이라고 해석했다. 즉 수행자가 밥값을 다하지 못했기 때문에 60대 곤장을 맞아야 한다는 것이다. 그는 "수행자는 구름 따라 바람 따라 전국의 명산대찰을 유람하기 위해 출가한 것이 아니다."[32] 라고 일침을 놓는다. 또 그는 "덕 높은 고승을 자처하는 수행자들 중에도 실제로는 그 근처에 가보지도 못한 사람이 수두룩하다. 더 솔직하게 말하면 공부가 제대로 된 사람보다는 안 된 사람이 더 많다."[33]고 했다. 틀린 말이 아니다. 이것이 현재 한국불교의 현실이다.

일곱째, 무산은 선(禪)의 적정주의(寂靜主義)를 비판한다.

"선이란 기본적으로 좌선 수행을 통해 본인이 직접 깨달음을 체험하도록 하는 가르침이다."[34] 이러한 전통 때문에, 수행자들은 사회와는 담을 쌓고 오직 좌선에만 전념한다. 그것을 최고의 미덕으로 여긴다.

---

30) 오현 역해, 위의 책, p.67.

31) 오현 역해, 위의 책, pp.67-68.

32) 오현 역해, 위의 책, p.107.

33) 오현 역해, 위의 책, p.180.

34) 오현 역해, 위의 책, p.136.

그러나 인간은 개인적인 동물이면서 사회적인 동물이다. 어떤 형태로든 사회와의 관계 속에서만 존재할 수 있다. 따라서 수행의 결과를 사회에 환원하지 않으면 안 된다. 이것을 다른 말로 표현하면 '깨달음의 사회화'라고 표현한다. 《무문관》 제20칙 〈대역량인(大力量人)〉에서 송원(松源, 1139~1203) 화상이 "입을 열었으면 혓바닥 위에 머물지 말라(開口不在舌頭上)."[35] 고 했다. 이것을 무산은 선의 적정주의에 머물지 말고 사회에 환원하라는 뜻으로 해석했다. 그래서 그는 이것을 오늘의 한국불교 현실에도 그대로 적용해야 한다고 주장했다. 그는 "좌선한다고 앉을 줄만 알고 일어날 줄 모르는 자는 앉은뱅이지 참다운 수행승이 아니다."[36] 라고 비판했다.

여덟째, 무산은 선(禪)과 교(敎)를 동등하게 여긴다.

무산은 《무문관》 제25칙 〈삼좌설법(三座說法)〉, 즉 '앙산(仰山)의 사구백비(四句百非)'를 설명하면서 사구백비가 의도하는 최종 목표가 해탈이라고 했다. "이 점에서는 교학불교나 선불교가 아무런 차이가 없다. 하나는 분석적이고 논리적인 방법으로 접근한다는 것이고, 하나는 직관적이고 초월적인 방법으로 접근한다는 것뿐이다."[37] 무산은 선과 교의 관계에 대해 다음과 같이 말한다.

교학도 궁극에 이르면 선과 맞닿고, 선도 궁극에 이르면 교학과 맞닿는다. 선과 교는 일란성 쌍생아다. 그런 이유로 사구백비와 같은 부정의 논법이 자주 선문답의 주제로 등장한다. 《벽암록》 제73칙에는 어느 납승이 마조 화상을 찾아와 사구백비를 묻는 장면이 있다.

---

35) 오현 역해, 위의 책, p.132.
36) 오현 역해, 위의 책, p.137.
37) 오현 역해, 위의 책, p.169.

그리고 여기서는 앙산이 꿈에서 사구백비를 주제로 설법을 하고 있다.[38]

이상은 무산의 선교관(禪敎觀)이다. 실제로 그는 선과 교 어느 한쪽에도 기울어져 있지 않았다. 그가 선의 공안을 해석하면서 초기불교의 기본 교설이나 대승불교의 교학을 인용하고 있는 것이 그 증거라고 할 수 있다.

그러면서도 무산은 선의 본질을 정확하게 꿰뚫고 있다. 그의 말을 빌리면, "선과 악, 시비와 분별을 떠난 입장에서, 바꿔 말하면 일체의 선입견을 버리고 사물과 사건과 세계를 바라보는 안목을 가져야 한다. 이를 무분별지(無分別智)라고 한다. 그래야 우리의 본래면목(本來面目)이 약여하게 드러나고 시비쟁투가 사라진다."[39] 이를 통해 그는 선의 정수(精髓)를 터득하고 있음을 알 수 있다.

이상에서 살펴본 무산의 '사족', 즉《벽암록》과《무문관》본칙에 대한 해석에는 약간의 문제도 발견되고 있다. 앞뒤의 주장이 서로 모순되는 듯해 보이기 때문이다. 예를 들면《무문관》제6칙 〈세존염화(世尊拈花)〉의 사족과《무문관》제22칙 〈가섭찰간(迦葉刹竿)〉의 사족은 서로 모순된다. 제6칙의 사족에서는 법맥 전승 자체가 있을 수 없는 것이라고 비판하면서 제22칙의 사족에서는 부처님의 정법이 가섭에게 전승되고, 그 법맥이 다시 대대로 스님들에 의해 계승되고 있다고 말한다. 그러나 법이 가섭에게 전해졌다는 것 자체가 역사적 사실이 아니며, 감추어둔 '스승의 주먹[師拳]'이 없다는 붓다의 가르침에 어긋난다. 아마도 이는 '가섭찰간'에 대한 교훈적 의미를 강조하기 위한 것으로 보인다.

---

38) 오현 역해, 위의 책, p. 169.
39) 오현 역해, 위의 책, p. 155.

3. 《선문선답》에 나타난 설악무산의 불교관

오현 역해 《선문선답(禪問禪答)》은 중국·한국·일본의 선사 122명의 선화(禪話)를 모아 엮은 것이다. 제1부 중국 선사 편은 달마 대사로부터 명나라 말까지 67명, 제2부 한국 선사 편은 삼국 시대부터 현재까지 32명, 제3부 일본 선사 편은 가마쿠라(鎌倉) 시대부터 메이지(明治) 시대까지 23명의 선화를 시대순으로 배열했다.

무산은 이 책의 '머리말'에서 "여기에 소개되는 선화는 일반 대중이 좀처럼 이해하기 힘든 화두와 같은 선문선답이 아니라 누구나 선의 세계에 쉽게 접근할 수 있는 실천적인 선문선답들"이라고 했다. 즉 선은 지식으로 이해할 수 있는 것이 아니라, 직접 실천할 때 그 의미가 있다는 뜻으로 이해된다. 또 무산은 실천적인 선문선답을 통해 우리의 마음속에 깊이 뿌리 내리고 있는 집착과 욕망, 편견과 무지를 일거에 무너뜨리고 살아 있는 삶의 지혜를 터득하게 하려고 이 책을 발행하게 되었다고 그 취지를 머리말에서 밝히고 있다.

선종의 제2조인 혜가(慧可, 487~593) 대사가 스승인 달마 대사에게 "스승이시여, 이 법을 문자로 기록할 수 있습니까?"라고 여쭈었다. 달마 대사는 이렇게 말했다. "나의 법은 마음으로써 마음을 전하니 문자를 세우지 않느니라." 즉 "문자를 세우지 않고(不立文字), 언어 밖의 마음과 마음을 전하여(敎外別傳), 바로 사람의 마음을 직관해서(直指人心), 부처를 이루는(見性成佛) 것이다."[40] 이러한 선종의 종지는 달마 대사에서 비롯되어 오늘날에 이르기까지 선의 생명으로 전승되고 있다.

선사들의 문답, 즉 선문선답(禪問禪答)은 특별한 것이 아니다. 진리

---

40) 오현 역해 《선문선답》 p. 22.

의 요체를 단도직입적으로 알려주는 방법일 뿐이다. 초기 경전에도 붓다와 제자 간에 문답을 통해 교리의 핵심을 파악할 수 있도록 한 사례가 수없이 많이 나온다. 그중에서 한 가지만 소개하면 다음과 같다. 잡아함 제5권 제107경《장자경(長者經)》[41]에 나오는 내용이다.

한때 '나구라(那拘羅, Nakulapita)'라는 장자가 있었는데, 그는 120세나 되는 노인으로서 감각기관은 허물어지고. 파리하고 쇠약하여 병으로 고통스러웠지만, 세존이 계신 곳으로 찾아와 이렇게 말했다. "세존이시여, 저는 늙고 쇠약하며 병으로 고통스럽지만, 스스로 힘써 세존과 예전부터 존경하던 비구들을 뵙고 싶어 찾아왔습니다. 원하옵건대 세존께서는 제가 오랜 세월 동안 안락할 수 있도록 법을 설해 주십시오."

그때 세존께서는 나구라 장자에게 이렇게 말씀하셨다. "장자여, 마땅히 알라. 괴롭고 병든 몸에서 괴롭지도 병들지도 않는 마음을 닦아야 한다." 나구라 장자는 부처님의 말씀을 듣고 기뻐하면서 예배하고 물러갔다.[42] 그러나 나구나 장자는 붓다의 말씀을 정확하게 이해하지 못했던 것 같다. 그래서 그는 붓다의 상수제자인 사리뿟따(Sāriputta, 舍利弗) 존자를 찾아가서 그 자세한 뜻을 물었다. 사리뿟따 존자는 그가 알아들을 수 있도록 자세히 설명해 주었다. 이처럼 사리뿟따 존자가 붓다의 설법을 자세히 분별하여 상대방이 알아들을 수 있도록 설명해 주는 것이 초기 경전의 특징이다. 반면 선문답에서는 단도직입적으로 사량분별(思量分別)을 떠난 직관적인 답변을 요구한다. 이 점이 서로 다르다.

무산이 지적했듯이, "선문답에는 정해진 규칙이 있는 것이 아니다. 상황에 따라 즉각적으로 대응을 하되 호리(毫釐)라도 거짓이나 꾸밈이

---

41) 이 경에 대응하는 니까야는 SN22:1 Nakulapita-sutta(SN. Ⅲ, pp. 1-5)이다.

42) 雜阿含 제5권 제107경《長者經》(T2, p. 33a).

있어서는 안 된다. 금방 탄로가 나서 망신을 당하기에 십상이다. 여우가 호랑이 가죽을 뒤집어쓰고 호랑이 흉내를 내다가는 누구 손에 잡혀가 칠성판을 메게 될지 모른다. 세상사도 마찬가지다. 자신이 없으면 이런 짓은 아예 하지 않는 것이 좋다."[43]

무산의 지적처럼 선문답은 동문서답하는 것이 아니다. 선의 본질을 꿰뚫어 보는 안목이 없는 자가 흉내 내는 것은 금물(禁物)이다. 또 선이 만능은 아니다. 선에는 반드시 함정이 있다. 이것을 간과해서는 안 된다. 우선 선의 기원과 인도의 선과 중국의 선이 어떻게 다른지 살펴보자.

중국의 선(禪)은 인도의 요가나 드야나(dhyana, 禪那)에서 비롯된 것이 아니다. 스즈키 다이세쓰(鈴木大拙, 1870~1966)는 "오늘날 우리가 알고 있는 이러한 형태의 선은 일찍이 인도에는 존재한 적이 없다."[44] 고 딱 잘라 말했다. 중국의 선은 노장(老壯)사상의 영향을 받아 불교에서 말하는 '깨달음'을 중국적으로 해석한 것이다. 실제로 중국 당나라 시대(618~906)의 선사들은 장자(莊子)의 사상과 정신을 계승한 이들이었다. 이들의 근본 통찰이 노장(老莊)사상과 거의 일치한다.[45] 중국 선종의 제2조 혜가(慧可, 487~593) 대사도 "원래 노장학(老莊學)을 익히다가 40세가 넘어 달마 대사를 만나 스승으로 섬겼다."[46] 실제로 그들은 "장자의 근본 사상이 바로 선의 핵심"[47] 이라고 이해했다. 다만 장자의 사상과 선의 차이점이라면, 장자는 순수 직관에 머무는 반면 선은 직관을 통한 수행체계를 갖추고 있다는 점이 서로 다르다. 불교사에서 선

---

43) 오현 역해 《벽암록》 p.316.

44) 吳經態 지음 《禪의 황금시대》 경서원, 1986, p.20.

45) 마성 〈왜 초기불교에 주목하는가〉 《불교평론》 제89호(2022년 봄), p.221 참조.

46) 오현 역해 《선문선답》 p.20.

47) 吳經態 지음, 위의 책, pp.21-22.

불교(禪佛敎)의 출현은 획기적인 사건이다. 기존의 체계를 부정했다는 측면에서 보면 '혁명'에 가깝다. 기존의 불교 전통과는 불연속의 관계에 있기 때문이다.

이처럼 중국의 선이 노장사상의 영향을 받아 태동했기 때문에, 선사들의 사상 또한 장자의 사상과 크게 다르지 않다. 더욱이 중국의 선불교는 인도의 《우빠니샤드(Upaniṣad, 奧義書)》 사상의 영향을 많이 받았다. 이러한 영향으로 인해 중국 선사들의 법어는 불설에 어긋나는 것도 많다. 불설과 외도설의 차이는 참나(眞我), 혹은 진여자성(眞如自性)의 실재를 인정하느냐 여부에 달려있다. 《벽암록》 제96칙 〈조주삼전어(趙州三轉語)〉 본칙에서 "참된 부처는 각자의 내면에 있으니 보리나 열반, 진여나 불성은 모두 몸을 감싸고 있는 옷과 같은 것이니 이 역시 번뇌라고 이름해야 한다(眞佛內裏坐, 菩提涅槃, 眞如佛性, 盡是貼體衣服, 亦名煩惱)."[48] 라고 경고했다.

실제로 중국의 역대 조사나 선사 중에는 불설과 외도의 교설을 구별하지 못한 사람들이 많았다. 불설과 외도설의 차이는 외줄 타기와 같다. 아차 하는 순간 귀신의 굴[鬼窟, 外道魔軍說]에 떨어지고 만다. 무문혜개는 〈선종무문관 자서(禪宗無門關 自序)〉에서 "만약에 주저하고 머뭇거린다면 창문 밖으로 달리는 말을 보려고 하듯 눈 깜박할 사이에 놓치고 말 것이다(設或躊躇, 也似隔窓看馬騎, 貶得眼來, 早已蹉過)."[49] 라고 했다. 이것도 아차 하는 순간 문이 없는[無門] 진리의 문[法門]에서 벗어날 수 있음을 경고한 것이다. 또 《벽암록》이나 《무문관》의 본칙을 제외한 수시, 착어, 평창 등은 그것이 불설에 들어맞느냐에 대한 논평이라 할 수 있다.

예를 들면 《벽암록》에는 네 가지 공안이 승찬(僧璨)의 《신심명》에

---

48) 오현 역해 《벽암록》 p. 351.
49) 오현 역해 《무문관》 〈무문의 머리말〉.

나오는 첫 구절, '지도무난(至道無難) 유혐간택(唯嫌揀擇)'에 관한 것이다. '지도무난 유혐간택'이란 "지극한 도는 어렵지 않다. 오직 간택하는 것을 그만두면 된다."라는 뜻이다. 이것을 잘못 이해하면 외도의 설이 되기 때문에 역대 조사들은 이것을 공안으로 삼았다. 즉 제2칙 〈조주부재명백(趙州不在明白)〉, 제57칙 〈조주사고노(趙州四庫奴)〉, 제58칙 〈조주분소불하(趙州分疏不下)〉, 제59칙 〈조주지저지도(趙州只這至道)〉 등이다.

그런데 이 구절은 《우빠니샤드》의 사상과 혼동할 염려가 있다. 왜냐하면 절대 세계인 브라흐만(Brahman, 梵)과 아뜨난(Ātman, 自我)이 존재한다는 사실을 안다는 것은 어렵지 않다. 다만 브라흐만과 아뜨만을 분별하고 따지는 것, 즉 간택으로는 알 수 없다는 의미로 해석할 수 있기 때문이다.

또 원오극근(圜悟克勤)이 제7칙 〈혜초가 '무엇이 부처냐'고 묻다(慧超問佛)〉의 수시에서 "그러므로 '하늘도 능히 덮지 못하고 땅도 능히 싣지 못하며, 허공도 능히 포용하지 못하고 일월도 능히 비추지 못한다(天不能蓋, 地不能載, 虛空不能容, 日月不能照)'고 하는 것"[50] 이라고 묘사하고 있다. 이것은 브라흐만을 설명한 것과 똑같다.

《벽암록》 제86칙 〈운문주고삼문(雲門廚庫三門)〉에서 운문 화상이 대중에게 질문한다. "사람마다 모두 광명을 가지고 있지만, 그것을 보려고 하면 보이지 않고 캄캄해진다. 그렇다면 어떤 것이 그대들의 광명인가? (人人盡有光明在, 看時不見暗昏昏. 作麼生時諸人光明)."[51] 이 공안도 《우빠니샤드》에서 말하는 아뜨만을 염두에 둔 것으로 착각할 염려가 있다.

《무문관》 제23칙 〈불사선악(不思善惡)〉 본칙에서 육조혜능(六祖慧

---

50) 오현 역해 《벽암록》 p.42.
51) 오현 역해, 위의 책, pp.317-318.

能, 638~718)이 혜명(慧明)에게 말한 "그대가 스스로 자신의 본래면목을 돌이켜본다면 비밀은 바로 그대 곁에 있을 것이다(汝若返照自己面目, 密却在汝邊)."[52] 에서 '자신의 본래면목[自己面目]'을 불변하는 '참나[眞我]'로 여기면 불설에 어긋난다.

《무문관》 제27칙 〈불시심불(不是心佛)〉에서 남전보원(南泉普願) 화상이 백장유정(百丈惟政)에게 "마음도 아니요, 부처도 아니요, 그렇다고 한 물건도 아니다(不是心, 不是佛, 不是物)."[53] 라고 했다. 이에 대해 무산은 "이 문답에 나오는 '부처(佛)' '마음(心)' '한 물건(物)이란 선 수행자가 추구하는 최고의 가치다. …… 부처와 마음과 한 물건이란 사실은 똑같은 본질의 다른 이름이다. 그러나 여기에 함정이 있다. 부처와 마음과 한 물건이 수행승이 깨달아야 할 최고의 경지라고 해서 거기에 집착하게 되면 그 이름을 실재화(實在化)의 대상으로 삼게 된다. 그렇지만 그것은 터무니없는 망상일 뿐이다."[54] 참으로 명쾌한 설명이다. 많은 선 수행자가 부처와 마음과 한 물건을 실재화하고 있는 것도 사실이다. 선불교가 유아론에 떨어져 있다고 비판하는 것도 이 때문이다.

한편 무산은 선가(禪家)의 전통인 상당법어(上堂法語)의 형식에 얽매이지 않았다. 그는 2012년 6월 4일 신흥사 하안거 결제법어에서 "종교인의 생명은 화두"[55] 라고 전제하고, 프란치스코 교황의 화두와 선승들의 화두는 시간상으로 천 년의 차이가 있다고 한탄했다. "프란치스코 교황은 오늘의 문제가 화두인데 우리 선승들의 화두는 천 년 전, 중국 선승들의 도담(道談)입니다."[56] 라고 비판한다. 이른바 교황의 화두는

---

52) 오현 역해 《무문관》 p. 151.
53) 오현 역해, 위의 책, p. 177.
54) 오현 역해, 위의 책, p. 179.
55) 김병무·홍사성 엮음 《설악무산의 방할(棒喝)》 인북스, 2023, p. 29.
56) 위의 책, p. 30.

활구(活句)이지만, 선승의 화두는 사구(死句)라는 것이다.

또한 무산은 후학들에게 부처 되지 말고 화두에 속지 말라고 당부했다. 그는 "딱 한마디 하자면 부처 될 생각 하지 말라는 것입니다. 선방에 앉아서 부처 되겠다? 부처를 버려버리시오. 절대 부처 될 생각은 하지 마세요. 성철 스님이 늘 이야기하셨듯이 자기를 늘 돌아볼지언정 화두에 속지 마세요."[57]라고 했다. 또 그는 "화두에 집착하지 말아요. 개에 불성이 있고 없는 게 무슨 의미가 있는가, 나한테 불성이 있느냐 없느냐가 중요하지."[58]라고 했다. "다시 말하지만, 부처 될 생각은 하지 마세요. 여러분, 부처 되어 가지고 뭐 하겠어. 성불합시다? 부처 돼 가지고 뭐하겠다는 건데. 여러분들 화두에 속지 말아요."[59]라고 당부했다. 그 단적인 예로 "중국 선사들은 깨달아서 맨날 법상에서만 설법하고, 자기 혼자 깨달아서 산속에만 있고, 그래서 무엇 하느냐 이 말이지요."[60]라고 했다. 이것은 중생의 아픔을 외면한 부처는 아무런 의미가 없다는 뜻이다. 무산은 이런 맥락에서 선의 창발성(創發性)과 독창성(獨創性)을 잃어버린 선승들의 매너리즘(mannerism)을 비판한 것이다.

4. 맺음말

필자가 볼 때, 설악무산은 세간과 출세간은 물론 선(禪)과 교(敎)에도 얽매이지 않았던 대자유인이었고, 그의 행적은 걸림 없는[無碍自在]

---

57) 위의 책, p. 41.
58) 위의 책, p. 42.
59) 위의 책, p. 44.
60) 위의 책, p. 37.

보살의 삶 그 자체였다. 그가 바로 '그물을 벗어난 금빛 물고기(金鱗)'였다고 평가할 수 있다. 《벽암록》 제47칙에 나오는 "금빛 물고기란 실제로 그런 고기가 있다는 뜻이 아니라 일체의 번뇌와 생사와 속박과 애증과 갈등의 그물을 찢어 버린 대자유인을 상징한 말이다."[61] 이처럼 그는 모든 속박에서 벗어나 대자유와 해탈을 마음껏 누렸던 인물이다.

또한 무산은 '깨달음'이라는 환상을 깨부수었다. 한국불교의 문제점 가운데 하나가 '깨달음의 신비화' 혹은 '선의 신비화'다. 그는 "깨달음이란 대체 무엇인가, 없는 것이 생겨나는 것도 있는 것이 없어지는 것도 아니다. 본래 그 자리니 깨달았다는 것도 한낮의 잠꼬대나 다름없는 일이 아닌가. 그것을 자랑하거나 떠들다 보면 향수로 목욕하고 다시 똥물을 뒤집어쓰는 꼴이니 이 점을 조심해야 한다. 세상에는 그런 얼간이들이 참 많다."[62]고 탄식했다. 세상 사람들은 깨달음을 얻으면 어떤 특별한 일이 일어날 것이라고 믿는다. 그러나 그러한 특별한 일은 일어나지 않는다. 무엇보다도 먼저 '깨달음'이라는 환상에서 벗어나지 않으면 안 된다. 무산은 이것을 일깨워주고자 공안(公案)에 사족(蛇足)을 달았는지도 모르겠다.

그는 《벽암록》 제87칙 〈운문약병상치(雲門藥病相治)〉에서 "미혹이 있으니까 깨달음이란 약을 찾고, 번뇌의 병이 있으므로 좌선이라는 약을 쓰는 것이다. …… 따라서 미혹과 깨달음을 다 함께 버려야 비로소 병과 약이 다 함께 치료됐다고 할 수 있다."[63] 라고 사족을 달았다. 한마디로 깨달음이라는 환상을 버려야 한다.

사실 그는 선의 본질과 방편을 꿰뚫고 있었다. 그가 말했듯이 그는 부처나 조사의 말씀이 아닌 자기만의 몸짓, 자기만의 목소리로 노래했

---

61) 오현 역해 《벽암록》 p. 191.
62) 오현 역해, 위의 책, pp. 291-292.
63) 오현 역해, 위의 책, p. 322.

다. 여기에 무산의 참모습이 드러난다. 흔히 선의 공안에 대해 왈가왈부하는 것은 모두 부질없는 짓이라고 말한다. 그런 시각에서 보면 무산의 '사족'도 또한 이에 해당할 것이다. 그러나 무산의 사족은 분별을 통해 직관의 안목을 제시해 놓은 '노정기(路程記)'라고 할 수 있다. 만약 그가 자비를 베풀지 않았다면 이 노정기는 세상에 나오지 않았을 것이다. 부디 이 노정기로 말미암아 초행길을 나서는 납자(衲子)가 길을 잃지 않고 목적지에 도달할 수 있기를 간절히 바란다.

설악무산의 수행관

공일

차례

1. 찬란한 꽃들, 누구를 위하여 피는가

2. 설악무산의 본래면목은?
　　1) 해골의 불교학
　　2) 설악무산의 출가관
　　3) 설악무산의 진리론과 종교론
　　4) 설악무산의 전등 법맥 의식
　　5) 설악무산의 문학관

3. 설악이 꽃 한 송이 들자, 안개 산[霧山] 드러나다

공일 / 속명 박종식. 동국대학교 객원교수. 백담사 승려. 서울대학교 수의학과, 동국대학교 불교대학원 인도철학과 졸업(문학석사, 철학박사). 박사학위 논문은 〈치선병 비요경의 불교의학 연구〉. 현재 봉은사 교육지도법사.

1. 찬란한 꽃들, 누구를 위하여 피는가

우크라이나의 포연과 코로나19 이후의 질문은 인간은 어떠해야 하는지를 물어야만 한다. 봄이면 피어나는 꽃들조차 더 이상 희망의 상징으로 피어나는 것이 아니다. 설두중현(雪竇重顯, 980~1052)은 《벽암록(佛果圜悟禪師碧巖錄)》의 제5칙 〈설봉속립(雪峰粟粒)〉에 대한 공안 게송에서 이 점을 명확히 하고 있다.

> 본성의 거울 속에는 티끌조차 없어라
> 북을 치며 찾아봐도 그대는 볼 수 없나니
> 저 찬란한 봄꽃들은 누구를 위하여 피는가?[1]

꽃 피는 것을 질문하는 것은 인문학의 과제에 속한다. 고전적 의미의 인문학은 인격의 도야와 직결되고 그러므로 수행과 관련이 있다. 이는 성리학 문맥의 도학(道學) 전통에서도 입증되는 일들이다. 구체적 사안으로 시(詩)라는 글자는 말씀 언(言)에 절 사(寺)가 결합한 것이다. 이는 절(사원)에서 수행자들이 주고받는 말이 곧 시라는 뜻이다. 공안의 선문답들은 상징성이 가미된 언어인 시의 형식을 빌린 문답이다.[2]

이처럼 종교적 언어는 본질적으로 시의 영역이다. 꽃이 피어나는 이유를 묻는 이러한 일들은 인간이 무엇인지를 묻는 종교적 행위이다. 그리고 인간은 어떠해야 하는지를 묻는 철학적 감성과 실천을 전제로 하는 윤리의 영역이다. 그러므로 수행의 영역으로 직입하게 된다. 언어, 시, 종교적 감성, 그리고 수행에 관한 일은 섣부르게 손댈 일이 아

---

1) 《碧巖錄》卷1(T48, 145b17-19) "曹溪鏡裏絕塵埃, 打鼓看來君不見, 百花春至為誰開."
2) 법정 외 공저(2017) 《법정의 애송 선시(禪詩)》 책읽는섬, p. 42.

니다. 그러므로 이 글에서는 무산의 원음(原音)을 있는 그대로 검토하는 방식, 즉 무산의 글을 가능한 많이 인용하여 그 체로금풍의 본의를 밝히고자 한다.

2. 설악무산의 본래면목은?

무산은 실로 자기만의 견처를 확고하게 드러낸 수행자였다. 무산의 수행관을 다섯 가지의 면목으로 한정하여 검토하는 그 첫째는 무산의 말년 수행과 관련이 있는 '해골의 불교학'이다. 무산의 무문관 수행 일화 가운데, 그의 처소 한 가운데 해골 모형이 놓여 있었다. 그리고 그 해골에 대한 이야기를 즐기셨다.

1) 해골의 불교학
익히 알려진 선사들의 가르침은 방할로 대변된다. 기존의 방할과 거리가 있어 보이는 무산의 가르침은 경악에 가까운 솔직함이다. 무산의 방할을 이해하는 단서는 그의 탄생 비화에서 찾을 수 있다. 무산의 '탄생 비화'와 이에 대한 '장광설의 화룡점점'은 다음과 같다.

> 그는 자기 어머니가 밭일을 하다가 계곡에서 목욕을 하던 중 전라도에서 무슨 일로 도망을 다니던 사람이 어머니를 범해 자기를 낳은 것 …… 홍인 대사는 자기의 성씨를 불성(부처의 성)이라고 했고, 고구려 시조 주몽은 천제의 아들 해모수의 자식이라고 했고, 그리스도교는 예수가 하느님의 아들이고 하느님 자신이라고 했다. 내세울 수 없는 부친을 이렇게 신화화하는 경우는 숱하지만, 자기의 출생을 '사통'으로 인한 것으로 회화화하는 것은 익히 본 바가 없다.[3]

무산의 이러한 천진한 태도는 오히려 경악을 불러일으키기도 한다. 이러한 경악은 해골의 불교학으로 이어진다.

매일 해골을 바라보며 살아서였을까, 스님은 주변 사람들에게 하심과 무욕이 어떤 것인지를 몸으로 보여주었다. …… 말년에 설악산문의 조실로 추대된 스님은 수행자들에게 자주 '깨달음이 중요한 게 아니라 깨달음의 삶을 살아야 한다'고 강조했다. …… 스님의 시는 이 같은 철학의 문학적 표현이었다. 스님의 불교는 '해골의 불교학' 스님의 시는 '해골의 시학'이라 해도 크게 틀리지 않는다.[4]

무산의 해골의 시학이 뿜어내는 경악은 사실 수행관의 핵심으로 이어진다. 무산에게 "수행이란 고매한 무엇이 아니라 일상에서 '더 나누고, 더 낮추고, 더 버리는 일'을 반복적으로 실천하는 것"[5] 이었기에 무산의 삶은 승속을 막론하고 많은 사람에게 큰 감동을 주는 것이었다. 이 해골의 불교학은 기존의 불교를 형해화(形骸化)하며 준엄한 비판을 가하며 갱생을 요청하게 된다. 나아가 불교의 정체성은 생명에 있음을 밝히며, 생명에 대한 외경심이라는 해골의 시학을 다음과 같이 토로하고 있다.

불교의 가르침은 기본적으로 인간과 자연을 분리해서 생각하지 않는 종교입니다. 모든 생명이 다 부처가 된다고 말합니다. 《법화경》에 나오는 상불경보살(常不輕菩薩)은 일체중생이 다 부처가 될 것이라 여

3) 조현(2019), 무산대종사 열반 1주기 추모세미나 자료집, p.67.
4) 김병무·홍사성(2019) 《설악무산 그 흔적과 기억》 인북스, p.320. 홍사성.
5) 김병무·홍사성(2023) 《설악무산의 방할》 인북스, p.6. 〈상당법어; 염장이 이야기가 팔만대장경〉.

거 가볍게 보지 않고 존경을 바치는 수행을 합니다. 또 중국의 길장
대사는 초목성불론(草木成佛論)을 주장했습니다. 풀과 나무도 다 부
처가 된다는 것입니다. …… 물 한 방울에는 그 속에 팔만사천충(八萬
四千蟲), 즉 팔만사천의 생명이 살고 있다고 가르칩니다. 그러므로 모
든 것을 대할 때 생명에 대한 외경심을 가지라고 가르칩니다.[6]

무산은 스스로를 낙승이라고 평하고 있다. 이 자평(自評)에는 해골
의 불교학이 뿜어내는 골기(骨氣)만이 남는다. 즉 숙연한 수행자의 태
도가 있음을 다음의 글을 통해 확인할 수 있다.

> 노졸(老拙)은 시를 쓰고 상(賞)을 탐하고 만해축전을 개최하고 명
> 예를 구하고 하는 이런 짓거리를 선생은 훌륭한 일로 말씀하시지만,
> 이런 짓거리는 중이 하는 짓거리가 아니지 않습니까. 물론 노졸도 한
> 때는 중이 되려고 무한서처(無寒暑處)를 찾아 퇴산적악(堆山積嶽)을
> 헤매기도 하고 무불처(無佛處)에서 절학도인(絶學道人) 흉내도 내기는
> 내었습니다만 결국 포기해야 할 세속사를 포기하지 못해 퇴산적악의
> 삭벽(削壁)에서 뚝 떨어지고 말았습니다. 스스로 낙승(落僧)이라고 부
> 르는 까닭이 거기에 있습니다.[7]

낙승 무산은 깨달음이 목표가 아니라 깨달음의 삶을 구현하기 위해
서 관념화에 떨어진 불조를 죽여야 한다고 강변한다. 도그마로 전락한
깨달음을 극복하기 위하여 살불살조라는 구래의 화두를 생생하게 살
려내고 있다.

---

6) 신경림·조오현(2004) 《열흘 간의 만남》 아름다운인연, p.114.
7) 김병무·홍사성(2023), 앞의 책, p.222. 〈본지풍광; 마음과 마음의 만남 40여 년〉.

부처 될 생각은 하지 마세요. 부처 되어 가지고 뭐 하겠어. 성불합 시다? 부처 돼 가지고 뭐하겠다는 건데. 여러분들 화두에 속지 말아 요. 1,700 공안이라고 하는 게 있지. 옛날에 중국의 늙은이들이 산중 에서 할 일이 없어서 이렇게 저렇게 한 얘기이지. 뜰 앞에 잣나무? 뜰 앞에 있는 나무가 잣나무면 어떻고 아니면? 요즘은 스마트폰 시대 아 닌가? 칠십, 팔십 평생 무(無) 무 무……. 깨달았으면 깨달음의 삶을 살아야 할 게 아닌가.[8]

이처럼 깨달음의 삶을 살아야 한다는 무산의 가르침은 오늘 이 자리 에서도 생생하게 울려 퍼진다. 이러한 점이 무산의 수행관이 지닌 다 양한 면목들 가운데, 체로금풍의 화두와 깊은 연관을 지을 수 있는 해 골의 불교학을 첫 번째로 제시할 수 있는 까닭이다.

2) 설악무산의 출가관

무산의 수행관의 근간이 해골의 불교학임을 살펴보았다. 이제 수행 자의 길을 가기 위한 관문, 즉 출가에 대한 고전적인 견해는 어떠한가? 《유마경》에는 유마거사가 라훌라의 출가에 대한 생각을 검토 교정해 주는 다음과 같은 장면이 있다.

유위법(有爲法)이라면 이익이나 공덕이 있다 할 수 있겠지만, 출가 는 무위법(無爲法)을 구하는 것으로서 무위법에는 이익이나 공덕이 없습니다. …… 내 것이라는 집착이 없고, 집착하는 마음[所受]도 없 고, 마음의 혼란이 없고, 안으로 늘 기쁨을 간직하고 중생들의 마음을 지켜주며, 선정(禪定)을 따르며 온갖 잘못을 다 떠나 버립니다. 만약

---

8) 위의 책, p.44. 〈상당법어; 부처 될 생각 말고, 화두에 속지 말고〉.

이렇게 한다면 이것이 참다운 출가인 것입니다.[9]

해동성사 원효께서는 출가의 의미를 다음과 같이 밝혀 놓았다.

마음 가운데 애착과 갈애를 여읜 이를 사문이라 이름하고 세속 그
리움 떨친 것을 출가라 한다. …… 비록 재능과 슬기 있어도 속가에
사는 이에 대하여 제불께서 슬피 여기시고 설사 도를 닦지 않더라도
산사에서 사는 이는 뭇 성현이 그들에게 환희심을 내느니라.[10]

해골의 불교학을 제시한 무산은 출가에 대한 견해를 다음과 같이 제
시한다.

수행자의 길에서 가장 특이한 점은 세속의 집을 떠난다는 사실입
니다. 이를 출가(出家)라고 합니다. 출가란 글자 그대로 '집을 떠나는
것'을 말합니다. 출가자가 집을 떠나는 것은 '번뇌에 얽매인 생활을 버
리고 성자의 삶에 들어가기 위해서'입니다. …… 출가는 그러한 삶을
거부하고 세속적 가치관으로서는 이해할 수 없는 생활을 합니다.[11]

그러므로 무산에게 출가란 집으로 돌아올 기약 자체를 하지 않는 그
무엇이다. 이는 기존의 삶으로보터 벗어난 전혀 다른 인생의 출발을
의미한다. 그러므로 출가 행위는 아무나 쉽게 결행하지 못하는 '위대한

---

9) 《維摩詰所說經》卷1(T14, 541c15-22) "有為法者, 可說有利, 有功德. 夫出家者, 為無為
法, 無為法中, 無利, 無功德. …… 無繫著;無我所, 無所受;無擾亂, 內懷喜;護彼意, 隨
禪定, 離眾過;若能如是, 是真出家."
10) 《發心修行章》(H25, 841a23-b2) "離心中愛是名沙門 不戀世俗是名出家 …… 雖有才
智居邑家者 諸佛是人生悲憂心 設無道行住山室者 衆聖是人生歡喜心."
11) 김병무·홍사성(2023), 앞의 책, p.166. 〈향상일로; 출가 수행자가 가야 할 길〉.

결단'이 된다. 그렇다면 출가자들이 이렇게 집을 나와 수행하려는 무엇인가? 왜 수행자들은 평생을 바람과 구름과 고독과 가난을 친구 삼아 살아가기를 결심하는 것일까?[12] 무산은 이러한 질문을 통하여 출가의 의미를 다음처럼 확고히 제시하고 있다.

참다운 출가 수행자는 진리라 믿는 그 독단으로부터도 벗어나야 합니다. 부처님이 우리에게 보여준 출가의 정신은 탐욕과 이기주의 독단으로부터 벗어나라는 것입니다. 그것은 또한 종교적으로 새로운 삶을 시작하라는 암시이기도 합니다. 따라서 이 '출가 정신'은 출가 수행자만이 가슴에 새겨야 할 일이 아닙니다. 종교적으로 새로운 삶을 다짐하는 모든 사람이 가슴에 새겨야 합니다. 나태했던 사람은 부지런하기를, 선량하지 못했던 사람은 더 착해지기를, 부정직했던 사람은 더 정직해지기를, 미워하던 사람은 이제부터 사랑하기를 다짐해야 합니다. 이것이 새로운 삶이고, 부처님의 출가 정신을 일상생활 속에서 실천하는 방법입니다. 참다운 출가 정신은 이런 결심을 말이 아니라 행동으로 실천하는 것입니다. 그렇게 해야 새로운 삶이 시작됩니다. 제4의 탄생이 이루어집니다.[13]

또한 무산은 출가에 대한 여러 입장을 검토하고 있다.

출가자가 승려가 되는 데에는 발심출가와 인연출가의 두 종류가 있다. 발심출가는 인생에 깊은 회의를 느끼고 진리를 터득하고자 출가함을 말한다. 인연출가란 여러 가지 인연에 의하여 수행자가 되는

---

12) 김병무·홍사성(2023), 앞의 책, p.167. 〈향상일로; 출가 수행자가 가야 할 길〉 내용 정리.
13) 위의 책, p.175. 〈향상일로; 출가 수행자가 가야 할 길〉.

것이다. 이러한 출가의 의미는 세 가지 뜻이 있다. 첫째는 육친출가 (六親出家)로 부모, 형제, 처자로부터 떠나는 출가이다. 둘째 오온출가 (五蘊出家)로서 색수상행식으로부터의 출가이다. 셋째 법계출가(法界 出家)는 기존의 이데올로기로부터 자유로워져야 한다.[14]

무산의 출가관은 육친출가, 오온출가, 법계출가, 발심출가, 인연출가 등으로 구분되며, 수행이 일상을 바탕으로 이루어진다는 측면에서 실천적 생활불교를 지향하고 있음을 알 수 있다. 그리하여 무산은 출가란 어떤 인연으로 하는가가 중요한 것이 아니라 제대로 출가 생활을 하느냐가 중요한 일이라고 확언하고 있다. 그리하여 출가란 진리라고 믿는 세계로부터도 떠나는 것이라고 출가의 목표를 제시하고 있다. 그리하여 무산이 제시하는 진정한 출가는 법계출가로서, 독단으로부터 벗어나는 것이며 어떠한 이데올로기로부터도 자유로워져야 한다는 것을 뜻하는 것으로 승화된다. 이어서 무산은 이 출가 개념의 적용은 출가자에게만 적용할 것이 아니라고 확대해 나간다.

불교의 출가정신이 수행자에게만 적응되는 것이 아니라 보다 높은 정신적 가치를 추구하는 사람들이 참고로 삼을 만하다고 봅니다. …… 일상에서 떠나고, 우리가 의지했던 안락에서 떠나고, 진리라고 생각했던 것에서 떠나고, 그렇게 하다 보면 우리는 참으로 많은 것을 배우고 깨닫게 됩니다.[15]

3) 설악무산의 진리론과 종교론
무산에게 진리와 종교는 둘이 아니다. 또한 좌선이나 수행과 부처도

---

14) 신경림·조오현(2004), 앞의 책, p.24.
15) 위의 책, p.24.

서로 다른 이름이 아니다. 이러한 불이적 입장을 제시하기에 무산의 진리론은 일체의 종교를 지칭하기도 한다.

수행자가 부처나 조사에 매달리다 보면 천년이 지나도 이를 뛰어 넘지 못한다. 부처니 조사니 진리니 또 무엇이니 하는 온갖 우상을 뛰어넘어야 한다. 거기에 대자유의 경지가 있다. 이 경지에 이른 수행자만이 밥 먹을 자격이 있다.[16]

대자유의 경지를 넘나들면서 무산은 염화미소의 지경을 종교의 핵심으로 정리하며 다음과 같이 토로하고 있다.

선은 한 송이의 꽃과, 그리고 꽃과 같은 미소로 시작되었다. 만약 부처님이 꽃을 들지 않았다면, 가섭존자가 얼굴을 일그러뜨리며 웃지 않았다면, 선의 역사는 시작되지 않았을 것이다. 그래서 선은 꽃이고, 꽃 같은 미소다. 부처의 마음은 꽃이고, 꽃 같은 미소다. 이것이 선이다. 그밖에 다른 것은 없다.[17]

또한 무산은 종교의 본질이란, 자유를 향한 몸부림이어야 한다고 강변한다.

정치나 종교가 지나치게 이데올로기화되면 사람을 구속하고 불행하게 만든다. 구속으로부터 자유롭고자 하는 정치나 종교가 도리어 사람을 옭아맨다면 그런 것은 데모를 해서라도 쫓아내야 한다. 선은 바로 구속으로부터 해방되고자 하는 자유인들의 데모와 다르

---

16) 조오현 역해(2010) 《벽암록》 불교시대사, p. 260.
17) 조오현 역해(2007) 《무문관》 불교시대사, p. 41.

지 않다.[18)]

어설픈 종교의 가르침은 더 이상 가르침이 아니다. 오히려 소음처럼 소비되기 쉬운 세태라고 지적하기도 한다.

　　진리가 소음(騷音)이 된 지 오래되었습니다. 현대인들은 숲에서 우는 새 울음소리, 개울물 흐르는 소리, 저 바다의 파도와 물빛 해조음 소리에 귀를 기울일지언정 옛 성현들의 말씀에 특히 종교인의 설교를 귀담아듣는 이가 별로 없습니다. 시끄럽다 이겁니다.[19)]

종교인의 가르침은 소음이 되었으나 저 대자연의 소리는 손상되거나 침해받지 않은 원상태의 진리를 대변해 주고 있다는 설명이다. 여기에서 무산의 진리관은 철저히 동양적 사유방식을 지향하고 있음이 드러난다. 그리하여 무산은 진리의 참모습은 일상성에 근거한 조사선의 면모를 눈여겨볼 필요가 있다고 다그치고 있다.

　　중국에서 성립한 조사선의 특징은 '일상성'에 있다. 어떠한 진리도 일상성을 떠나서는 아무런 의미가 없다는 것이다. …… 이것을 떠나서는 진리의 참모습을 볼 수 없다는 것이 중국 조사선의 발상이다.[20)]

조사선에 대한 설명에 이어 무산은 마음의 근원에 대한 불경의 내용을 들려주기도 하였다.[21)]

---

18) 조오현 역해(2010), 앞의 책, p.134.
19) 김병무·홍사성(2023), 앞의 책, p.440. 〈산중문답; 영혼의 울림〉.
20) 조오현 역해(2007), 앞의 책, p.47.
21) 김병무·홍사성(2023), 앞의 책, p.429. "불경에 보면, 마음의 근원은 원래 고요적적

이러한 진리에 대한 입장은 백담사 경내의 무금선원에 대한 설명과
도 직결되고 있다.

무금선원(無今禪院)은 특이한 명칭인데 무슨 의미인가? 옛 선사의
게송 가운데 '마음의 근원은 맑고 고요해서 고금이 없고, 오묘한 본체
는 밝고 둥글어서 생사가 없다(靈源湛寂 無古無今 妙體圓明 無生無死)'라
는 것이 있습니다. 무금은 여기서 따온 말로 우리의 본마음은 고금에
관계없이 항상 맑고 깨끗하다는 뜻입니다.[22]

무산은 일상을 벗어난 별도의 가르침을 인정할 수 없다는 것이다.
그리하여 무산은 중생을 떠난 부처를 인정하지 않는다.

중생과 부처가 따로 있는 게 아니지요. 중생이 없으면 부처도 없는
것입니다. 날마다 부처님오신날이 돼야지요. 등불 달고 기관장들 모
여 축사하고……. 다 소용없어요. 조용한 가운데 겸허한 자세로 자기
를 돌아보는 날이 돼야 합니다. 부처의 근원은 중생심입니다. 중생심
이 곧 불심입니다.[23]

이어서 무산은 그 수많은 경론의 가르침을 몇 마디로 요약하여 제시
하기도 한다.

팔만대장경을 몇 마디로 요약하면 '남의 눈에서 눈물 나게 하지 마

하고 아주 담적하다고 합니다. 빛깔도 향기도 모양도 없이 이름 지을 수도 그림 그
릴 수도 없다고 합니다." 〈산중문답; 영혼의 울림〉.
22) 위의 책, p. 416. 〈산중문답; 오현 스님과 차 한잔 나누며〉
23) 위의 책, p. 379. 〈산중문답; 부처님오신날 맞은 무산오현 스님〉.

라 '사람 차별하지 마라' 이거 아니겠나. 얼마나 훌륭한 말이야. 이렇게 살면 세상 잘 돌아간다. 경전 밤낮 달달 외워서 얻어지는 게 깨달음이라면 천지에 깨달은 자들이야. 그럼 세상이 이 꼴이겠나?[24]

그렇다면 종교의 역할은 무엇인가? 무산은 이에 대하여 다음과 같은 입장을 밝히곤 하였다.

사람이 축생처럼 살면서도 그것을 모르는 것은 어리석음의 안개에 휩싸여 있기 때문이다. 그 안개를 걷어내지 않는 한 사람은 영원히 '사람이란 이름의 축생'으로 살아가야 한다. 현대의 종교가 할 일은 무엇보다도 이 사실부터 일깨워주는 것이다.[25]

현대사회에서 종교가 해야 할 일은 어리석음의 안개를 벗기는 일이어야 한다. 이러한 기능을 발휘하지 못한 종교인들이 물질에 탐닉하고 권력에 의존하기에 부끄러운 일을 겪게 된다는 것이다. 이러한 무산의 입장은 종교와 세속의 흐름은 근본적으로 달라야 한다는 것이다.

말과 글을 버리는 곳이 절이다. 지식의 노예가 되기 때문이다. 세상에는 두 가지 길이 있다. 하나는 일반, 하나는 종교의 길이다. 가는 길이 다르다. 여러분이 가는 세속의 길은 해가 뜨는 길이다.[26]

4) 설악무산의 전등 법맥 의식
무산은 스스로 부처님의 전법 71세에 해당한다고 다음과 같이 밝히

---

24) 위의 책, p.354. 〈산중문답; 매 순간 윤회인데 어찌 대충 살겠는가〉
25) 위의 책, p.200. 〈본지풍광; 사람의 길 축생의 길〉.
26) 위의 책, p.338. 〈산중문답; 설악산의 '낙승(落僧)' 조오현 스님〉.

고 있다.

《불조원류(佛祖源流)》는 과거칠불에서부터 이어온 불교의 법맥을
정리한 것입니다. 이 기록에 의거하면, 용성진종(龍城震鐘, 1864~1940)
은 부처님 이래 68세의 법손이며, 고암상언 화상은 69세, 고암의 제자
인 정호성준 선사는 70세, 그리고 나는 71세에 해당합니다. [27]

한국불교의 흐름은 《달마다라선경》(411), 《부법장인연전》(472), 《전
법보기》 《보리달마남종정시비론》(732), 《좌계대사비》(754), 《능가사
자기》 《역대법보기》(774), 《조계대사전》(781), 돈황본 《육조단경》(780-
800), 《보림전》(801) 등의 법맥에 대한 문헌적 근거 [28] 에 입각하고 있다.
전등과 관련된 법맥에 대한 선종의 의식 저변에는 다음과 같은 의식이
자리하고 있다.

전등(傳燈) 개념은 곧 붓다의 정법안장을 스승과 제자 사이에 수수
(授受)하는 방식의 내용으로 간주한 것인데, 그 범위는 멀리 과거칠불
로부터 가섭을 통하여 보리달마에 이르고, 나아가서 그것이 중국선
에서 정통성을 강조하는 몇 가지 요소 가운데 하나로 중요시되었다.
가사를 통하여 그 정통성의 여부를 결정한다는 전의부법설(傳衣付法

---

27) 위의 책, p.130. 〈향상일로; 지도자의 네 가지 덕목〉. cf)무산의 법맥은 태고법통
   설을 바탕으로 다음과 같이 정리할 수 있다. 태고보우─환암혼수─구곡각운─벽
   계정심─벽송지엄─부용영관─청허휴정─편양언기─풍담의심─월담설제─
   환성지안─ …… ─용성진종─고암상언─정호성준─설악무산으로 이어진다. 송
   준영(2018) 〈선종의 선맥보와 선맥도〉 《지혜의 언덕 너머 춤추는 기호》 시와세계,
   p.1007, 1008.
28) 김호귀(2014). 〈선종의 법맥의식과 전등사서의 형성〉 《불교학보》 68, pp.91-112,
   p.105 내용 정리.

說)은 발우 및 주장자 등으로까지 확대되어 간다.[29]

선종의 법맥의식은 《조당집》의 〈종맥송(宗脈頌)〉에서 그 극치를 보여주고 있다.

여래께서 일대사(一大事)를 위하여 이 세상에 나타나셨나니 5천 가지 방편의 가르침이 흘러 전하기 몇백 년이던가. 49년 동안 설법하였으나 위배되는 말 없으셨다네. 여래께서 열반에 드신 뒤 가섭에게 전하셨으니 사천(四天)에서 28대를 이어 조사의 법인(印)을 서로 전했네.[30]

선종의 법맥의식은 반야의 등불을 전하는 방식으로 활용되며 교리적 의미를 내포하기도 한다. 즉 반야바라밀이 정법안장의 한가운데 자리하게 된다.

반야바라밀을 받아들이는 자의 마음에 세 부류가 있는데 …… 비유하면 하나의 등불이 다시 그 밖의 등불로 밝음이 전하여 점차 늘어나는 것과 같다. …… 이에 부처님께서는 이런 비유로써 아난에게 고하여 '그대는 그대의 몸에서 반야가 단절되지 않도록 해야 한다.'고 말씀하셨다.[31]

무산은 이러한 법통설에 입각한 법맥의식 이외에도 선지식들과의

---

29) 김호귀(2014). 위의 논문, p.94.

30) 《祖堂集》卷11(B25, 515a12-b2), 〈宗脈頌〉 "如來一大事, 出現於世間 五千方便教 流傳幾百年 四十九年說 未曾忤出言 如來滅度後 付囑迦葉邊 西天二十八 祖佛印相傳."

31) 《大智度論》卷100(T25, 755b) "復次受者 心有三種 …….. 譬如一燈復然 餘燈其明轉多 …….. 佛以此喻告阿難 汝莫於汝身上令般若斷絶."

만남(경봉, 성철)에 대하여 다음과 같은 내력들을 밝혀 놓고 있다.

> 스승(마조)과 제자(백장)가 해 저문 강기슭 길을 묵묵히 걷고 있을
> 때 한 무리 들오리 떼가 ……중략…….
> 언젠가 이 이야기를 듣고 통도사 경봉 노사에게 "들오리 떼는 분명
> 히 날아갔는데 스승이 '왜 여기 있지 않느냐'고 호통을 쳤습니까?"
> 하고 물었더니 경봉 노사는 이렇게 혀를 차시는 것이었습니다.
> "…… 저 아래 돌다리 밑으로 떠내려가는 부처를 보고 오너라. 니
> 가 보고 듣는 세계도 무진장하지만 니가 보지도 듣지도 못하는 세계
> 도 무진장하다카는 것을 알고 싶으마."[32]

> 해인사 백련암 백련이 피었다기에 백련을 보러 갔더니 백련은 다
> 지고 때마침 가야만악(伽倻萬嶽)을 가부좌로 깔고 앉았던 한 선승이
> "니 어디로 왔노?"
> "니 여기 전에 와 봤나?"
> "니 누구 상좌고?"
> "……."
> 홍류동 폭포수 바위틈에 발을 담근 한 무더기 늦 진달래가 마치
> "그 설도(舌刀) 혀끝에 죽은 사람이 해인사 대장경 바다에 빠져 죽
> 은 사람들보다 더 많다!"
> 하고 함성을 내지르듯이 붉은 꽃물을 한꺼번에 터뜨리고 있었습니
> 다.[33]

---

32) 권영민 편역(2012) 《적멸을 위하여》 문학사상, pp. 40-41. 〈들오리 떼 울음소리; 절
  간 이야기 16〉.
33) 위의 책, p. 31. 〈진달래 – 절간 이야기 10〉.

무산에게 경허와 만해의 법맥은 수행이나 문학에서 중요한 접점을 만들어 주고 있음은 널리 알려져 있다. 이에 대하여 무산은 전강, 구하 스님을 거론하면서 경허와 만해의 그릇 크기가 얼마나 큰지 다음과 같이 표현하고 있다.

전강이 서른 살에 화두를 깨뜨려버리고, 경허는 한 철 만에 깨뜨려 버리고, 만해는 들어가지도 않고 깨뜨려버렸잖아요.[34]

경허와의 만남을 계기로 무산은 불교의 이해가 아주 새롭게 되었음을 토로하였다.

70년대 초 경허와의 만남에서 얻어진 것들이다. 비구나 시인으로는 경허를 만날 수가 없었다. 동대문 시장 그 주변 구로동 공단 또는 막노동판 아니면 생선 비린내가 물씬 번지는 어촌 주막 그런 곳에 가 있을 때만이 경허를 만날 수 있었다. 그런 곳은 내가 나로부터 무한정 떠나고 떠나는 길목이자 결별의 순간인 것이다.[35]

그리고 만해에 대하여는 만해 장사를 하였다고 이야기하기를 즐겼음은 유명하다. 특히 만해에 대한 애정은 남달랐음을 다음의 글을 통해 알 수 있다.

만해는 대북(大鼓) 같은 존재지요. 범종에 비유할 수 있어요. 누가 그것을 다루는가가 중요합니다. 만해 선양 일은 하고자 하면 한없이

---

34) 김병무·홍사성(2023), 앞의 책, p.27. 〈상당법어; 염장이 이야기가 팔만대장경〉.
35) 김병무·홍사성(2019), 앞의 책, p.53.

많고, 안 하려 들면 하나도 없습니다.[36]

5) 설악무산의 문학관

무산에게 문학은 무엇이었던가? 무산은 문학을 위하여 목숨을 걸 필요가 있는지를 묻곤 하였다. 즉 순문(殉文)할 가치가 문학에 있는지를 묻는다.

'문학, 목매달아 죽어도 좋을 나무'라는데 이 표현에 대해 어떻게 생각합니까. 종교인이 자기가 믿는 종교를 위해 순교를 하듯이 문학하는 사람도 문학을 위해 '순문(殉文)'을 할 수 있는가. 정말로 문학이 우리 인생에 있어서 목매달아 죽어도 좋을 만한가?[37]

문학이 모든 사람에게 동일한 가치를 지닐 수는 없다. 그러므로 무산에게 문학은 무엇인지를 묻는 일이 단도직입에 해당한다. 이에 대하여 다음과 같은 논평의 글을 제시할 수 있다.

조오현에게 시조는 운명적이다. 조선시대의 시조 작가 가운데에는 불교의 승려를 찾아보기 어렵다. 이것은 시조가 유교 이념에 기반을 두어 형성 발전해온 점과 무관하지 않다. 시조가 이름 그대로 한낱 '시절가조(時節歌調)'에 지나지 않는 것이라고 한다면 문제가 더 복잡해진다. 한국불교를 대표하는 큰스님이 왜 시조에 집착하고 있는

---

36) 김병무·홍사성(2023), 앞의 책, p.382. 〈산중문답; 부처님오신날 맞은 무산오현 스님〉. cf)만해는 김일성 어록에도 등장하고 있는 것에서 알 수 있듯 남과 북 모두에서 존경받는 인물이다. 남북 학자들이 함께 만해를 연구하고 선양하는 일을 펼쳐야 한다. 만해마을이 강원문화의 중심지가 돼 통일의 싹을 키우는 근원지가 되고 장차는 만해의 사상과 정신을 전 인류적으로 세계화하는 일을 해야 한다.

37) 신경림·조오현(2004), 앞의 책, p.254.

가를 묻기가 까다롭기 때문이다. 시조는 그대로 시정(市井)의 언어에 불과할 뿐이니 부처의 말씀에 맞설 수 있는 것이 아니지 않은가? 조오현은 시조라고 하는 특이한 양식의 글쓰기를 평생 동안 지속한다. 절간의 소머슴으로 출발했다는 불도의 길에서 조오현이 처음 마주친 세간의 언어가 바로 시조이다. 세간을 나서 다시 세간의 언어를 붙잡은 이 특이한 형국을 운명이라고 말할 수밖에 없다. 조오현은 시조를 통해 세간에 들고나며 자기 존재의 아득한 경지를 찾는다. 그러므로 시조는 조오현에게는 이미 '무자화'요 '무설설' 그 자체다. [38]

무산에게 문학, 즉 한글 선시조는 이미 무자화이며 무설설 그 자체라고 확언한다. 무산은 자신의 문학에 대하여 〈오늘의 낙죽(烙竹)〉[39] 이라는 작품으로 화답하고 있는데, 이는 숨김없음이거나 통증에 해당하여 불교적 수행의 의미로 승화될 내용에 속하는 것이다.

추석달이 떠오르면 조개는 숨을 죽이고
물 위로 떠올라서 입을 쫙 벌리고서
달빛만 받아들인다 속살을 다 내어 보이고

낙죽은 불로 지진다는 뜻의 낙(烙)과 대나무 죽(竹)이 합쳐진 말이다. 불에 달군 인두로 대나무 겉면을 지져서 그림이나 문양을 넣어 표현하는 기법이다. 추석의 달빛에 조개는 스스로를 드러내며 달빛을 받아들이는 것이다. 그 달빛에 부드러운 살이 받아낸 숨결 같은 것이 무산의 시조들이다. 《무문관》의 18칙은 〈동산삼근(洞山三斤)〉으로 다음과 같은 내용이다.

---

38) 권영민 편역(2012), 앞의 책, p.272.
39) 조오현(2015) 《내 삶은 헛걸음》 참글세상, p.93.

동산화상이, [어느] 스님이 묻기를 "무엇이 부처입니까?" 하였으므로,

동산이 말하기를 "마삼근이다"라고 하니

무문이 말하기를 "동산 노인이 사소한 방합선[40]에 참례할 수 있어서,

비로소 두 편[의 껍데기]를 (두 입) 열고 뱃속을 노출하였다. 비록 이와 같으나

자, 말하여 보라! 어디에서 동산[의 뜻]을 보았는가?"라고 하였다.[41]

무산은 홍합선을 염두에 두고 낙죽을 거론한 것이다. 이런 이미지는 무산의 문학적 특징 가운데 하나인 여성성과도 직결된다. 이 여성성 (페미니즘)은 생태와 영성 어젠다와 더불어 우리 시대의 중요한 화두로 등장한 것임을 숙지한다면, 무산의 문학이 지니는 선구자적 속성은 상상을 넘어서는 것이다. 페미니즘의 대가인 이리가라이의 글에서 이를 확인해보면,

어떤 조개 껍질도 내게서 당신을 더 이상 숨기지 못했지요. 당신 얼굴의 가장 은밀한 부분도 아무런 숨김 없이 제공되었습니다. 타인의 응시에 드러난 존재를 두려움 없이 반기며, 그곳에서 당신의 가장 모호한 부분이 당신에게 드러나고, 당신의 가장 가까이하기 어려운

---

40) 방합선(蚌蛤禪)은 무문 화상이 만든 말로 조개가 입을 열면 속살이 다 드러나 보이는 것을 비유한 것이다. 즉 마삼근이라는 한마디로 자기의 간장을 노출해 보이는 선풍을 말한다. 조개는 이매패강(二枚貝綱), 부족강(斧足綱)에 속하는 연체동물, 한자어로 합(蛤), 방(蚌), 방합(蚌蛤)이라 한다.

41) 《無門關》(T48, 295b4-9) "洞山三斤洞山和尚 因僧問 如何是佛 山云 麻三斤 無門曰 洞山老人參得些蚌蛤禪 纔開兩片 露出肝腸 然雖如是且道 向甚處見洞山."

부분이 당신에게 되돌아오는 듯했습니다.[42]

《벽암록》의 90칙 〈지문반야체(智門般若體)〉는 무산에게 시적 이미지를 준 것이 아니라 무산의 시상을 오히려 대변해 주는 듯하다.

텅 빈 이것을 무어라 말할 수 있을까? 인간과 천상이 여기서 수보리를 보네.
조개가 달빛을 먹고 토끼가 회임한 뜻 선객들이 벌이는 논쟁의 주제가 되네.[43]

무산의 문학관은 사실 그의 작품 배열을 통하여 선명하게 제시되고 있다. 무산은 자신의 작품을 《만악가타집(萬嶽伽陀集)》과 《설악시조집》에서 선취조(禪趣調), 선기조(禪機調), 우범조(又凡調)로 나누어 편집하여 제시하였다.[44]
무산 문학관에 대한 결론적 입장으로는, 무산에게 수행은 문학과 더불어 수레의 양 축을 형성하고 있다고 할 수 있다.

무산의 시상은 그의 철저한 수행과 그리고 처절한 만행이 없었다면 불가능한 표현이다. 그의 시는 오싹오싹할 정도로 긴장감이 감돈다. 그러나 무산의 본심은 경허 선사에게서 배운 철저한 보살행이 깃

---

42) 뤼스 이리가라이, 박정오 역(2001) 《근원적 열정》 동문선, p.136.
43) 조오현 역해(2010) 《벽암록》 불교시대사, p.304.
44) 한글 선시조에 대한 무산의 분류는 禪趣調, 禪機調, 又凡調의 세 분류체계이다. 禪趣調에서는 연시조인 무설설을 비롯하여 전체 55편의 작품을 선보이고 있다. 禪機調는 《선문염송》 등의 선어록에서 시상을 찾아 시작이 이루어진 대략 60편의 작품이 실려 있다. 又凡調에는 1970년 방문(榜文), 1980년 방문(榜文) 등 전체 20편의 방문이 실려 있다.

든 구도심이다. 그의 구도는 마치 생사를 결판 짓는 비장함이 있다.[45]

시가 산문보다 왜 위대한지, 왜 선이 경보다 위대한지, 무와 공이 유와 색보다 왜 더 위대한지 어렴풋이 알 것 같다. 이러한 깨우침을 얻게 한 것이 시와 선과 불가의 힘인지 설악무산이 지닌 법력의 감화인지 알 수 없다.[46]

3. 설악이 꽃 한 송이 들자, 안개 산[霧山] 드러나다

'저 찬란한 꽃들은 누구를 위하여 피는가?'라는 질문으로 말문을 열었다. 이어서 무산의 수행관을 검토하고자 해골의 불교학으로 시작하여 출가, 진리와 종교, 법맥, 문학에 대한 입장을 살펴보았다. 이 다섯 항목은 수행이라는 하나의 꽃에 대한 다섯 잎, 즉 일화오엽(一花五葉)에 대한 것이다. 무산이 피워 올린 꽃, 그 수행의 향기는 무엇인가? 인적조차 뵈지 않는 곳, 결함 없이 완벽한[絶塵埃] 세계를 상징하는 조계의 거울[曹溪鏡] 앞에서 봄꽃은 비로소 향기가 날 것이다. 이 향을 기념하며 원오극근(圜悟克勤, 1063~1135)은 한 터럭의 먼지를 들어[擧] 보이며 한 송이 꽃이 피어남을 노래한다.

먼지 한 조각 들어 대지를 거두어들이니
꽃 한 송이가 피고 온 세계가 열리네.[47]

---

45) 《佛果圜悟禪師碧巖錄》卷9(T48, p.215a22-25) "一片虛凝絶謂情 人天從此見空生 蚌含玄兎深深意 曾與禪家作戰爭." cf) 권성훈 편(2015) 《이렇게 읽었다》반디, p.41. 김형중.
46) 권성훈 편(2015), 앞의 책, p.224. 장기표.
47) 《碧巖錄》卷2(T48, p.159a11) "一塵擧大地收, 一花開世界起."

    원오극근이 구지 화상의 일지두선(一指頭禪)을 소개할 때 제시한 내용이지만, 사실은 스승 설두중현의 질문[百花春至爲誰開]에 대한 화답이다. 한 줌의 흙으로 돌아갈 인간 생명을 들어서[一塵擧] 물과 불과 바람 등이 아로새기며 피워내는 꽃 한 송이[一花開世界起], 그것이 인간이라고, 이것이 우주의 일이라고 대답하는 것이다. 여기에서 수행의 속내는 기존의 문법과 달라진다. 불교적 의미의 수행은 사회적 의미가 아니라 우주의 일에 속한다는 것이다. 즉 자연의 속성을 내재하고 있는 우주적 질서는 선사들의 음성과 닮아 있다. 선사들의 따스한 어법은 천둥처럼 경악스럽기도 하고, 예언자의 친절이 저주처럼 다가오는 시대가 되었다.

    우리에게 주어진 불교의 가르침은 칼날처럼 서늘하기도 하고 목탁처럼 묵직하다. 이 서늘하고 묵직한 중압감을 사명으로 여기며 오늘 이 자리에서 설악무산의 수행관을 이야기하였다.

    단도직입적으로 무산의 저력은 어디에서 나오는 것인가? 무산의 두둑한 배짱은 사실 수행력에 바탕을 둔 것이다. 이를 증거하는 문장은 다음과 같다.

    참으로 뛰어난 사람들은 목적이 분명하고 과정 또한 투명하고 진실하다. 자기가 쳐 놓은 그물에 자기가 걸리는 일은 아무리 유혹해도 하지 않는다. 부단한 자기 점검이 있기 때문이다. 이것이 수행하는 사람들의 일상이다. 이러한 점검이 어디 수행하는 사람에게만 적용되겠는가. 정신을 차리고 살려는 사람이라면 모두가 그래야만 한다.[48]

---

48) 오현 역해(2015)《벽암록》불교시대사, p.37.

무산은 수행자를 빗대어 어떠한 유혹에도 굴하지 않는 수행자의 일상을 거론한 이후 제정신을 지닌 사람이라면 모두가 그리해야 한다고 지적한 것이다. 자신을 향하여 스스로를 속이는 것은 아닌지 직지(直指)하라는 것이다.

지금 우리는 어떤가. 수행승들처럼 북을 쳐서 나의 삶이 거짓인지 아닌지, 남을 속이는 것인지 아닌지, 남을 속이려다 내가 속고 있지는 않은지 점검해 볼 일이다.[49]

무산의 치열한 수행에 대한 결과로 드러난 일상의 태도를 대변하는 것으로 다음과 같은 일이 회자된다.

강도는 턱 밑에 칼을 들이밀고 가진 것을 다 내놓으라고 했다. …… 자기는 아무것도 가진 것이 없으니 죽일 테면 죽이고, 살릴 테면 살리라고 배짱을 부렸다. 강도는 어이가 없었는지 눈만 한 번 부라리다가 나갔다. 한바탕 난리를 치르고 난 뒤 다시 자리에 누우려는데 화상이 한마디 했다. "빙신아, 뭐가 그리 무섭노 그래 봐야 죽기밖에 더 하겠나. 뭐 할라꼬 강도한테 있는 거 없는 거 다 바치노." 나는 그때 알았어야 했다. 이 사람(무산)은 어떤 두려움도 없이 자기만의 길을 갈 사람이라고.[50]

이 일화에서 엿보아 알 수 있듯, 무산은 시방 자신의 삶을 통하여 원오가 거론한 처절한 꽃을 들어 보이고 있다. 또한 불교적 실천을 방과 할로써 승가의 후학들은 물론 세인들에게도 전해 주었다.

49) 오현 역해(2015) 앞의 책, p. 37.
50) 김병무·홍사성(2019) 앞의 책, pp. 35-36.

무산이 여전히 들고 있는 이 꽃 소식은 하나의 우주를 열고 있다. 이제 무산에게 우리의 속살림을 홍합선에서 보듯 감춤 없이 드러내야 할 때이다.

설악무산, 사유의 형이상성과 통합성

─ 시조에 반영된 문학관

유성호

차례

1. 설악무산 스님을 회상하면서

2. 미물의 상상력과 심미적 형이상성

3. 세속과 탈속의 불가분리성

4. 시조의 정점을 보여주는 범례

유성호 / 한양대학교 국문과 교수. 1964년 경기 여주 출생. 연세대학교 국문과 및 동 대학원 졸업(문학박사). 〈서울신문〉 신춘문예(문학평론) 당선으로 등단. 저서로 《서정의 건축술》《단정한 기억》《문학으로 읽는 조용필》 등이 있음. 유심작품상, 대산문학상 등 수상. 현재 한양대학교 인문대학장.

1. 설악무산 스님을 회상하면서

조오현론(論)을 몇 편 쓴 적이 있다. 그것들은 대개 그분이 오롯한 '시인'임을 강조하는 취지를 담고 있었다. 나뿐 아니라 여러 동학이 무산(霧山) 시조의 고갱이를 다양하게 분석하고 그 세계를 짚어온 터라 크게 새로운 소리를 얹을 것은 없겠지만, 그래도 지금 이 시간에는 무산 시조의 핵심이랄까 문학관이랄까 하는 것을 간추려 말해 보고자 한다. 내게도 무산 스님과의 비밀스러운 경험이나 그로 인한 개인적 소회가 없지 않지만, 그래도 여기에서는 사적 맥락을 넘어 '시인 조오현'이라는 기억에 가닿고자 한다.

'시인 조오현'은 1968년 《시조문학》 추천으로 문단과 인연을 맺은 후, 시력 반세기를 쌓아오는 동안 삶의 깊이와 오도(悟道)의 순간을 형상화한 수많은 작품을 통해 우리 시사에 뚜렷이 남았다. 물론 그 안에는 불가적 전언이나 어법 그리고 세계관이 반영되어 있지만, 불가적 사유 자체가 언어적 표상을 넘어서려는 속성을 가진 만큼, 조오현 시편 역시 '시적인 것'의 우뚝한 성취로 보아야 할 것이다. 이때 우리는 조오현 시편을 선승의 언어로 바라보지 않고, 시인의 언어 그중에서도 '시조'라는 고유의 정형 양식에 담긴 언어로 경험하는 작업을 긴요하게 요청받는다. 그것은 조오현 시학과 불교와의 직접적 연관성을 부정하자는 것이 아니라, 그의 언어가 선적 속성과 시적 속성을 끊임없이 넘나들면서 형상화되고 있다는 점에 주목해야 한다는 것을 강조하기 위함이다. 그만큼 그에게 시조는, 그만의 고유한 형이상학적 경험과 시적 언어의 함축성이 결합된 생생한 언어의 현장인 셈이다.

그럼에도 불구하고 무산 시조는 오도의 형이상학적 경험을 형상화한 것이 대종을 이룬다. 그리하여 비약과 초월의 발상이 많이 동원된다. 또한 그 안에서는 상대적 가치들이 일원론적으로 융합되어 일체의 차별이 존재하지 않는 진경이 제시된다. 초월자의 혜안에서 바라본 진여계(眞如界)를 제시하기 위해 지각 경험으로는 도저히 재현할 수 없는 절대적 이미지를 구축하였기 때문이다. 그래서 불가피하게 오의(奧義)의 연쇄가 발견되기도 한다. 하지만 조오현 시조는 궁극적으로 지상의 모든 대립이 소멸하는 통합적 사유 과정 속에서 완성됨으로써, 세속과 탈속의 불가분리성을 보여주는 데 매진한다. 조오현 시조만의 시사적 위상이자 돌올한 개성이 아닐 수 없다.

이처럼 조오현 시조는 선의 미학과 시적 형이상성을 통해 원초적 통일성을 회복하려는 시조 본연의 지향을 체현한다. 더불어 사물의 순간적 이미지에서 포착해내는 상상력과 함께 묘사력을 바탕으로 한 선적 감각과 사유를 줄곧 보여준다. 그의 시조에서 가장 확연한 것은, 사물의 존재 자체가 아니라 그 존재를 가능케 하는 다른 사물들과의 관계 양상이고, 더 나아가서는 부재를 통해서만 증명될 수 있는 사물들의 존재 방식이다. 그리고 조오현 시인이 들려준 발화 방식은 주객 분리나 이성적 사유에서 벗어나 직접적, 전체적으로 존재를 만나는 통전적 경험이며, 경험적이고 이성적인 판단을 폐기시키는 상상적 행위이다. 이는 결국 불가가 지향하는 정신적 고처(高處)의 전언인 동시에, 시조 양식의 끊임없는 수정과 변형 과정을 통해 시인이 이루어낸, 다른 양식으로는 대체 불가능한 언어적 표상일 것이다.

또한 조오현 시학은, 유가(儒家)가 지향해온 질서 정연한 이치를 담아내기에 적합한 시조 양식을 불가적 형이상학의 경험으로 전이시킴으로써 새로운 시조 양식의 시사점을 마련한 것으로도 평가할 수 있다. 시조 양식의 끊임없는 갱신 가능성을 보여준 구체적 실물로도 기억할 수 있다는 말이다. 그리고 일정한 양식적 구속에도 불구하고 다양하게 표출되는, 자유시와는 전혀 다른 심층이 담겨 있다는 점에서, 우리는 그의 시조를 우리 문학사의 빼어난 사례로 평가할 수 있을 것이다. 이를 통해 우리는 우리 시조의 구체성과 형이상성을 그만의 심도와 열정으로 개척해온 역정을 들여다볼 수 있을 것이다. 물론 조오현 시인이 반세기에 이른 시작 활동 기간 동안 그리 많은 작품을 썼다고 하기는 어렵다. 선승이요 시인이라는 이중 캐릭터를 수행하는 어려움이 과작의 성취를 불러왔을 것이기 때문이다. 하지만 그의 시조는 과작인 채로 단연 심미적 빛을 발한다. 결국 조오현 시편은 이러한 시적 통합 과정이 '시조'라는 정형 양식과 적극적으로 교섭하고 결합한 탁월한 미학적 사례로서, 시조시단의 돌올한 선의 미학과 시적 형이상성을 보여준 대표적 범례로서, 우리에게 크나큰 빛을 쬐어주고 그늘을 드리워주었던 거목으로서 남을 것이다. 이제 뵙는 것은 불가능해졌지만, 여럿의 기억 속에 남겨주신 말씀과 표정과 그늘이 모두 우리가 참작해야 할 스님의 유산이 아닌가 한다.

이 글에서는 그분이 불교계의 큰 어른으로 기억될 것은 자명하겠지만, 무엇보다도 '시인 조오현'으로 기억될 오램과 깊음을 온 마음으로 기리고자 한다. 내게 한없는 격려와 사랑을 주신 어른이자, 한국불교에 뚜렷한 족적을 남긴 큰스님이었지만, 등단 50년 시력(詩歷)을 꼭 채우고 떠난 '시인 조오현'을 여전히 한 그루 키 큰 무영수(無影樹)로 각별하게 기억하고자 하는 까닭이다.

2. 미물의 상상력과 심미적 형이상성

우리가 잘 알듯이, 조오현 시인은 불가에 몸을 담은 지 매우 오래된 선승이다. 스님의 불명은 무산(霧山), 법호는 만악(萬嶽), 자호는 설악(雪嶽)이다. 그래서인지 그의 시적 전언에는 불가적인 어법과 어휘 그리고 세계관이 불가피하게 두루 반영되어 있다. 하지만 조오현 시인의 세계 역시 불가적 전언의 시적 번안(飜案)으로만 취급될 수는 없다. 그의 이러한 시적 성취를 일별하기 위해 우리가 택한 정전은 전집《적멸을 위하여》(문학사상, 2012)이다. 이는 편자인 권영민 교수가 오랫동안 여기저기 산일되어 있던 조오현 시조들을 모으고 거기에 충실한 주해를 달아 일반 독자와 연구자들로 하여금 무산 시조를 한눈에 개관할 수 있게 해준 기념비적 저작이다. 무산 선사가 우리 시조시단에 끼친 위상과 영향력을 선명하게 보여주는 이 전집은 그 점에서 우리 시조시단의 중요한 시사적 자산이 될 것으로 보인다. 특별히 스님의 지속적인 창작적 열정의 결과, 영겁의 세월과 득도의 찰나적 순간을 '하루살이'의 삶과 죽음으로 형상화한 〈아득한 성자〉를 먼저 읽어보도록 하자.

하루라는 오늘
오늘이라는 이 하루에

뜨는 해도 다 보고
지는 해도 다 보았다고

더 이상 더 볼 것 없다고
알 까고 죽는 하루살이 떼

죽을 때가 지났는데도
나는 살아 있지만
그 어느 날 그 하루도 산 것 같지 않고 보면

천년을 산다고 해도
성자는

아득한 하루살이 떼

　　　　　　　　　　— 〈아득한 성자〉 전문

　기본 구도는 '하루/천년'의 대립에 놓여 있다. 그리고 '삶/죽음'의 대
립도 현저하게 개입하고 있다. 직접적 제재인 '하루살이 떼'는 "하루라
는 오늘"과 "오늘이라는 이 하루"를 온몸으로 산다. 그 오늘뿐인 하루
를 사는 '하루살이'에게는 과거(어제)와 미래(내일)라는 시간적 분절이
존재하지 않는다. 그네들은 "뜨는 해도 다 보고/ 지는 해도 다 보았"기
때문에 다시 떠오를 해를 기다리지 않는다. '해는 또다시 떠오른다(The
Sun Also Rises)' 같은 서양 맥락의 경구(警句)는 아예 들어설 틈이 없다.
그들은 온 생애를 다 살았기 때문에 그저 "더 이상 더 볼 것 없다고/ 알
까고 죽"을 뿐이다. 여기서 '하루살이 떼'는, 우리가 흔히 '하루살이 인
생'이라고 비아냥거리는 '덧없음'의 은유를 한껏 벗어나, 완전한 '오늘
이라는 하루'를 살아낸 '성자(聖者)'로 각인된다. 그에 비해 시인은 "죽
을 때가 지났는데도/ 나는 살아 있다"고 한다. 그리고 그 오랜 삶의 궤
적이 "그 어느 날 그 하루도 산 것 같지 않"다고 고백한다. 그러한 인생
이 "천년을 산다고 해도" 무슨 소용이 있겠는가. 그래서 얻은 깨달음이
과연 성스러움에 이를 수 있겠는가. 그 점에서 오직 성자는 "더 이상 더
볼 것 없다고/ 알 까고 죽는" 하루살이 떼뿐인 것이다. 모든 것을 보았
다며 알 까고 죽는 '하루살이'의 짧은 삶과 단호한 죽음, 비교적 긴 삶을
누리면서 죽을 때가 되었는데도 살아 있는 시인 자신, 이 선명한 대조
가 이 작품을 아득하게 만들어주고 있다. 이 작품에서 가장 성공적인
시적 표현은 아무래도 '아득한'이라는 관형어에 있을 것이다. '아득함'
이라는 말은, 시간적으로는 '오래' 공간적으로는 '깊이'의 맥락을 지니
고 있다. 그리고 외관상으로는 어지러이 분분(紛紛)하는 '하루살이 떼'
를 감각적으로 보여주고 있기도 하다. 말할 것도 없이, 이 시편은 존재

의 본유(本有)에 가 닿은 절편(絶篇)이라고 할 수 있다.

　　나아갈 길이 없다 물러설 길도 없다
　　둘러봐야 사방은 허공 끝없는 낭떠러지
　　우습다
　　내 평생 헤매어 찾아온 곳이 절벽이라니

　　끝내 삶도 죽음도 내던져야 할 이 절벽에
　　마냥 어지러이 떠다니는 아지랑이들
　　우습다
　　내 평생 붙잡고 살아온 것이 아지랑이더란 말이냐.

　　　　　　　　　　　　　　　　　　── 〈아지랑이〉 전문

　'아지랑이'는 '하루살이 떼'와 여러모로 상통하는 데가 있다. 먼저 이들은 순간적 존재라는 데 공통점이 있다. 항구적 생명에 대한 집착을 지닌 인간으로서는, 바로 이 같은 '순간성' 때문에 이들을 미물(微物)로 경시하게 되기도 한다. 그런가 하면 '하루살이 떼'와 '아지랑이'는 일종의 환각을 경험케 하는 존재들이다. 아닌 게 아니라, 이들은 모두 눈앞에서 어지러이 떠다니지 않는가. 그 수유(須臾)와 환각의 자연 사물들이야말로, 시인이 일평생을 떠돌다 궁극에 마주친 존재들이다. 시인은 지금 '나아갈 길'도 없고 '물러설 길'도 없는 외진 절벽에 서 있다. 거기서 "둘러봐야 사방은 허공 끝없는 낭떠러지"일 뿐이다. 육사(陸史) 시편을 잠깐 인유(引喩)하자면, 그야말로 "한 발 재겨 디딜 곳조차" 없는 곳이다. 그런데 이 비극적 실존의 공간에서 시인이 내뱉는 독백은 "우습다"라는 자조(自嘲)를 동반한 고백이다. "내 평생 헤매어 찾아온 곳이 절벽"이고 "내 평생 붙잡고 살아온 것이 아지랑이"라니, 순간 시인은 그저 아득해질 뿐이다. 하지만 '절벽'은 "끝내 삶도 죽음도 내던져야 할" 곳이 아닌가. 마치 "마냥 어지러이 떠다니는 아지랑이들"처럼 말이다. 그 아지랑이가 '하루살이 떼'처럼 시인의 눈앞에서 아득하게 분분하다. 이 양염(陽炎)으로 가득한 공간에서, 시인은 생사일여(生死一如)의 진실 을 노래하고 있는 것이다. 그 생사일여의 진실을 보여주는 미물들 앞 에서 그저 우습고 아득할 뿐이다. 이처럼 조오현 시편을 이루는 핵심 적 구도는, 세속에서 높은 위치를 점하는 존재들을 상상적으로 전복하 면서, 미소(微小)하고 비루한 존재들에 대한 새로운 해석을 가하는 데 있다. 그리고 그것을 역설적인 시적 표상으로 구축하여 반상힙도(反常 合道)로 나아간다. '하루살이'와 '아지랑이'에 이어지는 미물 계보에는 여럿이 더 있는데, '허수아비'도 그 가운데 하나일 것이다.

새떼가 날아가도 손 흔들어 주고
사람이 지나가도 손 흔들어 주고
남의 논일을 하면서 웃고 있는 허수아비

풍년이 드는 해나 흉년이 드는 해나
— 논두렁 밟고 서면 —
내 것이거나 남의 것이거나
— 가을 들 바라보면 —
가진 것 하나 없어도 나도 웃는 허수아비

사람들은 날더러 허수아비라 말하지만
맘 다 비우고 두 팔 쫙 벌리면
모든 것 하늘까지도 한 발 안에 다 들어오는 것을
— 〈허수아비〉 전문

사실 일상적 의미의 '허수아비'는 논을 지키는 무생명의 존재일뿐더러, 어감에서 느껴지듯이 허무감과 비생명성을 동반하고 있다. 하지만 '허수아비'는 농경적 경험에 비추어 반드시 필요한 존재이기도 하다. 그들은 "새떼가 날아가도 손 흔들어 주고/ 사람이 지나가도 손 흔들어 주고/ 남의 논일을 하면서 웃고" 있는 또 하나의 성자(聖者)이기 때문이다. 이 같은 성스러운 노동을 통해 '허수아비'는, 풍년이거나 흉년이거나 내 것이거나 남의 것이거나 그저 빈손으로 웃고 있을 뿐이다. 시행 중간에 삽입된 "― 논두렁 밟고 서면 ―"과 "― 가을 들 바라보면 ―"이라는 시구는, '허수아비'가 보내오는 화응(和應)처럼 읽힌다. 그는 이처럼 논두렁 밟고 서서 가을 들 바라보면서 "가진 것 하나 없어도 나도 웃는 허수아비"(여기서 시인의 웃음이 동참한다.)이다.

　그런데 지금까지 '허수아비'를 관찰하던 1인칭 화자는 셋째 수에서 어느새 '허수아비' 자신으로 전이된다. 그래서 '허수아비'는 사람들이 "날더러" 허수아비라고 비아냥거린다고 말할 수 있게 된다. 하지만 사람들의 비아냥거림에도 불구하고 '화자 ― 허수아비'는 "맘 다 비우고 두 팔 쫙 벌리면/ 모든 것 하늘까지도 한 발 안에 다" 들어온다고 자신의 너른 국량(局量)을 자부하게 된다. '허수아비'를 비웃는 속(俗)의 문법과 '허수아비'이므로 "모든 것 하늘까지" 품을 수 있다는 성(聖)의 문법이 현저하게 비껴가면서, 이 시편은 '허수아비'를 또 하나의 성자의 반열에 올려놓고 있다. 다음 시편에서도 이 같은 시인의 사물 재해석은 이어진다.

　　남산 위에 올라가 지는 해 바라보았더니

　　서울은 검붉은 물거품이 부걱부걱거리는 늪

이 내 몸 그 늪의 개구리밥 한 잎에 붙은 좀거머리더라

— 〈이 내 몸〉 전문

제목을 '이 내 몸'으로 잡은 이 시편은, 마지막 서술어를 '좀거머리'로 잡음으로써 미물 고백록을 이어간다. 시인은 "남산 위에 올라가 지는 해"를 바라본다. '하루살이 떼'였다면 "뜨는 해도 다 보고/ 지는 해도 다 보았다고// 더 이상 더 볼 것 없다고" 죽었겠지만, 시인은 "서울은 검붉은 물거품이 부걱부걱거리는 늪"이라고 관찰하고 묘사할 뿐이다. 여기서 '검붉은 물거품'은 일차적으로는 지는 해로 인해 생긴 색조이겠지만, 모든 속된 문명의 잔해들이 지배하는 서울의 이미지를 병리적으로 그린 결과이기도 하다. 그 '늪'은 대낮에는 "서울 신사동 사거리 먹자골목 한 담벼락에/ 나체 사진 한 장이 반쯤 찢어진"(〈2007 · 서울의 대낮〉) 채로 있고, 밤에는 "울지 못하는 나무 울지 못하는 새/ 앉아 있는 그림 한 장"(〈2007 · 서울의 밤〉)으로 존재하기 때문이다. 이 불모의 '늪'에서 "이 내 몸"이 살아가고 있고, 그래서 시인은 그 "늪의 개구리밥 한 잎에 붙은 좀거머리"가 자신이었노라고 고백한다. 여기서 '좀거머리'는 왜소하고 좀스러운 채로, 시인이 고백하는 우리의 본래면목(本來面目)이 되고 있다.

이처럼 조오현 시편은 존재의 궁극성에 대해 노래한 결실로 우리에게 다가온다. 그것들은 '미물(微物)의 상상력' 속에서 구현되는데, '하루살이/아지랑이/허수아비/좀거머리' 등 모두 네 자(字)로 된 미물들을 통해 시인은 우리가 높은 가치로 욕망하는 것들의 무의미함을 반어적으로 설파한다. 그리고 모든 흘러가 버린 것들을 애도하고 있다. 여기서 우리가 유의해야 할 것이 하나 있다. 그것은 이러한 미물 형상들이 사실은 오래전부터 그의 시편에서 출현해왔다는 사실이다. 예컨대 "무금선원에 앉아/ 내가 나를 바라보니// 기는 벌레 한 마리/ 몸을 폈다 오

그랬다가// 온갖 것 다 갉아먹으며/ 배설하고/ 알을 슬기도 한다."(〈내가 나를 바라보니〉) 같은 자괴(自愧)의 시편은 그 대표적 사례일 것이다. 또한 "삶의 즐거움 모르는 놈이/ 죽음의 즐거움을 알겠느냐// 어차피 한 마리/ 기는 벌레가 아니더냐// 이 다음 숲에서 사는/ 새의 먹이로 가야겠다."(〈적멸을 위하여〉) 같은 '적멸' 시편도 마찬가지다. '적멸(寂滅)'이란 모든 존재가 무화(無化)되면서 동시에 영속화하는 역설적 상태를 말하는데, 세상의 모든 갈등과 모순을 지우고 새로운 자기완성으로 접어들려는 시인의 욕망이 그 안에 함축되어 있다. 그 적멸의 순간을 맞이하는 존재가 바로 '기는 벌레'인 것이다. 하지만 우리가 한층 더 주목하고 유의해야 할 것은, 이러한 미물 형상이, 그가 일관된 집착을 가지고 형상화해왔던 '문둥이' 이미지가 변용된 것이라는 사실이다. 가령 시인은 "놈이라고 다 중놈이냐/ 중놈소리 들을라면// 취모검(吹毛劍) 날 끝에서/ 그 몇 번은 죽어야// 그 물론 손발톱 눈썹도/ 짓물러 다 빠져야"(〈일색변·6〉)라고 노래한 바 있다. 이때 취모검 날 끝에서 몇 번을 죽고 "손발톱 눈썹도/ 다 짓물러" 빠진 '문둥이'는 시인이 노래한 '아득한 성자'의 오래된 다른 이름이다. 시인의 개인사적 경험이 여기서 오버랩된다.

50년대 초반이니까 당시에는 도시나 시골이나 먹을 것도 부족하고 문둥이와 상이군인도 많은 그런 세상이지 않았습니까. 저도 만행을 한답시고 탁발을 다녔지요. 그런데 한번은 어느 집 안마당에 들어가 1시간 가까이 독경을 해도 시주를 하지 않는 거예요. 방안에 분명히 사람이 있는데 인기척도 내지 않고 문구멍으로만 빼꼼하게 내다보는 거예요. 그러자 저도 탁발보다는 누가 이기나 오기를 부리며 경을 읽는 것이지요. 그때 마침 이목구비가 반쯤 허물어진 문둥이가 제 앞에 와서 우뚝 서는 것이에요. 그러자 방문이 왈칵 열리면서 늙수그

레한 주인 마님이 모습을 나타냈는데 문둥이에게는 쌀을 한 됫박이나 주고 명색이 삼계대도사(三界大導師)요, 법왕의 제자인 저에게는 장종지에 한 움큼이 될까 말까 한 쌀을 주는 것이에요. 그 순간 저는 도통을 했지요. '아, 세상 사람들은 삼계대도사요, 법왕인 부처님보다 문둥이를 더 무서워하는구나. 젠장할 세상, 나도 문둥이나 되어야겠다.' 이렇게 다짐을 하고 문둥이를 따라갔습니다.
— 신경림·조오현《열흘간의 만남》아름다운 인연, 2004, 206면

"젠장할 세상, 나도 문둥이나 되어야겠다"라는 표현은 곧이어 "나도 하루살이(아지랑이/허수아비/좀거머리)나 되어야겠다"라는 표현을 연쇄적으로 불러낸다. 그만큼 '문둥이'는 그의 시편들 속에서 "해 돋는 보리밭머리 밥 얻으러 가는 문둥이어, 진문둥이어."(〈무산십우도(霧山十牛圖)·10 ─ 입전수수〉)라든가 "매일 쓰다듬어도 수염은 자라지 않고/ 하늘은 너무 많아 염색을 하고 있네./ 한 소식 달빛을 잡은 손발톱은 다 물러빠지고─."(〈달마(達磨)·5〉)에서처럼 성스러움에 이른 존재의 상징으로 나타난다. 그 결과 "하늘에는 손바닥 하나 손가락은 다 문드러지고/ 이목구비도 없는 얼굴을 가리고서/ 흘리는 웃음기마저 걷어지르고"(〈무자화(無字話)·1〉) 있는 '문둥이'가 비승비속(非僧非俗)의 상징으로 우뚝 서 있는 것이다. 암시하였듯이, 앞선 시편들의 미물 형상은 이 '문둥이'의 변형 형식들이다. 그래서 시인은 "이 몸 사타구니에 내돋친 붉은 발진/ 그로 인하여 짓물러 다 빠진 어금니"를 "내 불식 하늘 가장자리 아, 황홀한 육탈(肉脫)"(〈견춘 3제(見春三題) ─ 봄의 불식(不識)〉)이라고 노래할 수 있는 것이다. '육탈'의 존재야말로 자유와 성스러움을 동시에 지닌 '아득한 성자'가 아니겠는가. 비유컨대 저주받은 천형으로서의 '문둥이'가 미당(未堂) 시편에 녹아 있다면, 무산 시편의 '문둥이'는 아득한 성자로 거듭 태어나는 존재이다. 이러한 부재와 존재, 병과

치유, 결핍과 충일의 변증법을 밀도 있게 보여주는 조오현 시편은, '선시(禪詩)'로 읽힐 가능성을 충실하게 견지하면서도 그와 동시에 심미적 형이상성을 노래한 시인의 언어로 평가되고 있다.

3. 세속과 탈속의 불가분리성

근본적으로 '선(禪)'의 언어는 모순적이고 양립 불가능한 것들의 양립 양상을 반영한 일종의 양가성(ambivalence) 언어다. 따라서 그것은 한편으로는 커다란 우주적 스케일을 보여줌과 동시에, 다른 한편으로는 가장 하찮은 미물들의 움직임을 통해 우주적 원리를 보여주기도 한다. '선'에서 말하는 오도 내지 견성(見性)의 경험이 종교적 신비나 초월의 한 양상으로 받아들여지는 것도 그 점에서 어느 정도는 불가피하다. 하지만 조오현 시학은 이러한 초월과 비약에 대한 가장 적극적인 미적 항체(抗體)로 존재한다는 점에 그 특성이 있다. 왜냐하면 그의 시학은 근원적으로 불이문자(不離文字)의 경지에서 구축되고 있으며, 세속과 탈속, 마이크로와 매크로, 삶과 죽음의 인식론적 구획을 지워나가는 통합적 사유의 구체성과 형이상성 속에서 이루어지고 있기 때문이다. 따라서 그의 시편들은 이러한 시적 통합 과정이 '시조'라는 정형 양식과 적극적으로 결속하여 이루어진 미학적 사례일 것이다. 그 안에는 지상으로부터의 일방적 초월이나 비약이 아니라, 세속과 탈속의 불가분리성을 증언하는 시인의 진중한 탐색 과정이 숨 쉬고 있다.

강원도 어성전 옹장이
김 영감 장롓날

상제도 복인도 없었는데요 30년 전에 죽은 그의 부인 머리 풀고 상
여 잡고 곡하기를 "보이소 보이소 불길 같은 노염이라도 날 주고 가소
날 주고 가소" 했다는데요 죽은 김 영감 답하기를 "내 노염은 옹기로
옹기로 다 만들었다 다 만들었다" 했다는 소문이 있었는데요

사실은
그날 상두꾼들
소리였대요.

— 〈부설설 · 1〉 전문

한 옹장이의 죽음을 두고 일어난 서사를 담고 있는 이 작품은, 중장
을 파격하면서 그 안에 상상적 대화 양식을 삽입하는 형식을 취하고
있다. 옹장이 김 영감 장례를 치르는 날 들려온 "상두꾼들/소리"를, 시
인은 죽은 김 영감과 이미 오래전에 죽은 그의 아내가 주고받는 대화
방식으로 상상한다. 여기서 시인이 강조하는 것은, 그 발화 주체가 부
부의 것이든 김 영감을 떠메고 나가는 상두꾼들의 것이든 별로 중요하
지 않다는 점에 있다. 중요한 것은, 살아가면서 김 영감이 가슴에 품었
을 "불길 같은 노염"과 실제 불길 속에서 차츰 완성되었을 "옹기"의 상
호 전화 과정일 뿐이다. 이러한 사실과 허구 혹은 삶과 죽음의 상상적
통합 과정이야말로 온갖 분별지가 구축한 미망의 악순환을 일시에 걷
어버리는 통합적 사유의 구체적인 언어적 실천으로 승화한다. 그래서
더없이 확연한 것은, 사물의 존재 자체가 아니라 그 존재를 가능케 하
는 다른 사물들과의 관계 양상이고, 부재를 통해서만 증명될 수 있는
존재 방식이다.

강물도 없는 강물 흘러가게 해놓고

강물도 없는 강물 범람하게 해놓고

강물도 없는 강물에 떠내려가는 뗏목다리

— 〈무자화·6 − 부처〉 전문

'무자화' 연작은 말 그대로 언어를 통하지 않은 이야기를 지향하면서, '질서'가 아닌 '심연'으로서의 언어적 형상을 잘 보여준다. 이 시편에서 '강물'이라는 기표는 흘러가는 자연의 질서를 지칭하지 않고, "강물도 없는 강물"이라는 역설을 취함으로써 그 물질성을 훌쩍 넘어선다. 그것은 마치 "삶이 없는 삶"이나 "마음이 없는 마음"과 같은 심연의 상태가 될 뿐이다. 따라서 이 작품이 보여주는 궁극적 전언은 "강물도 없는 강물"을 흐르게 하고 범람하게 하고는 정작 "떠내려가는 뗏목다리"로 표상되는 '부처'의 존재에 있다. 그 점에서 이 작품은, 선사들이 추구하는 '운수시(雲水詩)'의 경지와는 전혀 다른, 존재의 형이상학을 내밀하게 보여주는 명편이다. 그렇다면 이 시편의 최종적 발화자는 누구일까? 시인인가, 화자인가, 부처인가? 물론 우리는 시편을 움직이는 최종적 발화자가 어떤 특정인이 아니라는 점에 상도한다. 존재가 스스로를 열고 부르는 목소리를 시인이 받아 적었을 뿐이기 때문이다. 그래서 시인은 존재를 단지 바라보고 거기에 귀 기울이는 자에 머물 뿐, 정작 그것을 말하는 자는 전혀 다른 목소리로 존재하게 된다. 그렇다고 조오현 시편들이 '곧바로 사람의 마음을 가리켜 불성을 깨닫고 부처가 된다[直指人心]'는 선적 경지를 계도하거나 '마음이 곧 부처[心卽是佛]'라는 초월의 경지를 보여주는 데 멈추어 있는 것은 아니다. 그것은 오히려 추상적 담론 차원에서 머물지 않고 '시조'라는 전통적이고 안정적인 틀 속에 담김으로써 '시적인 것'의 구체적 육화 과정을 선명하게 보여주고 있기 때문이다.

해장사 해장 스님께
산일 안부를 물었더니

어제는 서별당 연못에
들오리가 놀다 가고

오늘은 산수유 그림자만
잠겨 있다, 하십니다.

—〈산일·2〉 전문

한나절은 숲 속에서
새 울음소리를 듣고

반나절은 바닷가에서
해조음 소리를 듣습니다

언제쯤 내 울음소리를
내가 듣게 되겠습니까.

—〈산일·3〉 전문

앞의 시편에서 시인은 "해장사 해장 스님께/ 산일 안부를" 묻는 과정과 "어제는 서별당 연못에/ 들오리가 놀다 가고// 오늘은 산수유 그림자만/ 잠겨 있다"라는 스님의 답변 과정을 병치한다. 이는 질문과 답변의 각도를 어긋나게 함으로써, 분별지가 구축해놓은 합리적 개연성을 지워나가는 과정이기도 하다. 이러한 발화 방식은 가령 "지난달 초이튿날 한 수좌가 와서/ 달마가 서쪽에서 온 뜻을 묻길래/ 내설악 백담 계곡에는 반석이 많다고 했다."(〈무설설 · 5〉)라는 시적 전언과도 깊이 밀착된다. 뒤의 시편에서 시인은 "한나절은 숲 속에서/ 새 울음소리를 듣고// 반나절은 바닷가에서/ 해조음 소리를" 듣는 반복적 과정을 통해 "언제쯤 내 울음소리를" 들을 수 있을까 하는 자성의 물음을 던진다. 결국 두 시편에 나오는 "산일 안부"라는 외적 발화와 "내 울음소리"라는 내적 발화는 시인이 궁극에 가닿고자 하는 실존의 깊이를 뜻하는 것이다. 그리고 그 경지에 이르기 위해 시인은 사물들이 지르는 울음소리와 자신의 몸 속에서 파동치는 울음소리를 하나의 것으로 보게 된다. 그러한 울음소리들은 "산에 살면서/ 산도 못 보고// 새 울음소리는 커녕/ 내 울음도 못 듣는다."(〈일색과후〉)라는 진술이나, "경칩, 개구리/ 그 한 마리가 그 울음으로// 방안에 들앉아 있는/ 나를 불러 쌓더니// 산과 들/ 얼붙은 푸나무들/ 어혈 다 풀었다 한다."(〈출정〉), "조실스님 상당(上堂)을 앞두고/ 법고를 두드리는데// 예닐곱 살 된 아이가/ 귀를 막고 듣더니만/ /내 손을/ 가만히 잡고/ 천둥소리 들린다 한다."(〈파지〉)라는 진술 등에 고루 산포되어 있다. 말하자면 새 울음소리, 개구리 울음소리, 천둥 울음소리, "내 마음 허심한 골에/ 뻐꾸기"(〈직지사 기행초―가는 길〉) 울음소리, "먼 바다 울음소리"(〈파도〉) 등은 모두 시인 내부의 울음소리가 외적으로 현시된 것일 뿐이다. 시인은 그 울음소리에 깊이 귀 기울이는 모습을 우리에게 보여준다. 그 귀 기울이는 성찰의 의지는 "우리 절 밭두렁에/ 벼락 맞은 대추나무// 무슨 죄가 많았을까/ 벼락 맞을 놈은 난데// 오늘도 이런 생각에/ 하루해를 보냅니다."(〈산일 · 1〉)에서처럼 자신을 다잡는 단호한 목소리로 나타나기도 한다.

　　무심한 한 덩이 바위도
　　바위 소리 들을라면

들어도 들어 올려도
끝내 들리지 않아야

그 물론 검버섯 같은 것이
거뭇거뭇 피어나야

—〈일색변(一色邊)·1〉 전문

　이 작품에 담겨 있는 것은 '바위'의 묵언지의(黙言之意)이다. 유와 무,
현상과 본실, 미망과 깨달음을 모두 넘어선 일색의 가장자리(경계)를
노래함으로써, '바위' 같은 마음으로 살고자 하는 시인의 정신적 경지
를 잘 보여준다. 이는 "한 그루 늙은 나무도/ 고목 소리 들을라면// 속
은 으레껏 썩고/ 곧은 가지들은 다 부러져야// 그 물론 굽은 등걸에/ 장
독(杖毒)들도 남아 있어야"(〈일색변·2〉)라든가 "놈이라고 다 중놈이냐/
중놈 소리 들을라면// 취모검(吹毛劍) 날 끝에서/ 그 몇 번은 죽어야//
그 물론 손발톱 눈썹도/ 짓물러 다 빠져야"(〈일색변·6〉)에서처럼, 오랜
내성의 시간을 축적한 끝에 얻어지는 선적 경지와 의미론적 등가를 이
루고 있다.

가을이 소나기처럼 지나간 그대 정원에
열매 하나가 세상의 맛을 한데 모아
뚝 하고 떨어지는구나
다 쭈그러든 모과 하나

—〈떠 흐르는 수람(收攬)〉 전문

　'손학규 애처 이윤영 여사에게'라는 부제가 달린 이 시편은, 순간적
으로 가을이 지나가 버린 정원에서 "열매 하나가 세상의 맛을 한데" 모

아 "뚝 하고 떨어지는" 순간을 담고 있다. 그때 떨어진 "다 쭈그러든 모과 하나"는 세상에서 '떠 흐르는 수람'이 된다. 어떻게 다 쭈그러든 과실 하나에 "세상의 맛"이 다 모여 있을까. 조오현 상상력의 기조(基調)로 보건대, '모과 하나'는 가장 작은 것에서 가장 오랜 것의 축적을 발견하는 매개로 작용하고 있다. 그리고 그것의 역리(逆理)를 당당하게 설파하는 시인의 일관성을 보여주는 사례일 것이다. 그 "모과 하나"가 다음 시편에서는 '쇠똥구리 한 마리'로 그리고 '나뭇잎'으로 전이된다.

> 오늘 아침 화곡동 미화원
> 김씨가 찾아와서
> 쇠똥구리 한 마리가
> 지구를 움직이는 것을 보았느냐고 묻는다
>
> 나뭇잎 다 떨어져서
> 춥고 배고프다 했다
> 　　　　　　　　　　— 〈어간대청의 문답(問答)〉 전문

마치 오래전 작품 "해장사 해장 스님께/ 산일 안부를 물었더니// 어제는 서별당 연못에/ 들오리가 놀다 가고/ 오늘은 산수유 그림자만/ 잠겨 있다, 하십니다."(〈산일(山日)·2〉)에서처럼, 그리고 "지난달 초이튿날 한 수좌가 와서/ 달마가 서쪽에서 온 뜻을 묻길래/ 내설악 백담 계곡에는 반석이 많다고 했다."(〈무설설·5〉)에서처럼, 이 시편에서도 일종의 선문답 같은 과정이 펼쳐진다. 땅 위의 질서에 밝은 미화원은 청소를 하다가 "쇠똥구리 한 마리"가 "지구를 움직이는 것"이라는 발견을 얻는다. 그런데 그 발견에 대해 가타부타 말도 없이 시인은 그저 "나뭇잎 다 떨어져서/ 춥고 배고프다"고 답할 뿐이다. 여기서 '쇠똥구리'와

'지구의 움직임'은 곧바로 '나뭇잎'과 '배고픔'으로 대응하면서, 하찮은 것들이 우주의 본질을 움직인다는 의미망을 결속하고 있다. 마치 '모과 하나'가 '세상의 맛'을 다 품고 있듯이 말이다.

> 서울 인사동 사거리
> 한 그루 키 큰 무영수(無影樹)
>
> 뿌리는 밤하늘로
> 가지들은 땅으로 뻗었다
>
> 오로지 떡잎 하나로
> 우주를 다 덮고 있다.
>
> ― 〈무자화·5〉 전문

'무자화(無字話)'는 불립문자(不立文字)와 불이문자(不離文字)의 양립하기 힘든 복합적 이상을 표현하고자 하는 역설의 양식이다. 시인은 "한 그루 키 큰 무영수"가 뿌리는 하늘로 뻗고 가지들은 땅으로 뻗었다고 말한다. 물에 비친 나무를 그리듯이 전도(顚倒)된 나무 형상을 그리고 있다. 이때 "오로지 떡잎 하나로/ 우주를 다 덮고" 있는 나무의 형상은, 상상적인 채로 작고 하찮은 것이 온 세상을 담고 있다는 상상력과 연결된다. '모과 하나'가 '세상의 맛'을 다 품고 있듯이, '쇠똥구리 한 마리'가 '지구'를 움직이듯이, '떡잎 하나'가 '우주'를 덮고 있는 것이다. 이러한 상응(相應) 구조는 '하루'와 '천년'으로, 나아가 '죽음'과 '삶'으로 끊임없이 확장되고 있다.

> 나이는 뉘엿뉘엿한 해가 되었고

생각도 구부러진 등골뼈로 다 드러났으니
오늘은 젖비듬히 선 등걸을 짚어본다.

그제는 한천사 한천스님을 찾아가서
무슨 재미로 사느냐고 물어 보았다
말로는 말 다할 수 없으니 운판 한 번 쳐보라, 했다.

이제는 정말이지 산에 사는 날에
하루는 풀벌레로 울고 하루는 풀꽃으로 웃고
그리고 흐름을 다한 흐름이나 볼 일이다.
— 〈산에 사는 날에〉 전문

'산에 사는 날'을 마친다면 어떻게 생을 완성할 것인가를 묻고 있는 무산 시편은, 늦은 나이에 "말로는 말 다할 수" 없는 세계를 표현하고 있다. 그래서 그가 궁극적으로 가닿은 것은 "하루는 풀벌레로 울고 하루는 풀꽃으로 웃고" 마치 '하루살이'의 그 온전한 하루처럼, "흐름을 다한 흐름이나 볼 일"에 있다. 무변(無邊)의 깨달음 속에서, 하찮은 것들의 울음과 웃음 속에서, '흐름을 다한 흐름'처럼, 죽음과 삶을 응시하면서 생을 완성하려는 그의 시 세계가 선명하게 그 육체를 드러내고 있다. 우리가 미처 강조하지는 못했지만, 우리 시사에서 이러한 선적(禪的) 인식과 시조 양식을 결합한 사례는 없다. 다시 말해 선(禪)과 시조의 결합 양상은, 오직 조오현 시인만의 독자적 권역이다. 아닌 게 아니라, 그가 시조에 대해 가졌던 경험적 애정은 매우 깊다고 아니할 수 없는데, 그 점에서 〈앞산은 첩첩하고 뒷산은 중중하다〉(《문학사상》 2007. 4)라는 산문은 참으로 시사적이다.

1999년 영국 엘리자베스 여왕이 한국을 방문했을 때 제일 먼저 찾은 곳은 안동 하회마을과 가장 오래된 사찰 봉정사였다. 그 이유는 무엇일까. 2005년 프랑크푸르트 도서전에, '한국의 책 100선'에 시조집 한 권 내놓지 않는 이유는 무엇인가. 현대시조 1백 년 앞산은 첩첩하고 뒷산은 중중하다.

이처럼 그에겐 가장 오랜 민족시 양식인 '시조'가 마음 깊은 곳에 남았다. 서구적 특수성에서 자라난 여타의 역사적 장르와는 다른, 우리의 언어적 · 세계관적 토양 속에서 발전되어온 '시조'를 우리가 더욱 애정 있게 계승해야 하는 까닭을 그는 이렇게 강조하였다. 그러한 열정이 제 형식을 얻어 온전한 시적 성취로 나타난 것이 그의 '시조'이고, 그의 언어로 하여금 우리 시단의 뚜렷한 정점에 오르게 한 것이다. 결국 조오현의 시조 생애는 '죽음'과 '삶'의 깊이를 응시하면서, '문둥이'라는 독자적 상징으로부터 발원하여, 숱한 변형 형식을 동반하면서 '아득한 성자'에 이르는 과정을 밟아왔다. 우리 시문학사 어디에도 '하루살이'를 '성자(聖者)'로 발견한 사례는 없을 것이다. 하지만 그는 그 발견을 '경이롭다'고 하지 않고, 그저 '아득하다'고만 하였다. 그 '아득함'에 우리도 잠시 아득해진다.

조오현 시인이 종내 보여준 이러한 통합적 사유와 발화 방식은, 주객 분리나 경험적, 이성적 사유에서 벗어나 직접적, 전체적으로 존재를 만나는 경험이 아닐 수 없다. 또한 이는 신화나 역사 같은 집체적 시간 경험이든 개인적 시간 경험이든 그 안에 담겨 있는 근대적 시간관을 부정하는 것을 통해 드러나는 경험이기도 하다. 그 안에는 최상의 수행성을 강조해온 근대의 담론적 운산(運算)들에 대한 우회적 비판이 담겨 있다. 이러한 의식이 구체화된 결실이 바로 〈무산심우도(霧山尋牛圖)〉일 것이다. 원래 '심우도'는 본성을 찾아 수행하는 단계를 지나 동자나 스님이 소를 찾는 것에 비유해서 묘사한 불교 선종화이다. 모두 10개의 장면으로 구성되어 있는데 '소'는 인간 본성에, '동자'나 '스님'은 수행자에 비유된다.

> 생선 비린내가 좋아 견대(肩帶) 차고 나온 저자
> 장가들어 본처는 버리고 소실을 얻어 살아볼까
> 나막신 그 나막신 하나 남 주고도 부자라네.
>
> 일금 삼백 원에 마누라를 팔아먹고
> 일금 삼백 원에 두 눈까지 빼 팔고
> 해 돋는 보리밭머리 밥 얻으러 가는 문둥이어, 진문둥이어.
> ── 〈입전수수 ─ 무산심우도(霧山尋牛圖)·10〉 전문

도주한 범인을 찾아 체포하는 상황의 비유를 통해 '나'의 행동적 표지(標識)를 세워가는 과정을 담고 있는 이 연작 시편은, 위의 결구에서 보듯이 시인의 궁극적 심우 과정이 일종의 '파계' 형상으로 귀착되는 모습을 보여준다. 읽어볼수록 하나의 선화적(禪話的) 구성을 취하고 있는 이 연작 시편은 그래서 앞서 말한 세속과 탈속의 불가분리성을 증언하면서 동시에 사실과 허구가 결국 하나임을 표상하고 있다. 이처럼 모든 대립적 경계선이 지워진 곳에 조오현 시학의 궁극이 깃들이고 있는 것이다.

그런가 하면 조오현 시조가 우리에게 보여주는 선의 미학과 시적 형이상성은 대체로 불일불이(不一不二)의 세계나 곡진한 깨달음의 언어로 나타난다. 그것은 "우두둑 설해목 부러지는/ 먼 산 적막 속으로"(〈겨울 산짐승〉) 사라져갈 "내 삶도 헛걸음"(〈1980년 방문(1)〉)이라는 고백이나, "언젠가 내 가고 나면 무엇이 남을 건가/ 어느 숲 눈먼 뻐꾸기 슬

픔이라도 자아낼까/ 곰곰이 뒤돌아보니 내가 뿌린 재 한 줌뿐"(〈재 한 줌〉)이라는, 존재자로서의 소멸을 넉넉히 수용하는 품 넓은 자세에서 발원하는 것이다. 이러한 '사라짐'의 형상과 넉넉한 수용이야말로, 불가가 지향하는 정신적 전언인 동시에, 시조 양식의 끊임없는 수정과 변형을 통해 조오현 시인이 가닿고자 하는 언어적 표상의 궁극일 것이다. 이러한 시인의 태도와 어법은 불가적 사유를 전면적으로 담고 있는 것이겠지만, 더욱 중요한 점은 만물 외경의 마음이 역사를 향해 나타날 때도 예의 불일불이의 세계 혹은 크나큰 포용의 깨달음이 나타난다는 것이다.

아무리 어두운 세상을 만나 억눌려 산다 해도
쓸모없을 때는 버림을 받을지라도
나 또한 긴 역사의 궤도를 받친
한 토막 침목인 것을, 연대인 것을

영원한 고향으로 끝내 남아 있어야 할
태백산 기슭에서 썩어가는 그루터기여
사는 날 지축이 흔들리는 진동도 있는 것을

보아라, 살기 위하여 다만 살기 위하여
얼마만큼 진실했던 뼈들이 부러졌는가를
얼마나 많은 사람들이 파묻혀 사는가를

비록 그게 군림에 의한 노역일지라도
자칫 붕괴할 것만 같은 내려앉은 이 지반을
끝끝내 받쳐온 이 있어

하늘이 있는 것을, 역사가 있는 것을.

— 〈침목(枕木) – 1980년 방문 2〉 전문

'침목'이란 기차선로 아래에 까는 목재다. '역사'라는 긴 철로를 떠받쳐온 한순간 한순간의 사건이나 인물 혹은 그 결과는 모두 그 선로를 가능케 한 평등한 '침목'에 비유되고 있다. 시인은 이렇게 '역사'의 어느 한순간도 의미 없는 것은 없다는 소중한 전언을 우리에게 전해준다. 아무리 세상의 억압을 받는다 해도, 혹은 쓸모없어 버림을 받는다 해도, 그것은 모두 "긴 역사의 궤도를 받친/ 한 토막 침목"의 역할을 저마다 감당해낸 것이다. 여기서 '연대'라는 말은 한 시대의 토막인 '연대(年代)'이기도 하고, 그 모든 움직임이 하나로 결속한 '연대(連帶)'이기도 할 것이다. 그렇게 하나의 연대를 이룬 침목들은 비록 태백산 기슭에서 썩어가는 그루터기일지라도 "얼마만큼 진실했던 뼈들이 부러졌는가를/ 얼마나 많은 사람들이 파묻혀 사는가를" 증언하는 역사적 상징으로 우리에게 다가온다. "군림에 의한 노역"이었다 할지라도 그것은 역사라는 지반을 끝끝내 받쳐온 것이고, 그 침목으로 하여 '하늘'도 '역사'도 있었던 것이라고 시인은 재차 강조한다. 비록 자신의 생애는 한 줌 재뿐일지라도 그것이 역사의 행간에 견고하게 존재하는 '침목'의 형상을 취하고 있다는 시인의 사유야말로, 그의 시학을 떠받치는 역사적 속성을 증언하는 것이 아닐 수 없다.

4. 시조의 정점을 보여주는 범례

우리가 살핀 조오현 시학은, 유가(儒家)가 지향해온 질서 정연한 이치를 담아내기에 적합한 시조 양식을, 불가적인 형이상학적 심연의 경험으로 전이시킴으로써 새로운 시조 양식의 시사점을 마련한 것으로 평가할 수 있을 것이다. 그리고 시조 양식의 끊임없는 갱신 가능성을 보여준 구체적 실물로도 기억할 수 있을 것이다. 원래 '선'이란 분별하는 마음을 떠나 곧바로 마음 자체를('선'이란 분별을 떠난 마음 자체를) 가리킨다. 교가 경전을 읽고 설법을 하여 부처의 뜻을 헤아리고자 한다면, 선은 마음과 마음을 통해 깨달아 곧바로 부처가 되고자 한다. 이렇듯 선은 가르침이 아니라 내 마음속의 부처를 드러내는 일이요, 구속이 아니라 자유를 지향한다. 그래서 이론으로 따져들거나 논리로 입증하거나 답을 제시하는 것이 아니다. 그렇게 무산 시조의 '선'은 '올바름을 드러내는 것[顯正]'을 성취하는 순간에 파사 곧 '삿됨을 깨뜨리는 것[破邪]'을 이루어낸다. 무산 시조는 그렇게 불교적 귀속성과 보편으로의 원심력을 그 안에 품고 있다 할 것이다. 그런데 문득, 그가 던진 말 한마디가 마음에 울린다.

글이란 자기 혼이 담겨야 제 글이지요. 그런데 요즘 평론이라는 것은 대개 남이 만들어놓은 방법론을 빌어다가 다른 사람이 쓴 작품 가지고 왈가왈부 시시비비만 하지요. 그러니 허망할밖에요. 옛날이야기가 있어요. 계곡의 깊은 못에 커다란 물고기가 간밤 폭포를 타고 오르면서 용이 되어 승천했지요. 그런데 거기 무어가 남아 있을 거라면서 사람들은 그 물속으로 그물을 던집니다. 물고기는 이미 승천했는데 그물에 무어가 걸리겠습니까?
— 권영민 〈조오현문학전집을 엮으며〉《적멸을 위하여》문학사상, 2012, 6쪽

공연히 빈 물 속에 그물을 던졌는지 모르겠다. 선승도 시인도 아니라 "나로부터 무한정 떠나고 떠나가고 싶을 뿐"(조오현 〈자서〉《심우도》

한국문학사, 1978)이라는 무산 선사의 시편들에 대해 우리는 궁극적으로는 분석과 해석보다는 '전체적 받아들임'의 자세로 임해야 할지도 모르겠다.

지금까지 《적멸을 위하여》를 통해 읽어온 것처럼, 우리는 조오현 시학을 떠받치고 있는 가장 근원적인 원리가 오랜 시간 속에서 모든 개념적, 경험적 경계선을 지워가는 일련의 통합적 사유 과정에 깃들여 있다고 말할 수 있을 것이다. 그의 시조는 이러한 통합적 사유 과정이 '시조'라는 정형 양식과 적극적으로 결속한 탁월한 미학적 사례로서, 통합적 사유의 구체성과 형이상성을 통해 그리고 우리 시조의 정점을 보여주는 대표적 범례로서 기억될 것이다. 왜냐하면 그의 시학은 근원적으로 불이문자(不離文字)의 경지에서 구축되고 있으며, 세속과 신성, 마이크로와 매크로, 주체와 대상, 삶과 죽음의 인식론적 구획을 활달하게 지워나가는 통합의 상상력 속에서 이루어지고 있기 때문이다. 그의 시는 초월과 비약을 경계하면서, 지상에서 쓰인다. 그래서 그의 시편은 이러한 사유의 통합성과 형이상성이 시조라는 정형 양식과 적극적으로 교섭하고 결합한 미학적 사례로 깊이 기억될 것이다.

설악불교의 중흥을 이끌다

차례

1. 조계선의 남상(濫觴), 설악산문을 현판하다

2. 설악산문 중창
   1) 신흥사 2) 백담사에서 봉정암까지
   3) 낙산사 4) 진전사

3. 설악불교, 조계종의 종승중사(宗乘中事)를 잇다
   1) 무금선원과 기본선원
   2) 신흥사 향성선원과 홍천사 삼각선원

4. 설악불교, 세간을 밝히다
   1) 신흥사 복지재단
   2) 성준무산장학재단
   3) 춘천불교방송

5. '설악산문, 설악불교'의 영원한 지남(指南)

김충현 / BBS 불교방송 춘천총국장. 성균관대학교 철학과를 졸업했고, 동국대학교 불교대학원 박사과정을 수료했다. 주요 논문으로 〈승조(僧肇)의 보편적 인식체계 연구〉〈달라이 라마, 그는 누구인가〉가 있고, 지은 책으로《명상 여행 마음》등과 옮긴 책으로《당신의 적이 당신의 스승입니다》《하바드의 달라이 라마》《쿤둔》《부처님의 위대한 제자들》등이 있다.

설악당 무산 스님이 설악산에 첫발을 디딘 것은 1975년이었다. 은 법사 성준 화상의 탑전에 입실하기 위해서였다. 이때만 해도 스님이 당호를 설악(雪嶽)으로 쓸 정도로 설악산과 깊은 인연을 맺을 줄은 아무도 몰랐다. 스님이 본격적으로 설악불교를 이끌기 시작한 것은 그로부터 3년 뒤인 1977년부터였다. 은법사인 성준 화상의 입적과 더불어 갑자기 설악산 신흥사 주지로 취임하면서 스님의 인생에는 커다란 전환이 일어났다. 오늘의 설악불교는 그동안 스님이 이룩한 중흥의 역사라 해도 지나치지 않다.

스님은 경상남도 밀양 어느 산골 절간에서 소 꼴 먹이던 사미승이었다. 43년 전 설악산으로 들어온 스님은 대청봉처럼 우뚝 솟은 봉우리가 되었고 설악을 휘감아 도는 안개가 되어 천지의 풍광을 바꿔놓았다. 산 아래에서는 모자라고 힘없고 내몰린 이들을 따뜻하게 안아 주었다. 노인과 젊은이, 마을 사람들, 세상에 이름 높은 문인, 화가, 정치인, 언론인, 예술가들을 품었다. 그 깊이와 넓이는 설악산을 방불하는 것이었다. 2018년 봄 스님이 갑자기 귀적하자 사람들은 그 덕화를 이렇게 기렸다.

스님께서는 우리 종문에 귀의하여 일념정진으로 자기명근(自己命根)을 밝히고 범성의 미혹을 떨쳐버렸고 가부좌를 틀고 앉아 얽매이는 틀에서 벗어나, 버리고 구하지 않는 조주 가풍으로 일생을 백납(百納)의 삶을 사신 눈 밝은 운수(雲水)였습니다.[1]

저희 사문들의 삶의 길을 깨우쳐주신 백세(百世)의 스승이시며 어버이시며 친구이시며 연인이셨던 오직 한 분, 무산 큰스님! 사랑하고

---

1) 세민 스님 〈설악당 무산대종사 영결식 영결사〉 2018. 5. 30.

사랑했습니다. 행복하고 행복했습니다. 너무너무 은혜로웠습니다.[2]

1. 조계선(曹溪禪)의 남상(濫觴), 설악산문을 현판하다

무산 스님이 설악산에서 이룬 많은 업적 가운데 첫손가락에 꼽히는 것은 무엇보다도 설악산문의 재건이었다. 1977년 대한불교조계종 제3교구 본사 설악산 신흥사 주지로 취임했던 스님은 신군부가 일으킨 법난에 휘말려 주지직을 사임했다. 잠시 시절인연에 따라 미국에서 포교활동을 하다가 귀국한 스님은 산문 재건을 결심하고 1992년부터는 신흥사 회주로 취임, 명실상부한 설악불교 중흥에 나섰다.

설악산문은 조계종조 도의국사가 조계선종 제1문인 가지산문(迦智山門)을 설악산 진전사에 연 이래 부침(浮沈)을 거듭하며 무산 스님에 이르고 있었다. 무산 스님은 설악불교 사적(史蹟)을 찾아내고 현실에서의 재현을 꿈꾸었다.

오늘 노골(老骨)이 설악산에 얽힌 이런저런 사적(史蹟)을 자랑삼아 늘어놓는 것은 '설악산문(雪嶽山門)'이라고 현판한 뜻을 설명하기 위해서입니다. 무릇 한 산중에 들어가는 문을 '구산선문(九山禪門)'처럼 무슨 산문이라고 하는 것은 거기에 빛나는 선풍이 깃들어 있음을 강조하려는 것입니다. 그러니까 오늘 이 자리는 설악산에서 도의선사에 의해서 시작되고 수많은 용상대덕에 의해 전승돼 온 조계선종의 전통을 더욱 계승하고 발전시키겠다는 다짐을 내외에 천명하는 자리인 것입니다.[3]

---

2) 이근배 〈설악당 무산대종사 영결식 헌시〉 2018. 5. 30.
3) 김병무·홍사성 엮음《설악무산의 방할》인북스, 2023, pp. 117-118.

2016년 5월 21일 병신년 하안거 결제일, '조계선풍시원도량설악산문(曹溪禪風始原道場雪嶽山門)' 현판이 위용을 드러냈다. 높이 14미터, 가로 18미터로 한국불교 사상 가장 장엄한 산문이다. 현판 서각은 김기철 각수장이, 건립은 신응수 대목장이 맡았다.

스님은 법어로 설악산문을 현판한 뜻을 천명했다. 신흥사 회주로, 조실로 설악불교 중흥을 진두지휘해 온 여정의 끝에 선 소회이기도 했다. 산문 현판은 1천4백여 년 만에 설악불교가 조계선의 중심이자 남상지임을 다시 확인시키고 각인시킨 불사가 됐다. 스님은 산문 현판 이후 설악산문이 한국불교 새천년을 이끄는 노량이 되기를 염원했다.

설악산문 현판으로 설악불교가 명실상부한 조계선종의 남상지, 시원도량으로서의 위상을 갖추게 되었습니다. 그러나 오늘 이 늙은이는 현판한 설악산문의 이름이 헛되지 않으려면 더 많은 가행정진이 필요하다는 생각입니다. 지금도 전국의 용상들이 설악산에 모여 정진하고 있기는 하지만 그것만으로는 이 늙은이의 욕심이 차지 않습니다. 모름지기 수행자란 장대 끝에서 허공에 한 발 더 내디뎌 백척간두 진일보, 그래서 시방세계와 한 몸이 되어야 합니다. 그리하여 설악산 대청봉처럼 우뚝하다는 말을 들어야 오늘 설악산문을 현판한 뜻이 살아날 것입니다. 이제 설악산문의 현판은 내걸렸습니다. 선사들이 이룩한 찬란한 역사와 전통은 저 높이 걸린 현판에서 빛나고 있습니다. 저 현판이 과거를 자랑하는 것이 되어서는 안 됩니다. 오늘의 우리가 더 빛나고 자랑스러워야 합니다. 그래야 부끄럽지 않습니다.[4]

---

4) 위의 책, pp. 118-119.

스님은 '조계선풍시원도량설악산문'을 현판하면서 설악산에 깃든 수좌들이 온전히 바르게 정진하기를 당부했다. 그저 설악산으로 들어가는 문으로 세운 것이 아니었다. 멀리는 인도에서 시작해, 중국과 한국으로 면면히 이어져 온 선풍과 선사들의 보살심이 깃든 수행의 요체를 후학들에게 확철(確徹)하게 보였다. 길을 일러주고 밝혀주고 바로 잡아주어 지극한 도에 이르도록 이끌어 줄 살아 있는 산문을 세웠다. 산문을 보고 산문을 드나드는 이는 "흙덩어리 화두에 떨어지지 않고, 삼독심에 활활 타오르고 있는 세상의 불길을 끌 수 있도록 그야말로 용맹정진" 해야 한다.

놈이라고 다 중놈이냐/ 중놈 소리 들을라면// 취모검(吹毛劍) 날 끝에서/ 그 몇 번은 죽어야// 그 물론 손발톱 눈썹도/ 짓물러 다 빠져야

—〈취모검(吹毛劍) 날 끝에서〉[5]

2. 설악산문 중창

도의국사가 은거한 북산(北山) 즉 설악산은 도의 시대는 물론 그 뒤에까지 매우 번창하고 있었다는 것을 짐작할 수 있습니다. 이는 지금까지 우리가 알고 있던 것과는 전혀 다른 새로운 사실입니다. 즉 설악산은 북산불교(北山佛敎)의 요람(搖籃)이었으며, 이 지역은 우리나라 초기 선종(初期 禪宗)의 인재를 키워낸 모태(母胎)와 같은 곳이었습니다. 뿐만 아니라 후학들에 의해 설악산은 한국 선종의 성지로 인식되었다는 것입니다.[6]

5) 위의 책, p.119.
6) 위의 책, pp.110-111.

1971년 중흥조 성준 대선사는 조계종 제3교구 본사를 금강산 건봉사에서 설악산 신흥사로 이관했다. 건봉사가 한국전쟁으로 대본산으로서의 사격(寺格)을 소실했기 때문이었으며, 조계선풍 시원인 설악산을 중심으로 산문을 재건하기 위해서였다. 성준 대선사는 신흥사 중창 불사와 함께 교구본사의 사격을 갖추도록 하는 데 매진했다. 이와 함께 종단 정화불사를 이끌었고 조계종단의 초석을 다졌다. 1975년 설악당 무산 대종사가 건당(建幢)한 이후 두 스님은 신흥사 재건에 전념했다. 은사 성준 스님이 홀연 입적한 이후 무산 스님은 신흥사 주지로 '설악산문' 재건에 전력을 기울였다. 스님은 신흥사, 낙산사, 백담사, 봉정암 등 '설악산 불교'를 이루는 주요 가람을 창건 수준으로 불사를 했으며, 도의국사가 선종의 문을 연 종조 사찰 진전사를 복원했다. 오늘날 우리가 만나는 3교구 사찰들은 대부분 스님의 원력이 깃들지 않고, 가사가 덮이지 않은 곳이 없다.

1) 신흥사

1977년 스님은 신흥사 주지 소임을 맡았다. 당시만 해도 성준 대선사가 건봉사에서 이관해 온 교구본사로서의 사격을 갖추지 못하고 있었다. 전각이라고는 극락보전과 보제루, 명부전 외에 허름한 요사채 정도가 전부였다. 스님은 은사 성준 선사가 일주문과 사천왕문을 지어 기틀을 마련한 위에 조사전, 삼성각, 범종각, 향성선원, 설법전, 법검당, 설일묵연실, 설다원, 선 체험관, 설우원, 설선당, 유물전시관, 산문 등을 건립하여 도량의 중창을 이끌었다. 1995년에는 절의 이름도 신흥사(神興寺)에서, 새롭게 크게 융성한다는 의미의 신흥사(新興寺)로 바꾸었다.

일주문을 들어서면 통일대불이 마치 울산바위처럼 우뚝 장엄하게 자리하고 있다. 항마촉지인(降魔觸地印)을 하신 석가모니 부처님이다.

1987년 건립을 시작해 10년이 지난 1997년 점안을 했다. 통일대불을 뒤편으로 돌아 부처님 몸 안으로 들어가면 천수천안 관세음보살을 모신 내원법당(內院法堂)이 자리하고 있다.

2) 백담사에서 봉정암까지

무산 스님이 설악산에 주석하기 전 백담사에는 극락보전과 요사 두 채가 전부였다. 스님은 당시 백담사 주변 터에 살고 있던 화전민 20여 가구의 살림을 챙겨 내보낸 후, 한국 선종의 중심으로 일구기 위해 본격적으로 불사를 시작했다. 금강문과 불이문, 봉정당, 만해기념관, 만해당, 나한전, 범종루, 법화실, 산신각, 농암장실(聾庵丈室, 백담다원), 무설전, 무금선원, 검인당, 각일당, 완허당, 우범당, 만복전, 만해교육관, 만해당, 만해적선당, 요사 등을 건립했다.

현재 백담사는 조계종립 기본선원이 설치된 조계선종의 중심 도량이다. 도의국사가 조계선문을 연 이후 조계선풍 시원도량으로서의 면모를 다시 세워, 수좌(首座)들을 육성하는 선불장(選佛場)으로 백담사를 일궈냈다.

백담사에서 봉정암으로 이르는 길에 영시암(永矢庵)이 있다. 영시암은 한국전쟁 당시 소실되었고, 도윤 스님이 요사와 본당을 추스르고 복원불사에 힘쓰고 있었다. 스님은 백담사에 주석하며 비로전과 범종루, 영시암 본당 등 중창 불사를 이끌었다.

영시암을 나서 산길을 오르면 오세암을 만난다. 스님은 오세암 중창에도 공을 들였다. 현재 오세암은 천진관음보전과 동자전, 시무외전, 삼성각, 범종각, 보현동, 문수동 등 전각과 요사를 갖추고 있다. 오세암 중창 불사 역시 스님의 원력과 손길이 스며 있다.

스님은 봉정암 적멸보궁 대웅전 중창을 '설악산문' 현판과 함께 설악산문과 설악불교 재건 불사의 정점으로 삼았다. 스님은 열반 10여 년 전 봉정암에 올라 3일 동안 머물며 기도했다. 불자들의 참배도 지켜보고, 도량을 세밀하게 살폈다. 당시 봉정암 적멸보궁은 참배객들을 넉넉하게 수용하지 못했다. 천막이나 법당 추녀 밑에 자리를 잡고 기도하는 일이 많았다. 이에 스님은 상좌 삼조 스님에게 적멸보궁 대웅전을 다시 짓도록 했다.

삼조 스님은 은사 스님 뜻을 받아, 일 년 동안 축대를 쌓았다. 다시 일 년 동안 축대에 이상이 없는지 살피며 기다렸고, 기다리는 동안 대웅전 건립에 소요될 목재를 정성을 다해 다듬고 손질했다. 서두르지 않고 삼 년에 걸쳐 대웅전을 세워나갔으며, 상량식을 봉행했다. 2015년 대웅전이 완성되었다. 봉정암 대웅전 불사는 오롯이 부처님 진신사리를 참배하고 기도하는 불자들을 위한 것이었다. 삼조 스님은 그 뜻을 새겨 불자들이 조금이라도 편하게 기도할 수 있도록 좋은 좌복을 만들어 제공하는 것으로 낙성식을 대신했다. 무산 스님은 한글로 '적멸보궁' 현판을, 좌우 기둥에는 '래자불거 거자불추(來者不拒 去者不追)' 주련을 써 적멸보궁 대웅전 중창 불사 완공에 기꺼움을 표했다.

중창한 봉정암 적멸보궁 대웅전은 불자들이 진신사리를 친견하고 마음을 다한 기도를 하기 위한 도량이라는 적멸보궁의 본래 뜻을 지켜, 최소한의 장엄으로 가장 장엄한 법당을 이뤄냈다. 전통 한옥으로 닫집도 최소화했고, 불단도 세우지 않았으며, 등도 달지 않았다. 인등도 벽 안으로 넣어 불자들이 기도할 수 있는 공간을 최대화했다. 정면 벽은 통유리로 마감하여 부처님 사리탑을 정면으로 친견할 수 있도록 했다. 내설악 산자락과 봉우리들을 있는 그대로 끌어들여, 절경을 대웅전 품에 오롯이 안았다.

3) 낙산사

1989년 무산 스님은 낙산사에 주석하고 있었다. 당시 낙산사는 원통보전과 홍련암, 해수관음전 등 정도가 있었다. 스님은 현재는 종무소 건너편에 있던 고향실(古香室)에서 제자들을 제접하고, 화두를 들어 정진했다. 구경(究竟)을 이루고 오도송 〈파도〉를 고향실에서 남겼다.

스님은 천오백 분의 부처님과 32응신 관세음보살님, 일곱 분의 관세음보살님을 모신 보타전을 건립했다. 보타전 맞은편에는 보타락(누각)을 세웠고 이후 일주문, 의상기념관 다래헌, 해우당도 마련했다. 심검당, 근행당 등의 전각도 새로 지어 관세음보살이 상주하는 관음성지 낙산사의 면모를 일신했다. 2005년 동해안을 휩쓴 산불로 낙산사가 전소되자 사승(寺僧)들을 독려하여 옛절 복원을 이끌었다.

4) 진전사

진전사는 도의국사 이후 고려 말엽까지 존재했던 우리나라 선종의 가장 오래된 절입니다. 도의국사는 이곳에 있으면서 염거 화상에게 법(法)을 전했습니다.[7]

진공 대사(855~937)는 신라 말의 선승으로 경문왕 14년(874)에 가야산 수도원에서 구족계를 받고 삼장(三藏)에 두루 통달한 사람인데, 선종에 귀의한 뒤 진전사로 도의영탑(道義靈塔)을 찾아가 '제자의 예(弟子之儀)를 올렸다'는 것입니다. ……중국의 선승들이 조계 보림사(曹溪 寶林寺)의 육조대사 영당을 찾아 참배하는 구래(舊來)를 따른 것입니다. 이는 진전사가 중국의 소림사나 보림사처럼 '한국 선종의 성지'로 인식되고 있었음을 말해주는 것이기도 합니다.[8]

---

7) 위의 책, p.106.
8) 위의 책, pp.111-112.

설악산문 재건(개산)에 온 힘을 기울인 스님이 가장 역점을 두었던 불사 중 한 가지가 '종조사찰, 선종본찰' 진전사의 중창이다. 도의국사가 설악산 진전사에서 조계선종의 문을 연 이후 진전사 터는 조선을 지나며 오랜 세월 잡석과 잡목으로 뒤덮여 사찰의 흔적마저 찾기 힘든 상태로 방치되어 있었다. 그나마 국보 제122호 삼층석탑과 보물 제439호 도의국사 부도탑이 남아 있어 진전사지(陳田寺址)의 명맥을 잇고 있을 뿐이었다. 1970년대에 이르러 대한불교조계종의 종조로 추대된 도의국사가 주석하면서 선법을 펼친 사찰로 학자들의 관심을 불러일으켰지만, 이렇다 할 복원은 이루어지지 않았다.

진전사가 '한국 선종의 성지'였음을 깊이 새기고 있던 무산 스님은 2005년 6월, 마침내 진전사 대웅전을 건립하며 한국불교 선종이 남상(濫觴)한 선종본찰의 본격적인 복원 시작을 알렸다. 스님은 진전사를 도의국사가 주석했던 시절에 버금가는 수행도량으로 일구어 염거 화상, 보조체징, 태고보우 선사를 뛰어넘는 수좌들을 배출하고 "한국불교의 전통과 사상과 정신이 계승되고 복원"되기를 서원했다.

3. 설악불교, 조계종의 종승중사(宗乘中事)를 잇다

서두에 밝혔듯, 무산 스님은 1975년 성준 대선사 문하에 입실, 건당하고 은사 입적 후, 1977년 신흥사 주지 소임을 맡았다. 은사의 뜻을 이어 신흥사 중창 복원에 한창이던 무렵 스님은 1980년 무렵 뜻밖의 평지풍파를 만나 숨을 고르고 잠시 행보를 멈추어야 했다. 교구 전체가 파랑(波浪)에 휩쓸린 원인을 "조계선종의 남상이면서도 선맥을 잇지 못한 데"서 찾았던 무산 스님은 선종시원으로서 위상을 정립하고자 설악불교를 일으키기로 결심했다. 스님은 1989년 낙산사에서부터 설악산문의 큰 틀을 구상하고, 1992년 본격적인 설악산문 재건에 나섰다.

1) 무금선원과 기본선원

스님은 1998년 백담사에 무문관 무금선원(無今禪院)을 개원했다. 개원 이후 철마다 안거에 들어 정진하며, 전국에서 몰려온 선사들과 법을 나누고 세웠다. '무금선원'이라는 이름은 옛 선사의 게송에서 따왔다.

> 옛 선사의 게송 가운데 '마음의 근원은 맑고 고요해서 고금이 없고, 오묘한 본체는 밝고 둥글어서 생사가 없다(靈源湛寂 無古無今 妙體圓明 無生無死)'라는 것이 있습니다. 무금은 여기서 따온 말로 우리의 본마음은 고금에 관계없이 항상 맑고 깨끗하다는 뜻입니다.[9]

그 무렵부터 스님의 원력은 설악에만 머물지 않았다. 본래 수행의 지향을 중생에 두었던 스님이었다. "무산의 입전수수(入廛垂手)는 철저한 보살행을 노래한 보살송(菩薩頌)이다. ……보살은 중생이 모여 사는 시장 저잣거리가 좋다. …… '일금 삼백 원에 마누라를 팔아먹고/ 일금 삼백 원에 두 눈까지 빼 팔고/ 해 돋는 보리밭머리 밥 얻으러 가는 문둥이'는 불교에서 말하는 아상(我相)의 이목구비가 문드러지고 손발톱이 물러빠진, 그래서 나라는 생각도 중생을 구제한다는 생각도 없이 이타행을 하는 일개거화인(一箇擧話人)을 말한다."[10]

스님은 2002년 백담사에 조계종립 기본선원을 열었다. 도의국사가 열고 선사들이 이어 온 조계종맥이, 설악산에서 남상한 조계종맥이 백

---

9) 위의 책, p.416.
10) 김형중 〈심우(尋牛)〉《이렇게 읽었다 – 설악무산 조오현의 한글선시》반디, 2015, pp.41-42.

담사를 저수지로 하여 출세간과 세간으로 흘러 적셔들게 하기 위함이었다.

그리고 2014년 스님은 모두 250명의 수좌 스님이 정진할 수 있는 검인당과 각일당을 '조계종립 기본선원'으로 신·증축해 개원했다. 강의실과 정진실, 학인 방사, 공양실 등을 갖춰 수행에만 전념할 수 있도록 했다. 그해 3월 스님은 '기본선원 조실'에 추대되었다. 스님은 조계종의 근간인 수좌 스님들을 제접하고 수행과 살림살이를 살피는 지남으로서 후학들에게 당부했다.

> 오늘 나는 이 법회를 시작하면서 기본선원의 개원 의미를 '귀원정종(歸源正宗)'이라는 말로 요약했습니다. 그것은 훌륭한 역사적 전통을 계승하고 진리로 돌아가야 한다는 의미였습니다. 그러나 역사와 전통을 계승한다는 것은 좋은 집만 지어놓는다고 찬란한 역사가 복원되는 것은 아닙니다. 참다운 사상과 정신의 계승이 이루어져야 합니다.[11]

스님은 이날 '설악불교, 설악산문'이 해동 조계선종의 맥을 계승한 정통으로, 지극한 보살심의 발로였던 조계선풍이 설악을 넘어 온 세간으로 뻗쳐 나가야 함을 대내외에 천명했다. 안팎으로 당신을 잊고 지내온 스님에게도 기본선원 개원과 조실 추대는 큰 기쁨이었다. 2014년 가을 백담사 기본선원 교과 안거 입재식 날, 스님은 "매우 흡족해하셨다. '내가 중 되고 나서 제일 기쁜 날이다.'라며 여러 차례 좋았다고 하셨다."[12]

---

11) 김병무·홍사성 엮음, 앞의 책(2023), p.113.
12) 김한수 〈조선일보〉 2023.06.23.

2) 신흥사 향성선원과 흥천사 삼각선원

스님은 2000년 신흥사에 향성선원을 열었다. 널리 알려진 대로 신흥사의 본래 이름은 향성사(香城寺)였다. 소실 후 현 내원암 자리에 선정사(禪定寺)를 중건했다. 스님은 진전사, 억성사(億聖寺), 사림원(沙林院, 선림원 禪林院), 굴산산문 개산조 범일국사가 출가했던 오색석사(五色石寺) 등 나말여초 선종의 주요 수행처의 뒤를 이어 신흥사에 향성선원을 개원했다.

"선종사에서 매우 중요한 의미를 갖는 설악산 불교" "북산불교(北山佛教)의 요람이었으며, 우리나라 초기 선종의 인재를 키워낸 모태(母胎)와 같은 곳, 한국 선종의 성지"에 설악산문을 재건한다는 의지를 담았다. 또한 스님은 서울 흥천사 중창 불사를 이끌면서 삼각선원을 개원했다. 설악불교가 조선 왕실의 원찰이던 사찰로 번양(飜揚)했다. 삼각선원에서 스님은 출세간의 수좌들뿐만 아니라 세간을 밝히는 문인들도 제접하며 문향(文香)으로 대중에게 다가갔다.

행주좌와(行住坐臥)가 수행이었던 스님은 어느 날 수많은 법신(法身)이 삼라만상 가운데 현현(顯現)하고 있음을 깨닫고 천성부전(千聖不傳)의 송(頌)을 읊었다. 밤늦도록 책을 읽다가 밤하늘을 바라보다가 먼 바다 울음소리를 홀로 듣노라면 천경만론(千經萬論)이 모두 바람에 이는 파도란다. 이로써 철안동정(鐵眼銅睛)의 안목을 얻은 스님은 설악산문(雪嶽山門)의 회주(會主)가 되어 중창의 대업(大業)을 착수했다. 조계종 제3교구 본사(曹溪宗 第三教區本寺)인 신흥사(新興寺)에는 향성선원(香城禪院)을 개원했으며 내설악 백담사(百潭寺)에는 무문관(無門關)인 무금선원(無今禪院)을 건창(建創)하여 육조(六祖)의 현지(玄旨)와 임제(臨濟)의 현의(玄義)가 구현되도록 하였다. 더하여 해동선법(海東禪法)의 조사(祖師)인 도의국사(道義國師)가 조계선풍(曹溪禪風)

을 남상(濫觴)한 성지(聖地)인 진전사(陳田寺)를 복원하고 백담사(百潭寺)에는 종단의 교육기관인 기본선원(基本禪院)을 열어 드디어 설악산문(雪嶽山門)이 조계종(曹溪宗)의 종승중사(宗乘中事)를 잇게 하였다. 중생제도의 대원력(大願力)은 불사(佛事)로 이어져 퇴락한 서울 흥천사(興天寺)를 중창(重修)하고 도량(道場)을 일신하여 삼각선원(三角禪院)을 개원하니 이곳에 앉고 머문 이는 빈손으로 왔다가 파수상고산(把手上高山, 두 손을 맞잡고 높은 산에 올라간다는 의미)의 실리(實利)를 얻었다.[13]

4. 설악불교, 세간을 밝히다

관세음보살은 천 개의 눈으로 소원을 살피고 천 개의 손으로 그것을 해결해 준다고 한다. 낙산사 보타전에 가면 이를 형상화한 보살상이 있다. 온몸이 눈이고 온몸이 손이다. 어두운 밤에 손으로 더듬으면 그것이 손이다. 필요한 곳에 필요한 것을 해주는 것이 손이고 눈이지 필요한 곳에 없으면 손이 천 개고 눈이 천 개라도 소용이 없다.

우리는 언제나 남이 가지고 있는 천 개의 손과 눈을 필요로 할 뿐 내가 남에게 필요한 천 개의 손이나 눈이 되지 못한다. 더듬지만 말고 더듬는 손에 잡혀주는 사람이 되어야 한다. 관세음보살을 먼 곳에서 찾을 것이 아니라 내가 대비관음이 되어야 하지 않겠는가.[14]

스님은 다시 일으켜 세운 설악불교를 산중과 출세간에만 국한하지

---

13) 정휴 찬 〈전불심등 증오무생 설악선풍 시선행화 설악당 무산대종사 비명(傳佛心燈 證悟無生 雪嶽禪風 詩禪行化 雪嶽堂 霧山大宗師 碑銘)〉《불교평론》 86호, 2021.

14) 조오현 역해 《벽암록》 불교시대사, 1999, p. 302.

않았다. 스님의 대오(大悟)는 중생을 향한 방편이었으며, 천 개의 손과 천 개의 눈을 세간에 내주고자 했다. 손길이 절실한 곳에 먼저 손을 내밀어 말이 있기 전에 살펴 어루만져 주었다.

스님은 1991년 장사어린이집을 시작으로 종합사회복지관 등을 운영했으며, 1996년에는 신흥사 복지재단을 설립했다. 은사 성준 선사의 뜻을 새긴 성준장학재단(현 성준무산장학재단)을 설립해 인재 양성 불사에도 온 힘을 기울였다. 스님은 춘천불교방송을 설립해 미디어 포교도 적극적으로 추진했다. 세간의 모든 이를 향해 자비와 나눔을 펼친 설악불교의 모습을 살펴본다.

1) 신흥사 복지재단

신흥사 복지재단은 1996년 10월 설립했다. 속초시 노학동에 자리하고 있다. 노인 복지·어린이 복지·장애인 복지·지역 복지 사업 등을 펼치고 있다. 모두 10개의 산하 복지관과 어린이집 등을 총괄하고 있다.

신흥사 복지재단은 복지 불사를 이끌고 있다. 설립 이후 해마다 부처님오신날과 한가위, 송년을 기해 지역 사회 홀몸 어르신 가정과 소년소녀가장, 어려운 이웃 등을 대상으로 자비 나눔을 실천해 왔다. 재단의 복지 불사는 행정의 손길이 고루 미치지 못하는 복지 사각지대 해소에 기여해 왔다.

반야노인요양원

속초시 싸리재길 195에 소재하고 있는 반야노인요양원과 노인복지센터는 치매, 중풍 등 노인성 질환으로 어려움을 겪고 있는 어르신들을 살펴주고 있다. 2,500여 평 규모의 시설에 103명의 직원이 상주하며, 200여 명의 어르신들에게 보호 서비스와 의료지원 서비스, 요양 지원 서비스 등을 베풀고 있다.

특히 미술, 요리, 원예, 음악, 공예, 인지 향상 등 다양한 프로그램으로 어르신들이 건강한 마음과 몸을 유지할 수 있도록 봉사하고 있다. 정서적 안정을 위한 프로그램과 기능회복훈련, 물리치료 등 재활 치료를 지원한다. 또 입주하지 못한 어르신을 위해 방문 요양 서비스와 재가 노인 지원 서비스도 함께 실시하고 있다.

춘천연화마을

춘천시 신동면에 자리한 노인 장기 요양기관으로 장기 요양 인정 1, 2, 시설 3등급을 받은 노인들이 평안하고 행복한 여생을 보낼 수 있도록 2005년에 설립되었다. 625평 규모에 43명의 직원들이 노인 82명을 보살피고 있다. 역시 의료와 보건 복지 전문 인력들이 상주하는 비영리 노인 복지시설이다.

미술치료, 개별상담 등의 심리재활 서비스, 목욕과 이·미용 서비스 등 일상 재활 서비스와 함께 물리치료와 질병 예방, 치매 예방 등 다채로운 의료 재활 서비스도 제공하고 있다.

속초시노인복지관

속초 지역 내 어르신들의 건강과 즐거운 노년 생활을 위해 2007년 속초시 수복로에 설립했다. 90여 명의 직원들이 하루 500여 명의 노인들에게 여러 가지 풍성한 활동을 할 수 있도록 하고 있다.

건강상담에서 법률상담에 이르기까지 다양한 상담 사업, 평생교육 사업, 물리치료와 무료진료, 무료 건강 검진 등의 사업을 펼치고 있다. 안경 돋보기 지원과 경로식당 등 복리 후생사업과 주간보호, 방문요양, 방문목욕 등도 제공한다. 적합한 일자리 제공으로 일정 정도의 소득을 올릴 수 있도록 하는 등 노인 사회 활동 지원 사업도 하고 있고, 일상생활이 어려운 노인들에게는 맞춤 돌봄 서비스도 제공한다.

속초종합사회복지관

속초시 최초의 복지시설로 1994년에 설립했다. 105명의 직원이 하루 평균 430여 명에 달하는 이용 주민들의 동반자 역할을 하고 있다. 부설로 속초아동발달치료센터와 새솔지역아동센터, 속초노인복지센터를 운영하며 시민이 함께 만들어가는 마을공동체로 자리 잡았다.

경제적 지원 사업과 출산양육 지원 사업, 성폭력 예방사업, 장애인 활동 지원 서비스, 결식 방지 사업, 어르신 무료 급식 사업, 재가노인 식사 배달 사업, 주거환경 개선사업 등 폭넓은 복지를 제공한다. 이와 함께 사회교육프로그램, 청소년봉사캠프, 속초실버아카데미 등의 교육 문화사업, 노인 일자리 지원 사업, 마을 네트워크 사업, 노인 장기 요양 서비스, 노인 돌봄 종합 서비스, 가사 간병 방문 서비스, 아동 보호 복지 프로그램도 운영하고 있다.

반야어린이집, 장사어린이집

지역 사회에서 가장 큰 규모의 어린이 돌봄 시설로, 반야어린이집은 1996년, 장사어린이집은 1991년부터 운영해 오고 있다. 각각 200여 명과 60여 명의 어린이들을 돌보고 있다.

어린이들을 위한 기본 돌봄과 교육 외에도 나들이 프로그램, 다채로운 놀이 활동, 견학 프로그램, 체험 프로그램으로 어린이들 스스로 꿈을 키워 갈 수 있도록 독려한다. 세심한 급식과 운동으로 건강하게 자랄 수 있도록 50여 명의 선생님들이 함께하고 있다.

금강장애인복지센터

지역 내 장애인들을 가족처럼 돌보기 위한 복지시설로 2002년 설립해, 해마다 40여 명 장애인들의 자활의 길을 열어가고 있다. 사회 적응 훈련, 보건 의료 지원, 재활운동, 기초 인지 학습, 일상생활 동작 훈련,

체육 활동 등의 프로그램을 실시하고 있다. 금강 카페와 다육 식물 기르기, 장애인 뮤지컬 극단 등 장애인 일자리 사업도 펼치고 있다. 무엇보다 언어 음악 원예 미술 활동 등을 통한 교육 치료, 재활 기초인지 등을 통한 재활 치료에 집중하고 있다.

2) 성준무산장학재단

2023년 5월 17일, 부처님오신날을 앞두고 속초시청 대회의실에서 불교계 최대 규모의 장학금 수여식이 열렸다. 신흥사는 이날 수여식을 통해 어려운 형편을 딛고 학업에 열중하고 있는 150명의 지역 어린이와 청소년, 대학생에게 모두 3억 원의 장학금을 지원했다. 장학금 지원이 일회성으로 그치지 않고 대학생의 경우는 2학년까지 등록금 전액을 지원하는 이날 행사는 2000년 설립된 성준장학재단(현 성준무산장학재단)의 정례적인 사업이다. 청소년들이 바르게 성장할 수 있도록 장학사업을 펼쳐온 성준무산장학재단은 이 외에도 신흥사 템플스테이 등을 통해 불교적 소양을 갖추도록 지원하고 있다.

속초를 비롯하여 고성, 양양, 인제 등 설악권 지역의 인재 육성 불사를 펼쳐 오고 있는 재단은 "장학금이 학업에 전념할 수 있도록 도움이 되고, 심신이 올곧게 성장한 인재들이 사회를 건강하게 가꾸고 지역사회 발전에 기여할 것"을 당부한다. 지역 사회에서도 "성준무산장학재단의 취지에 맞게 장학생들이 꿈과 희망의 나래를 마음껏 펼치기"를 바라고 있다. 재단과 함께 꿈을 꾸고 성장해 온 인재들은 신흥사와 지역 사회에서 봉사활동을 하고, 사정이 어려운 이웃들을 살피고 있다.

2023년 5월 31일, 무산 스님의 부도탑 제막식과 5주기 다례재에서는 성준무산장학재단에서 장학금을 받은 학생들이 스님의 사리를 부도탑에 봉안하기도 했다.

3) 춘천불교방송

춘천에 불교방송을 개국함으로써 그동안 부처님의 금구성언에 목말라하던 1백만 강원지역 불자들이 1년 365일 하루 24시간 내내 법음을 가까이하도록 하였으니, 이로부터 글을 아는 이나 모르는 이나, 앞을 보는 이나 못 보는 이나, 말을 하는 이나 못 하는 이나 모두 그릇대로 정법을 담아 가지시기를 바랍니다. 이제 불교방송은 남으로는 부산에서 북으로는 강원도를 넘어 북한까지, 한반도 전역을 가청권으로 하는 기틀을 마련했습니다. 이는 부처님께서 전도 선언을 통해 모든 중생의 이익과 안락을 위해 팔만사천의 법음을 전하라는 명령을 실천하려는 것에 다름 아닙니다.[15]

무산 스님이 원력을 세우고 추진한 춘천불교방송(FM 100.1Mhz–춘천 등 강원 영서지역, FM 93.5Mhz–속초 고성 양양, FM 104.3Mhz–강릉 동해 삼척)은 2002년 11월 1일 개국했다. 스님의 방송국 설립은 전법(傳法)을 향한 지극한 원력의 실천이었다.

스님은 방송국 설립 당시 강원 전 지역과 종단을 아우르는 폭넓은 참여를 끌어냈다. 개국 당시 방송이 들리지 않았던 시와 군에 자리한 사찰들과 신도들도 강원도에 불교방송을 세워 부처님 가르침을 널리 전하겠다는 스님의 원력에 기꺼이 동참했다. 스님은 개국 6주년 기념식 법어에서 방송을 통해 세간을 맑히고 생명을 안락하게 하며, 바르게 법을 전하도록 지남을 세웠다. 권력에 굴하고 금력에 허리를 굽혀 곡학아세를 일삼지 않도록 스스로를 다잡아야 한다고 강조했다. 거짓과 왜곡을 경계하고, 사실을 넘어 진실을 밝히는 방송으로 세상에 참

---

15) 김병무·홍사성 엮음 《설악무산의 방할》 pp. 121-122. 춘천불교방송 개국식 법어.

된 이로움을 주어야 한다고 경책했다.

　　언론에 종사하는 사람은 보이지 않는 칼을 가진 사람과 같습니다.
그 칼을 잘 쓰면 활인검(活人劍)이 되지만 잘못 쓰면 살인도(殺人刀)가
됩니다. 무심코 휘두른 칼로 인해 많은 사람들이 상처를 받기 쉽습니
다. 부정확하고 편파적인 보도는 세상을 혼탁하게 하는 소음일 뿐입
니다. …… 비단 같은 말로 남을 속이거나, 사람과 사람 사이를 이간
하거나, 거친 말로 사람에게 상처를 주거나, 참되지 않은 말로 진실을
위장하지 말라는 것입니다. 거듭 말하면 '입을 열었다고 혓바닥을 함
부로 놀리지 말라'는 것입니다.[16]

　　춘천불교방송은 2002년 춘천 개국에 이어 2012년 속초중계소, 2014
년 양양중계소, 2016년 강릉중계소를 잇달아 개설했다. 현재는 강원
영서지역과 영동지역(정선, 태백, 영월 등 일부 시군 제외)에 정법을 전하
고 있다.
　　무산 스님은 춘천불교방송 문을 열면서 반드시 남과 북을 넘어 북한
주민들에게도 법음을 전해야 한다고 당부했다. 춘천불교방송은 스님
의 가르침과 원력대로 불교방송 지표 가운데 하나인 '온 겨레를 하나로
묶어내는 방송'을 위해 진력하고 있다.

5. '설악산문, 설악불교'의 영원한 지남(指南)

　　무산 스님이 평생 설악불교 선풍을 드날리고 설악산문을 재건했던

---

16) 위의 책, p.127.

사적은 치열하고 서늘하기까지 한 정진을 통해 성취한 깨달음을 저잣거리에서, 논밭에서, 바다에서 풀어 놓은 보살행 자체였다. 선승으로, 시인으로, 산문을 이끈 조실로, 세간을 맑히고 밝힌 보살로 보인 모든 자취는 중생 범부를 향한 지극한 자애였다.

선 수행이 지극히 개인적인 것이라 해도 세상을 등지기 위한 방편이 돼서는 안 된다. 이 세상에서 온전한 개인이란 존재하지 않는다. 혼자 산속에 살더라도 하다못해 풀이나 새나 나무나 바위라도 관계를 맺어야 한다. 이 관계를 부정하면 선승의 깨달음도 무의미하다. 그러므로 깨달음의 공덕은 다시 세상으로 환원되어야 한다. 이를 불교에서는 회향이라 하지 않던가. [17]

설악에 들어 설악과 하나가 되고 설악산문을 크게 일으킨 스님은 출세간과 세간에 깊고 넓고 큰 울림을 주었다. 설악불교를 재건한 사적은 시대를 앞서 살았던 선사(先師)의 사자후다.

스님은 산문을 현판하면서 "오늘의 우리가 더 빛나고 자랑스러워야 한다."고 일갈했다. "내가 없는 날이 오면, 산문을 올려다보라."고 했다. 산문 안에서 "모두 한 마음으로 정진하라."고 했다.

설악당 무산 대종사가 설악산문을 재건하고 설악불교를 크게 일으킨 뜻은 명확하다.

과연 내 이름을 듣는 이는 삼악도를 벗어나고 내 모습을 보는 이는 해탈할 수 있을까? 이렇게 자문자답 자신을 돌아보고 한 걸음 한 걸음 조심조심 걸어야 합니다. 가다가 사람도 짐승도 만날 것입니다.

---

17) 오현 역해《무문관》불교시대사, 1999, p. 137.

사람과 짐승을 차별하지 마십시오.[18]

　설악당 무산 대종사는 원적에 들었지만, 스님의 행장과 사적(史跡)은 지금도 '설악불교, 설악산문'이 가야 하는 길을 가리키고 있다.

---

18) 김병무·홍사성 엮음, 앞의 책. p.87.

만해축전 25년의 성과와 전망
—만해대상과 유심작품상, 학술세미나를 중심으로

유권준

차 례

1. 서론

2. 본론
   1) 만해축전이 걸어온 25년
   2) 만해대상, 만해사상을 세계에 알리다
   3) 유심작품상, 한국문학의 발전을 이끌다
   4) 시조문학의 부흥을 이끌다
   5) 다양한 주제의 학술행사로 만해학의 토대를 다지다
   6) 만해마을 건립과 동국대 기증
   7) 지역주민과 함께하는 지역축제로 정착하다

3. 결론

유권준 / 불광미디어 콘텐츠실장. 동국대 지리교육과 졸업. 법보신문과 경향신문, BBS불교방송, BTN불교TV에서 기자와 PD로 일했다. 현재 불광미디어 실장으로 재직하고 있다.

1. 서론

만해축전이 처음 열린 것은 1999년이다. 1879년 태어난 만해의 탄생 120주년을 기념해 설악산 백담사에서 4일간 첫 축전을 개최한 것이 시작이었다. 만해축전이 처음으로 열렸던 1999년은 암담한 해였다. 미증유의 IMF 외환위기를 겪으며 많은 사람이 거리로 내몰리던 시절이었다. 사실상의 국가 부도 사태였다. 선진국의 대열에 들어선다는 OECD(경제협력개발기구)에 가입한 지 딱 1년 만에 벌어진 일이었다. 신문과 방송에는 정리해고 당한 직장인들의 갈 곳 잃은 모습이 연일 보도됐다. 직장을 잃고 생활고에 시달리며 스스로 목숨을 끊는 사람들도 줄을 이었다. 경제가 몰락하고 국민들의 마음이 무너지던 때였다.

만해가 살았던 조선 말기도 만해축전이 시작되던 1999년과 닮아 있었다. 국권이 침탈되고 백성들이 도탄에 빠져 있던 때였다. 만해는 스스로 길을 찾고자 출가했다. 그리고 누구보다 치열하게 살았다. 출가 수행자이자 독립운동가였고, 시인이자 소설가였던 만해의 사상을 다시 호명해 끌어올린 것은 우연이 아니었다. 만해축전은 난세에 만해를 다시 불러내 새로운 시대를 만들고자 하는 뜻이 담겨 있었다.

만해를 이 험난한 시대로 다시 불러낸 분이 설악무산 스님이었다. 1990년대까지만 해도 만해는 변절하지 않은 민족대표이자 시인으로 널리 알려져 있었지만, 불교계에서는 조금 다른 평가를 받고 있었다. 만해는 출가 수행자였지만 두 번의 결혼을 했었고, 출가자의 결혼을 인정해야 한다는 생각을 갖고 있었다. 또 기성 교단에 대해 비판적인 입장을 서슴없이 개진하여 한국불교의 장자 종단인 조계종으로부터 그리 후한 평가를 받지 못하고 있었다. 이 때문에 종단이나 종단이 설립한 종립 동국대학교에는 1980년대 이전까지 변변한 기념물이나 기념행사조차 없던 시절이었다. 1980년대 후반에 들어서야 학생들의 요구로 만해 시비(詩碑)와 만해광장이 조성됐다. 당시의 분위기를 보여주는 흔적이다. 이런 분위기 속에서 1996년 설악무산 스님은 만해사상을 널리 알릴 '만해사상실천선양회(이하 만선회)'를 발족시켰다. 만선회는 도후 스님, 정휴 스님 등 불교계 인사들과 김재홍 경희대 교수, 한계전 서울대 교수 등 학계 문화계 인사들이 모인 단체였다.[1]

이어 1997년 한평생 나라와 겨레를 위해 몸과 마음을 바치고 순국한 만해 한용운 선생의 높은 사상과 깊은 정신을 기리고 추모하기 위해 만해대상을 제정했다. 그리고 만해가 머물렀던 백담사에 만해당과 만해기념관을 건립하고 만해축전을 기획했다. 1999년에는 백담사가 중심이 되고 만해사상실천선양회, 조선일보사, 강원도가 함께하는 제1회 만해축전이 열렸다. 이후 많은 것이 달라졌다.[2]

만해축전이 열리는 8월이 되면 강원도 인제 만해마을은 전국에서 모여든 문인들로 북적인다. 이들은 만해축전을 계기로 서로의 안부를 묻고 교류의 폭을 넓힌다. 해마다 수백 명의 문인들이 함께 모여 정담을 나누는 풍경은 어느 문화축제에서도 보기 힘든 광경이 되었다.

만해의 얼을 기리는 만해대상, 문학인들을 상찬하는 유심작품상은 만해의 사회적 문학적 위상을 높였다. 지역주민들은 만해축전을 계기로 지역대동제로 마음을 모으고 서예전시회, 중고생 시낭송대회, 체육행사 등을 열어 만해축전이 지역사회에 녹아들 수 있도록 하고 있다.

만해축전 25회를 맞아 문단과 지역사회, 불교계에 큰 변화의 중심이 된 만해축전이 걸어온 길을 돌아보고 그 성과를 평가하고 계승할수 있는 길을 모색해본다.

---

1) "만해 한용운 사상 계승운동 활발"〈조선일보〉 1996. 8. 1, 19면.
2) 만해사상실천선양회의 발족과 운영에 관한 내용은 이원규(선일)의 〈만해사상실천선양회 연구〉(동국대학교 석사학위 논문, 2022)가 자세하다.

2. 본론

1) 만해축전이 걸어온 25년

만해축전의 시작은 1996년 결성된 만해사상실천선양회의 첫 번째 목적사업이었던 만해대상 시상식에서 비롯됐다. 1997년 만해대상 시상식을 개최한 후 문학의 밤 행사와 시낭송 행사들을 확대해 의미 있는 축전을 만들어보자는 의견들이 개진됐다. 만해축전을 백담사에서 열자는 아이디어는 국내 만해학 박사 1호인 경희대학교 김재홍 교수의 제안에서 비롯됐다. 백담사는 만해의 출가본사이자 불후의 명작《님의 침묵》이 탄생한 곳이라는 배경을 가진 절이다. 이 제안은 설악무산 스님에 의해 곧바로 시행됐다. 저명한 시조시인이기도 한 스님은 만해 정신의 현양이 불교 이념의 사회적 실천이라는 생각으로 김 교수의 제안을 수용했다. 이와 함께 당시 강원도정 책임자였던 김진선 도지사의 행정적 후원이 큰 힘이 됐다. 동국대학교는 만해가 젊은 시절 수학했던 명진학교를 모태로 한 대학이다. 만선회와 강원도, 동국대학교 이 삼각축이 만해축전을 탄생시킨 배경을 이루고 있다.

제1회 만해축전은 만해 탄생 120년을 맞는 1999년, 8월 13일부터 8월 16일까지 3박 4일간 백담사에서 개최됐다.[3] 8월 중순에 축전을 시작한 것은 8·15광복을 기념하는 뜻이 들어 있었다. 첫해이니만큼 만해축전은 세계적인 석학들을 초청하여 '만해문학의 세계적 인식'을 주제로 국제학술대회도 개최했다. 주요 프로그램은 다음과 같다.[4]

8월 13일: 만해시인학교 입교식, '만해와 백담사' 특강, 작은 음악회

---

3) 만해사상실천선양회〈1999년 8·15기념 萬海祝典〉《만해새얼》제10호, 1999, pp.94-98.

4) 〈한겨레〉1999.8.7 ; 〈연합뉴스〉1999.5.26 ; 만해사상실천선양회《만해축전》1999.

(경희대 사물놀이팀, 초청가수 이명우)

　8월 14일: 만해축전 개막식, 한국문학 심포지엄(20세기 한국 현대시의 반성과 전망), 작가와의 대화(《난쟁이가 쏘아올린 작은 공》 조세희), 한국무용 공연(김말애 경희대 교수 등), 시낭송 대회

　8월 15일: 광복절 기념식, 만해학 국제학술대회(만해문학의 세계적 인식), 만해문학의 밤(사회 이기윤 시인), 장기자랑, 불꽃놀이

　16일: 만해학 국제학술대회, 통일기원 두레 탑쌓기 대회, 폐막식

제1회 만해축전 만해학 국제학술대회에는 김용직(서울대), 인권한(고려대), 조동일(서울대), 권영민(서울대), 루이스 랭카스터(미국 버클리대), 엘리자베스 앙드레(프랑스 톨로스대), 데이비드 맥켄(미국 하버드대), 서니 정(USC 한국학 객원교수), 테레사 현(캐나다 요크대학), 이바나(체코 만해 연구가) 등 외국의 한국학 관련 연구자들을 비롯해 국내외 저명학자 20여 명이 참가해 만해의 사상과 문학에 대해 열띤 토론을 펼쳤다. 이로써 만해학을 세계화할 수 있는 발판이 만들어질 수 있었다.[5]

이후 매회 문학과 사회, 불교 관련 심포지엄을 열고, 시인학교와 전국고교생백일장을 개최했다. 문학의 밤과 각종 문화·예술 전시 및 공연 등을 통해 참가자 모두가 함께 축전을 즐길 수 있도록 했다. 이는 만해의 사상을 연령과 계층에 관계없이 보다 많은 이들이 향유하고 공유할 수 있도록 진지한 학술행사에 문화예술 행사, 그리고 지역민이 함께하는 행사로 확대하고자 함이었다. 만해축전을 단순한 문학행사가 아니라 만해사상을 선양하기 위한 종합적인 축제로 개최하고자 준비와 집행, 운영에 관련된 인원이나 참가 규모도 그 범위를 넓혔다. 주관

---

5) 〈한겨레〉 1999. 8. 27, p. 14.

하는 기관과 협찬 기관도 확대됐다. 축전의 내용 또한 풍성해지면서 범국민적인 축제의 장으로 발전해가고 있다.

만해축전은 1회 개최 이후 4회까지는 백담사에서 열렸다. 주요 행사로 만해대상 시상식, 시인학교, 만해학 학술대회, 전국고교생백일장, 문학의 밤, 학술심포지엄이 개최됐다. 시인학교는 만선회가 발족한 직후인 1996년부터 매년 8월 6일부터 9일까지 3박 4일 동안 백담사에서 열려 오던 행사였다. 첫해는 '시와시학사'에서 주관하고 만선회에서 후원하였으나 다음 해부터는 공동으로 주관했다.

또 만해를 연구하는 학문 분야로서 '만해학'을 독립적인 연구 분야로 만들기 위한 작업도 병행했다. 우선 국제적인 연구를 통해 만해학의 인식을 제고하는 사업이 시작됐다. 이를 위해 세계적인 석학들을 초빙하여 연구를 추진하는 국제학술대회가 열렸다. 만해는 흔히 인도의 시인 타고르와 비견될 정도로 보편성과 민족적 특수성을 함께 지닌 인물로 평가된다. 만해축전은 만해사상과 문학 연구가 세계사적 시야와 인류사적 관점을 살릴 수 있도록 국제적인 관심을 모으는 데 집중했다.[6]

제1회 만해축전 이후에는 주제를 만해학, 불교학, 문학 등 다양한 주제로 범위를 확장하기 시작했다. 학술심포지엄은 만해축전의 행사 중에서도 중요한 부분을 차지했다. 만해의 문학과 사상, 종교에 이르는 다양한 분야를 입체적이고 심도 있게 연구하고 발표하게 함으로써 '만해학'의 학적 체제를 구축할 수 있도록 하는 역할을 했다. 이 같은 시도는 2020년 동국대학교 만해연구소(소장 고재석)의 총서 발간으로 이어졌다. 만해연구소는 만해축전준비위원회와 함께 그동안 만해축전 기간에 발표된 학술논문을 집약하여 《만해학술연구총서》(전

6) 만해사상실천선양회 〈1999년 8·15기념 萬海祝典〉 《만해새얼》 제10호, 1999, pp. 94-98.

5권)를 발간했다.[7] 만해와 관련된 학술전집이 온전한 형태를 갖추어 발행된 것은 만해축전과 학술 심포지엄에서 쌓아온 만해학의 성과를 정리했다는 의미를 지닌다.

만선회는 단체를 출범하면서 대한불교청년회에서 주관하던 '만해백일장'의 공동주최자로 제18회부터(1997년 3월 1일 동국대학교 개최) 합류하였다.[8] 그리고 별도로 '만해시인학교' 참가자를 대상으로 백일장을 시작했다. 이런 경험을 바탕으로 만해축전 속에 함께 하는 행사로 기획하게 된 것이 '만해축전 전국고교생백일장'이었다. 제1회 대회는 1999년 7월에 '강원도 만해청소년백일장'으로 시작됐다. 그리고 제2회 만해축전부터 본격적으로 전국고교생백일장으로 확대되어 만선회와 함께 강원일보 주최, 강원도교육청 후원, 민족문학작가회의 강원지회가 주관하는 행사로 발돋움하게 됐다. 만해축전 전국고교생백일장은 청소년들로 하여금 만해와 만해정신을 되새기게 하고, 문학을 통해서 제2의 만해를 꿈꿀 수 있게 하는 청소년 문학축제로 자리매김했다.

만해축전 초기에는 《만해새얼》이라는 책을 통해 행사 관련 내용들의 개요가 게재되었다. 《만해새얼》은 제10호를 마지막으로 발간이 중단되었고, 한동안은 축전기념호를 발간했다.[9] 이후 만해축전이 확대되면서 만선회는 새로운 행사 자료집인 《만해축전》을 발간하여 관련 내용을 기록하기 시작했고 지금까지 이어지고 있다.

한편 만해축전은 회차마다 조금씩 다른 행사를 시범적으로 개최했다. 1999년에는 '8·15 경축 불꽃놀이' 및 '통일기원 두레 탑쌓기 대회'

7) 만해축전추진위원회·동국대학교 만해연구소 《만해학술연구총서》(전 5권), 2020.
8) 만해사상실천선양회 〈제18회 만해백일장 수상작 특집〉《만해새얼》제4호, 1997, p.38.
9) 제10호 이후 《만해새얼》은 만해축전 기념호로 '만해학술원'에서 발행하여 그 성격을 달리했다.

가 진행되었고, 2000년에는 '중광 스님의 선화전'과 '봉문 정덕교 초대 사진전'이 전시되었다. 그리고 2001년에는 전국 염불만일회 신흥사 불교대학에서 주관한 '남북통일 발원 대재'와 강원작가회의에서 주관한 현악 4중주 연주, 선무예 실연, 국술 시범 등의 행사가 열렸다. 2002년에는 민족미술인협회·지혜 스님 초대전이 있었다. 미술인협회 출품작에는 서양화와 한국화, 판화, 조각 등 총 38점이 전시되었고, 지혜 스님은 동양화 20점을 출품하였다. 또 강원작가회의가 주관한 '노지백우(露地白牛)의 밤'이 진행되었다. 2003년은 '백담사 만해마을'이 준공되면서 강원도민일보 주관의 '님의 침묵 서예대전'과 한국시인협회 주관의 '만해 시화 부채전'을 열었다. 시인학교에서는 '오비토주(烏飛兎走)의 밤'을 준비하였다.[10]

앞서 살펴본 바에서 알 수 있듯이 만해축전은 짧은 시간에 기획한 모험적인 행사가 아니었다. 만선회가 설립되고 난 후 만해사상의 실천과 선양을 장기적으로 보급하고 활성화하기 위해 고심한 흔적을 곳곳에서 발견할 수 있다.

만선회의 정체성과 성격을 널리 알리고 만해사상 선양사업을 시작한 이후, 백담사에 '만해기념관'과 '만해교육관' 등을 건립하여 선양사업을 활발하게 펼칠 수 있는 공간적 영역을 확보한 것도 큰 진전이었다. 그리고 시인학교의 운영을 통해서 만해와 시와 문학을 매개로 전국의 문학인과 지성인들이 한자리에 모이는 대중적인 축제를 기획, 개최함으로써 만해축전의 큰 틀이 만들어졌다. 여기에 '만해대상' 시상식을 더하고 다양한 국제학술대회 개최와 분야별 주제로 학술심포지엄을 심도 있게 개최함으로써 만해축전이 명실상부한 만해를 대표하는 행사로 성장할 수 있도록 했다. '전국고교생백일장'과 '서예대전' 등의

10) 만해사상실천선양회에서 펴낸《2000 만해축전》《2001 만해축전》《2002 만해축전》《2003 만해축전》을 참고했다.

행사는 축전의 영역을 확장하여 행사를 더욱 풍성하게 만들었다. 그리고 각종 문화예술 공연과 지역민들이 참여하는 생활체육, 지역문화제까지 어우러지면서 비로소 '만해축전'은 '만해를 선양하는 종합적 축제'로 자리 잡았다. 특히 유심작품상 및 유심신인문학상 시상식은 문단에서도 주목하는 행사였다. 유심작품상은 만해가 1918년 창간했던 잡지 《유심》에서 따온 것으로, 만해 문학정신을 계승하기 위해 시, 시조, 평론 분야로 나누어 수상자를 선정해 시상했다. 유심작품상은 만해대상과 별도로 만해의 문학사상을 계승하기 위해 제정한 상으로 2003년 제정된 이래 지금까지 매년 개최되면서 의미를 더하고 있다.

2) 만해대상, 만해사상을 세계에 알리다

만해대상은 출가 수행자, 시인, 소설가, 독립운동가, 개혁가, 논설가, 평화운동가로서 만해의 전인적인 삶과 사상을 현실에 구현하는 실천가들의 활동을 상찬하기 위해 제정됐다. 상의 운영은 만해의 승속불이의 불교 정신과 구세주의(救世主義), 입니주의(入泥主義)에 바탕을 두고 분야별로 가장 적합한 인물을 찾아 시상하는 데 큰 주안점을 두었다. 평등과 자유의 투사가 될 수밖에 없었던 시대적 상황 속에서 만해가 스스로 자비와 애민정신을 키워나갔듯이, 지금 시대에 자신의 영역에서 만해와 같은 실천을 하는 인물들을 격려 치하함으로써 또 다른 만해를 만나게 되는 효과를 염두에 둔 것이다.

만해대상은 만해축전이 시작하기 2년 전인 1997년부터 시작됐다. 전후 맥락을 보면 만해축전의 모태가 만해대상 시상식이었다. 이 시상식을 계기로 발전한 것이 만해축전이다.

만해대상은 1회부터 7회까지는 주로 국내인을 중심으로 시상했지만, 8회 때부터는 수상자의 폭과 범위를 넓혀 세계적인 인물과 제3세계의 인권·사회활동가들을 집중 발굴해 시상함으로써 그 위상을 높였다.

상금도 초창기에는 수상 분야별로 1천만 원(총액 4천만 원)을 수여하다가 2007년부터는 수상 분야별 5천만 원(총액 1억8천만 원)으로 증액한 데 이어 2012년부터는 분야별 상금을 1억 원(총액 3억 원)으로 늘려 명실상부한 국제적인 상으로 성장했다. 세계 최고 권위의 노벨상이 1인당 140만 달러(2015년 기준 16억 원)에서 110만 달러(13억 원) 사이의 상금을 지급하는 것과 비교해 규모는 아직 작지만, 국내의 대표적인 상인 서울평화상의 상금 규모가 20만 달러(2억5천만 원)인 것에 비하면 만해대상의 상금 총액은 결코 적지 않은 규모로 성장했다.

그동안 상을 받은 사람들을 살펴보면 각 분야의 전문가로서 선·현직 교수가 가장 많았고 스님, 신부, 목사, 선교사 등의 성직자도 있었다. 또 시인, 소설가, 학자, 화가, 대목장, 무용가를 비롯하여 기업인에서 전직 대통령에 이르기까지 직업과 전공 분야 또한 다양했다. 또 수상자의 국적도 점점 다양해져 24개 국적의 수상자가 배출되는 국제적 상으로 성장했다. 국내에서 시상하는 상 중에서 해외의 인물을 수상자로 선정, 시상하는 경우는 만해대상이 유일하다.

이렇게 만해대상을 제정하고 시상하는 것은 지금까지 만해정신이 끊이지 않고 오늘에 구현되고 있음을 의미한다. 단순히 만해의 행적을 기리는 데 그치지 않고, 그의 사상과 정신을 이 시대에 되살려서 또 다른 만해를 탄생시키고자 하는 의의를 지닌다.

시상 분야에서도 변화가 이어져 왔다. 제1회 때는 실천·평화·학술·예술·포교 등 5개 부문이었으나, 제2회에는 시문학 부문이 신설되어 6개 부문으로 늘어났다. 제7회에는 시문학 부문이 문학 부문으로 명칭이 변경되었다.[11] 또 14회부터는 포교 분야를 실천 분야로 통합하고 17회부터는 문학과 예술 분야를 문예 부문으로 통합했다. 11회(서인혁

---

11) 2003년 제7회 이후에도 수상 부문이 추가되거나 변경되었다. 2007년 제11회에는 특별상이 추가되었다.

국술원 총재)와 18회(손잡고, 노란봉투 캠페인) 때는 특별 분야에 대한 시상도 했다. 현재는 평화, 실천, 문예 3개 분야로 통합해 운영하면서 시상 인원은 세부 논의를 통해 유연하게 운영하고 있다.

27회 동안 상을 받은 인원은 총 140명이다. 남성이 115명, 여성이 25명이었다. 국적별로는 한국이 91명으로 가장 많았고, 미국이 12명, 오스트리아 2명, 일본 2명, 독일 2명, 인도 2명을 비롯해 미얀마, 대만, 이란, 이집트, 태국, 가봉, 남아공, 시리아, 모로코, 러시아, 쿠웨이트, 나이지리아, 캄보디아, 네팔, 호주, 스리랑카, 몽골, 티베트, 우크라이나 등 25개 국가가 수상자를 배출했다.

다양한 국가에서 수상자가 나왔다는 것은 심사위원회가 세계를 대상으로 수상후보에 대해 면밀히 검토하고 있음을 뜻한다. 세계 각국에서 만해정신을 실천하고 있는 이들과 단체를 지속적으로 모니터링하고 이를 검토함으로써 다양한 수상자들을 배출해 온 것이다. 만해의 시대정신 즉 평화와 평등, 그리고 실천과 문화라는 키워드를 수상자의 다양성을 통해 포용하고 있는 셈이다.

특히 2000년 만해대상 시상식까지는 4회(2000년) 평화 부문을 수상한 유진벨재단의 스티븐 린튼 이사장을 제외하면 모두 한국인이었다. 이때까지는 만해대상이 포교 부문이나 시문학 부문 등 국내 중심으로 운영됐지만 이후 시상에서는 수상자 후보를 다양한 국가의 다양한 분야로 확대하면서 많은 외국인이 수상하고 있는 것도 특징이다.[12]

수상자 중 여성의 비율도 점점 높아지고 있다. 1999년 제3회 평화 부문의 윤정옥(정대협 대표), 2003년 제7회 예술 부문의 이애주(서울대 교수) 두 명이 수상한 이후 국내외의 여성 수상자의 비율이 크게 늘어나고 있다. 단순히 숫자로 비교하는 것이 큰 의미를 갖지는 않겠으나,

---

12) 1997~2016년까지 만해대상 수상자 중 외국인은 25개국, 36명에 이른다.

수상자 중 남성의 비율이 압도적으로 많은 것은 사실이다. 하지만 여성 수상자의 비율이 점점 늘어나고 있어 성평등의 관점에서도 괄목할 만한 변화라고 할 수 있다.[13]

또 상 제정 초기에 포교 분야를 두어 불교적 색채를 띠었으나 이후 포교 부문을 실천 분야로 흡수하고 다양한 종교 전통의 수상자를 배출함으로써 불교에 국한된 상이라는 우려 역시 불식시키고 있다. 어떤 사람이나 단체든 만해대상의 제정 취지에 부합한다면 종교적 배경을 염두에 두지 않고 공정하게 시상한다는 원칙을 분명히 하고 있기 때문이다. 타 종교 단체 및 종교인으로 수상한 경우는 제1회 실천 부문에서 가톨릭농민회, 제4회 평화 부문에 스티븐 린튼 유진벨재단 이사장, 2002년 평화 부문에 강원용 목사, 2005년 함세웅 신부, 2012년 르네 뒤퐁 천주교 안동교구장, 2013년 김성수 성공회 주교, 2016년 청수나눔실천회 박청수 원불교 교무와 마리안느 스퇴거 수녀와 마가렛 피사레트 수녀, 2018년 조병국 홀트아동복지회 명예원장, 2021년 김하종 신부 등 모두 10회이다. 포교 이외 부문을 심사할 때는 심사 과정에서 후보자 및 단체의 업적과 정신을 논할 뿐 종교적 차별을 배제한 결과이다.[14]

만해대상의 부문별 수상자 내역을 정리해보면 다음 페이지의 〈표 1〉과 같다.

---

13) 2016년까지 살펴보았을 때, 여성의 수상 분야도 특정 분야에 치우치지 않고 평화, 문학, 실천, 문예 등 다양하다. 또한 2016년 제20회 시상식처럼 수상자 6명 중 4명이 여성인 경우도 있다.

14) "불교 혹은 만해사상은 종교가 다르다는 것이 어떤 경계가 되는 일을 본질적으로 넘어섰다. 바로 이 같은 원칙 때문에도 가톨릭농민회가 실천상의 대상이 되는 데는 이의가 없었다." 만해사상실천선양회 〈만해상 심사를 마치고 나서〉 《만해새얼》 제3호, pp. 24-25.

〈표 1〉 만해대상 역대 수상자 현황

회차(연도)	부문별 수상자
1회 1997년	△포교: 숭산 스님(화계사 국제선원 조실) △실천: 가톨릭농민회 △학술: 故 이기영(한국불교연구원장) △예술: 이반(덕성여대 교수) △평화: 조영식(경희대 이사장)
2회 1998년	△평화: 김순권(경북대 교수) △포교: 성일 스님(화성 신흥사 청소년수련원장) △시문학: 고은(시인)
3회 1999년	△평화: 윤정옥(한국정신대문제대책협의회 공동대표) △학술: 조동일(서울대 교수) △포교: 박광서·남지심(우리는 선우 공동대표) △시문학: 정완영(시인)
4회 2000년	△평화: 스티븐 린튼(유진벨재단 이사장) △시문학: 오세영(서울대 교수) △실천: 리영희(한양대 명예교수) △학술: 신용하(서울대 교수) △예술: 신응수(중요 무형문화재 74호 대목장)△포교: 사단법인 좋은벗들(대표 법륜 스님)
5회 2001년	△평화: 故 정주영(현대그룹 명예회장) △학술: 정영호 (한국교원대 명예교수) △실천: 백낙청(서울대 교수) △시문학: 이형기(동국대 명예교수, 시인) △포교: 정우 스님(구룡사 주지)
6회 2002년	△평화: 강원용(목사) △학술: 강만길(상지대 총장) △시문학: 신경림(시인) △예술: 박찬수(목아박물관장)
7회 2003년	△평화: 김대중(대한민국 15대 대통령) △문학: 조정래(소설가) △학술: 김윤식(서울대 명예교수) △예술: 이애주(서울대 교수)
8회 200년4	△평화: 넬슨 만델라(남아프리카 공화국 전 대통령) △문학: 황석영(소설가) △실천: 법타 스님(평화통일불교협의회 의장) △학술: 데이비드 맥켄(미국 하버드대 교수) △예술: 임권택(영화감독)
9회 2005년	△평화: 달라이라마(티베트망명정부 수반) △문학: 월레 소잉카(나이지리아 시인) △실천: 함세웅(천주교 정의구현사제단 신부) △학술: 지관 스님(가산불교문화연구원 원장)
10회 2006년	△포교: 남바린 엥흐바야르(몽골 대통령) △평화: 김지하(시인) △실천: 박원순 변호사 △문학: 로버트 핀스키(미국 보스턴대 교수, 계관시인) △문학: 황동규(시인) △학술: 권영민(서울대 교수)

11회 2007년	△평화: 봉고 온딤바(가봉공화국 대통령) △문학: 김남조(시인, 숙명여대 명예교수) △학술: 유종호(문학평론가, 전 연세대 특임교수) △포교: 루이스 랭커스터(전 미국 UC버클리대 교수) △실천: 네팔기자연맹(FNJ: 비쉬누 니스트리 회장) △특별: 서인혁(국술원 총재)
12회 2008년	△평화: 로카미트라(인도 불교 활동가, 법사) △학술: 김태길(대한민국학술원 회장) △문학: 이어령(전 문화부장관) △포교: 로버트 버스웰(미국 UCLA 교수)·선묵 스님(도선사 주지)
13회 2009년	△평화: 시린 에바디(이란 인권운동 변호사) △실천: 이소선(민주화운동유가족협의회 고문) △학술: 김용직(서울대 명예교수) △포교: 빤냐와로 스님(영문 웹사이트 붓다넷 웹마스터) △문학: 로버트 하스(미국 시인)·김종길(시인)
14회 2010년	△평화: 이동건(전 국제로타리클럽 회장) △실천: 성운 스님(사회복지법인 인덕원 이사장) △문학: 존 랠스톤 소울(국제펜클럽 회장) △문학: 정진규(시인) △학술: 존 던컨(미국 UCLA 교수)·김학성(성균관대 명예교수)
15회 2011년	△평화: 아누라다 코이랄라(네팔 인권 운동가) △실천: 시리세나 반다 헤티아랏치(스리랑카 고고학자) △문학: 모옌(중국 소설가)·이근배(시인, 대한민국예술원 회장)
16회 2012년	△평화: 월주 스님(지구촌공생회 이사장)·아키 라(캄보디아 평화운동가) △실천: 르네 뒤퐁(가톨릭 안동교구 전 교구장)·오타니 몬슈 고신(인도 우타라칸드 주정부 불교부 장관)·커트 그리블(독일 아우크스부르크 시장) △문예: 수아드 알 사바(쿠웨이트 시인)·김재홍(문학평론가)
17회 2013년	△평화: 김성수(대한성공회 주교)·페툴라 귤렌(터키 사상가/교육운동가)·세계불교도우의회(WFB: 회장 팬 와나메띠) △실천: 일면 스님(생명나눔실천본부 이사장)·압데라힘 엘 알람(모로코 작가이자 문학비평가)·다공 따야(미얀마 원로 시인, 소설가) △문예: 안숙선(국악인, 중요무형문화재 제23호)·잉고 슐체(독일 소설가)·콘스탄틴 케드로프(러시아 시인, 철학자)

18회 2014년	△평화: 나눔의집(위안부피해할머니 공동체) △실천: 이세중 변호사(환경재단 이사장) △문예: 아시라프 달리(이집트 작가) · 모흐센 마흐말바프(이란 영화감독) · 윤양희(서예가) △특별상: '손잡고'(노란봉투 캠페인)
19회 2015년	△평화: 알렉시스 더든(코네티컷대 교수) △실천: 청전 스님(히말라야 빈민구제활동가) · 무지개공동회(대표 천노엘 신부) △문예: 정현종(시인) · 신영복(성공회대 석좌교수) · 황병기(가야금 명인, 이화여대 명예교수)
20회 2016년	△평화: 로터스 월드(국제개발 NGO 이사장 성관 스님) · 청수나눔실천회(이사장 박창수 교무) △실천: 마리안느 수녀(소록도 간호사) · 마거릿 수녀(소록도 간호사) △문예: 이미자(가수) · 이승훈(시인)
21회 2017년	△평화: 하얀 헬멧(시리아 구호단체) △실천: 제인 구달(영국 환경운동가) △문예: 최동호(고려대 명예교수) · 클레어 유(미국 UC버클리대 한국학센터 상임고문)
22회 2018년	△평화: 자제공덕회(증엄 법사) △실천: 조병국(홀트아동병원 명예원장) △문예: 최승범(전북대 명예교수) · 브루스 풀턴(캐나다 브리티시컬럼비아대학 교수)
23회 2019년	△평화: 와다 하루키(도쿄대 명예교수) △실천: 정기현(국립의료원 원장) · 문성우(국립중앙의료원 중앙응급의료센터장) △문예: 임영웅(연극연출가) · 김우창(고려대 명예교수)
24회 2020년	△평화: 포티락 스님(태국 아속공동체 창시자) △실천: 엄홍길(산악인) · 계명대 대구동산병원(병원장 서영성) △문예: 김주영(소설가) · 신달자(시인)
25회 2021년	△평화: 다니엘 바렌보임(이스라엘 지휘자, 피아니스트) △실천: 보각 스님(자제공덕회 이사장) · 김하종 신부(안나의 집 대표) △문예: 오정희(소설가) · 강수진(국립발레단장)
26회 2022년	△평화: 우쓰미 아이코(게이센여학원대 명예교수) △실천: 탄경 스님(사단법인 다나 대표) · 이상묵(서울대 지구환경과학부 교수) △문예: 유자효(시인) · 이민진(작가)
27회 2023년	△평화: 세이브 우크라이나(Save Ukraine) △실천: 곽병은(밝음의원 원장) · 더프라미스(이사장 묘장 스님) △문예: 김동호(전 부산국제영화제 위원장) · 천양희(시인)

3) 유심작품상, 한국문학의 발전을 이끌다

만해축전 기간에는 '만해대상 시상식' 외에도 '유심작품상'시상식이
열린다.

올해로 21회째를 맞는 유심작품상은 2003년 제정되어 9회(2011년)
까지 시 부문, 시조 부문, 평론 부문, 특별상 등 4개 분야로 나누어 매년
뛰어난 활동을 한 문인들에게 시상하는 권위 있는 문학상으로 성장했
다. 10회(2012년)부터는 학술 부문을 추가해 시상하기 시작했고, 19회
(2021년)부터는 소설 부문을 추가해 명실공히 한국을 대표하는 문학상
으로 거듭났다.

유심작품상은 21회를 거쳐 오는 동안 총 76명의 수상자를 배출했
다. 상금도 상 제정 초기 수상자별 5백만 원(상금 총액은 1500만 원)을
지급해오다, 2007년부터 1천만 원(상금 총액은 3천만 원)으로 대폭 증액
했다. 만해마을의 동국대 기증을 전후해서는 다시 상금을 늘려 상금
총액이 6천만 원(수상자별 2천만 원)으로 크게 증액됐다. 국내 문학상
중에 동리목월문학상이 상금 6천만 원, 동인문학상이 상금 5천만 원으
로 상금 규모가 큰데 유심작품상 역시 비슷한 규모를 유지하고 있다.

21회에 이르는 동안 수상한 수상자 면면을 보면 시, 시조 평론 분야
의 한국문단 대표적인 문인들이 망라되고 있다. 이는 이 상의 권위가
어떠한가를 단적으로 말해주는 증거라 할 것이다. 유심작품상을 빛냈
던 면면을 연도별로 살펴보면 〈표 2〉와 같다.

4) 시조문학의 부흥을 이끌다

만해축전의 성과 가운데 특별히 주목할 점은 시조문학의 부흥에 큰
기여를 했다는 사실이다. 침체일로를 걷고 있던 한국의 시조문학은 만
해축전을 통해 새로운 전기를 마련하고 중흥을 모색해왔다. 이는 여러
가지 통계를 통해서 입증된다. 설악무산 스님은 시전문지《유심》의 발

〈표 2〉 유심작품상 역대 수상자 현황

회차(연도)		분야별 수상자
1회	2003	△시: 이상국 △시조: 홍성란 △평론: 이남호
2회	2004	△시: 정끝별 △시조: 고정국 △평론: 방민호
3회	2005	△시: 문태준 △시조: 이지엽 △평론: 유성호
4회	2006	△시: 이은봉 △시조: 오승철 △평론: 권혁웅
5회	2007	△시: 서정춘 · 이경 △시조: 이근배 △평론: 이상옥 △특별상: 정완영
6회	2008	△시: 이가림 △시조: 유자효 △평론: 김종회 △특별상: 고은
7회	2009	△시: 유안진 △시조: 백이운 △평론: 박찬일 △특별상: 김재홍
8회	2010	△시: 김초혜 △시조: 조동화 △평론: 서준섭 △특별상: 권기호 · 김교한
9회	2011	△시: 강은교 △시조: 김일연 △평론: 홍용희
10회	2012	△시: 이홍섭 △시조: 이종문 △학술: 김광식
11회	2013	△시: 최동호 △학술: 박현수
12회	2014	△시: 신달자 △시조: 윤금초 △평론: 장영우
13회	2015	△시: 박형준 △시조: 김복근 △평론: 이숭원 △특별상: 하인즈 인수 펜클
14회	2016	△시: 곽효환 △시조: 김호길 △학술: 이도흠 △특별상: 이영춘
15회	2017	△시: 나태주 △시조: 김제현 △특별상: 권영민
16회	2018	△시: 고형렬 △시조: 박방희 △학술: 송준영 △특별상: 천양희
17회	2019	△시: 이재무 △시조: 김영재 △평론: 이경철 △특별상: 이상범
18회	2020	△시: 함민복 △시조: 박시교 △평론: 이승하 △특별상: 오탁번
19회	2021	△시: 윤효 △시조: 문무학 △소설: 이경자 △특별상: 한분순
20회	2022	△시: 이문재 △시조: 이우걸 △소설: 이상문 △특별상: 신경림
21회	2023	△시: 고두현 △시조: 민병도 △소설: 정찬주 △특별상: 구중서

간을 통해 지면을 마련해 시조의 창작을 지원했다.

만해축전은 2006년 현대시조 100주년을 기념해 '시조의 날'을 선포하고 시조부흥운동을 본격화했다. 이는 만해축전을 기획했던 무산 스님의 원력에 힘입은 것이다. 무산 스님은 유심작품상과 신인문학상, 유심시조백일장, 시인학교 등을 지원하면서 반드시 시조를 내세움으로써 시조문학의 부흥을 이끌었다. 사실 만해축전 이전만 하더라도 시조는 한국 현대문학에서 변방으로 인식되는 측면이 없지 않았다. 시조 시인이기도 한 무산 스님은 한국문학 특히 시문학에서 시조는 소외시켜서는 안 되는 중요한 자산이라는 인식으로 시조 활성화를 위해 여러 가지 사업을 지원했다. 만해축전 기간 중 열린 시조 관련 행사는 시조 백일장 등 현장 행사 외에도 매년 시조문학을 주제로 한 다양한 학술세미나가 48건이나 된다. 이들 세미나에서 발표된 논문은 모두 222편이다. 자유시 관련 논문이 153편인 데 비하면 만해축전이 시조 분야에 얼마나 많은 관심을 기울였는가를 알 수 있다.

5) 다양한 주제의 학술행사로 만해학의 토대를 다지다

지난 25년간 만해축전은 종교와 문학, 만해사상 등 다양한 분야의 학술세미나도 개최해왔다. 알다시피 만해의 활동은 문학, 사회, 불교 등 전방위에 이른다. 이를 전제로 만해축전은 문학과 사회, 불교 분야의 학술활동을 중요프로그램으로 운영해왔다. 첫해인 1999년 '만해문학의 세계적 인식'을 주제로 개최한 국제학술심포지엄을 필두로 2022년까지 모두 246회의 크고 작은 학술세미나가 열렸다. 연도별로 약간의 증감은 있지만 매년 평균 10회의 세미나를 개최한 셈이다. 이 세미나에서 발표된 논문은 모두 1,176편에 이른다. 한 번의 세미나당 평균 5편에 가까운 논문이 발표됐다. 매년 자료집에 수록된 발표논문은 평균 49편에 이른다.

그동안 열린 세미나의 성격을 결정하는 주제를 살펴보면 만해사상, 시조 관련, 시문학, 문학 일반과 시사적인 주제에 이르기까지 매우 다양했다.

분야별로는 만해사상을 다룬 논문이 모두 189건, 시와 시조를 주제로 다룬 논문이 375건, 불교를 주제로 한 논문이 255건, 문학 일반과 시사적 주제를 다룬 논문이 357건으로 나타났다.

만해축전의 세미나는 만해마을에서 개최하는 것을 원칙으로 하되, 만해마을이 모든 일정을 소화할 수 없는 점을 감안하여 주관단체가 일정과 장소를 따로 정해 세미나를 개최할 수 있도록 했다. 2009년 코로나 팬데믹 방역 지침으로 인해 5인 이상 모임이 어려울 때는 발표자들만 만해마을에 모여 세미나를 진행하고 이를 불교방송과 불교TV 유튜브를 통해 생중계하는 방식으로 운영되기도 했다.

만해축전이 각종 학술세미나를 지원하면서 만해사상을 주제로 한 논문도 크게 늘어났다. 한국학술지인용색인(KCI)을 기준으로 검색해 보면 1980년대에는 만해 관련 논문이 단 3편에 불과했다. 1990년대에도 3편의 논문만이 발표됐다. 하지만 만해축전이 시작되고, 연구지원이 시작되자 연구논문은 폭발적으로 증가하기 시작했다. 20년 동안 단 6편에 불과했던 만해 관련 학술지 인용색인 논문은 2000년대에만 60편으로 10배가 늘어났다. 이어 2010년대에는 118편의 논문이 발표돼 엄청난 증가세를 보였다. 만해 관련 연구의 증가는 다음 페이지 〈표 3〉의 그래프로 확인할 수 있다.

만해축전 기간에 열린 각종 학술행사는 양적으로도 매우 많지만, 내용 면에서도 중요한 주제들이 많았다. 그중 주목할 만한 것은 다음과 같다.

1999년에 열린 '만해학 국제학술대회'는 만해축전의 성격을 결정짓는 중요한 행사였다. 이 학술대회는 만해학을 국제적으로 확장하는 계

〈표 3〉만해 한용운 관련 논문 현황

＊한국학술지인용색인(KCI) 등재논문 기준

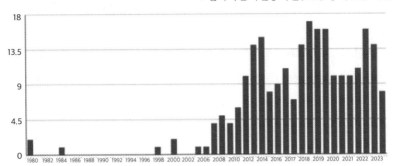

기를 마련했다. 또 이후의 축전이 문학과 종교, 만해 연구를 차분하게
추진할 수 있도록 방향을 설정했다는 점에서 중요하다.

　2005년에 열린 광복 60주년 기념 '세계평화시인대회'는 노벨문학상
수상시인 월레 소잉카를 비롯해 국내외의 저명시인 5백여 명이 참석한
축제였다. 대회 참가 시인들은 분단의 현장인 휴전선과 금강산을 방문
하고 평화의 시를 낭송했으며, 한반도의 평화가 곧 세계평화라는 사실
을 확인하는 뜻깊은 모임을 가졌다. 같은 기간에 열린 광복 60주년 기
념 '한국문학인대회'에는 전국의 문인 1천여 명이 참가하여 한국문학의
좌표를 주제로 토론하고 친교를 나눈 행사였다.

　2007년 한국시인협회가 주관해서 열린 동북아시인대회는 세계화
시대를 맞이하는 동북아시아 지역 시인들의 역할과 상호교류 문제를
논의한 자리였다. 그리고 축전 10년을 맞아 그동안의 성과를 바탕으로
한국문학이 나아갈 방향, 특히 '세계화를 위한 선결 과제인 번역 문제
를 다루는 국제학술심포지엄'을 개최한 것도 특기할 만했다. 이 행사에
는 국내외 석학과 문학인들이 대거 참석해서 한국문학의 세계화 방향
에 대해 논의했는데, 이는 정부 차원에서도 할 수 없는 일을 만해축전
이 해낸 것으로 평가된다.

6) 만해마을 건립과 동국대 기증

1회부터 백담사에서 열리던 만해축전은 만해마을의 준공과 함께 그 성격이 판이하게 달라지기 시작했다. 만해마을은 2000년 만해사 상실천선양회가 주도한 만해수련원을 건립하려는 움직임에서 시작됐다. '만해수련원 건립계획'은 강원도와 인제군의 지원을 받아 강원도 인제군 북면 용대리 907번지 일원 3,700평의 부지에 수련원 건물 3동과 부속건물 등을 건립하는 것을 골자로 총 76억 원의 예산이 소요되는 사업이었다. 이는 만해축전의 개최와 함께 만해의 민족자주 정신 및 문학사적 업적에 대한 체계적 연구·교육시설의 필요성이 대두되었기 때문이다. 또, 만해의 사상과 문학적 정신 교육희망자 급증에 따른 국민적 수용대책 요구, 21세기 첨단 문명사회에 대응한 올바른 인간관과 국가관 확립의 연구시설 확충이라는 3가지 필요성에 의해 건립이 추진되었다.[15]

만해마을의 건립에는 설악무산 스님과 강원도 지사였던 김진선 도지사의 역할이 결정적이었다. 김진선 지사는 강원도 삼척에서 태어나 동국대 행정학과를 졸업하고 행정고시에 합격한 지역 인재였다. 김진선 지사는 한 언론과의 인터뷰에서 설악무산 스님과 만해 한용운 스님과의 인연을 털어놓기도 했다.[16] 1970년대 강원도청 지역개발계장이었던 김 지사는 설악산 개발사업과 관련 신흥사 주지였던 설악무산 스님과 개발 문제를 둘러싸고 많은 대립이 불가피한 상황에서도 이해와 협조를 이어왔다. 특히 김진선 지사는 설악무산 스님을 통해 만해 한용운에 대해서 큰 감동을 받았다고 했다. 설악무산 스님과 긴 인연을 바탕으로 마음을 낸 김진선 강원도 지사는 만해마을 건립이 추진

---

15) 사단법인 만해사상실천선양회 〈만해수련원 신축사업비 지원요청〉 관련 문서(문서 번호 만선00-11), 2000.6.16 참조.
16) "김진선 강원도 지사 인터뷰" 〈불교신문〉 2005.3.30.

되는 데 결정적인 역할을 했다. 김진선 지사와 설악무산 스님은 건립 부지에 대한 몇 가지 안[17]을 검토하고, 건축할 시설과 용도, 이름, 예산 등 관련 사업에 대해 조정하면서 추진한 결과, 현재의 위치에 만해마을이 준공될 수 있었다. 건축공사는 2001년 9월 착공하여 2년의 기간이 소요되었다. 그 과정에서 만선회는 법인 성격을 사단법인에서 재단법인으로 변경하고 만해마을의 주체를 '재단법인 만해사상실천선양회'로 내세웠다.

만해마을 설계는 동국대 대학원 선학과에서 수학한 이력이 있고, 자신만의 선적 미와 심플한 인테리어의 특성을 살린 건축가 김개천이 맡았고 시공은 다짐건설에서 담당했다. 공사에 투입된 비용은 무려 85억여 원에 달한다.

만해마을은 2003년 제5회 만해축전 기간 중 준공식을 개최하면서 본격적인 운영에 들어갔다. 만해마을은 2003년 8월 9일, 2만1천㎡[18]의 대지에 문인의 집, 만해문학박물관, 만해학교(교육시설), 서원보전(만해사), 심우장, 만해광장, 종각, 휴게소 등을 갖추어 준공하였다.

만해마을을 준공한 이후, 청소년 수련시설이자 일반인 연수시설로 활용할 '금강관'과 '설악관'을 수용인원 500여 명의 규모로 추가 건축하여 현재까지 운영하고 있다. 만해마을은 2004년도 한국건축가협회 본상[19]을 수상하여 새로운 형태의 건축미를 알리기도 했다.

---

17) 설악산국립공원(백담분소) 내에 진입하여 백담사와 가까운 곳에 건립하는 1안과 56 번 국도에서 설악산국립공원(백담분소) 방향으로 진입하는 용대리 초입에 건립하는 2안 등이 검토되었다.

18) 2003년 한겨레신문에는 2만1천㎡로 표기. 현재 동국대 소유 만해마을의 면적은 대지 17,450㎡, 건물 면적 9,000㎡이다. 동국대 만해마을 누리집. https://manhae 2003.dongguk.edu/.

19) "한국건축가협회상은 1979년 제정하여 매년 해당 연도에 완성된 건축가의 건축 작품을 대상으로 건축적 성취도가 높고, 건축이 목적하는 바의 기능이 완성된 건축 작

만해마을의 건립은 만해의 독립사상과 민족자주 정신을 계승하고, 문학사적 업적을 보다 체계적으로 연구하고 활용할 수 있게 하는 만해 축전의 근거지가 마련됐다는 점에서 큰 의미를 갖는다. 범국민적인 행사로 발돋움한 만해축전을 비롯하여 각종 프로그램과 행사를 확장시킬 수 있는 토대를 마련하게 된 것이다. 이로써 만선회 사업의 중심은 '설악산 백담사'에서 '만해마을'로 이동하게 되었다. 만해마을이 개원하면서부터 백담사에서 이뤄졌던 만선회 행사 대부분이 만해마을로 이전되기 시작했다.

한편 '재단법인 만해사상실천선양회'는 만해마을의 건물과 부대시설 일체를 2013년 동국대학교에 기부하였다. 만선회를 설립 운영해온 설악무산 스님이 만해의 모교인 동국대가 만해의 사상과 정신을 계승할 수 있는 최적임자라고 판단했기 때문이다. 설악무산 스님은 2013년 4월 3일 서울 강남구 신사동 만선회 서울사무소에서 동국대학교 김희옥 총장과 '만해마을 무상증여 계약 체결식'을 갖고 시설 일체를 기부했다. 만해마을의 기부 이후에도 스님은 만해축전 운영과 만해마을 운영비로 써달라며 12억 원의 현금을 내놓기도 했다. 동국대학교는 현재 만해마을을 '인제 만해마을 동국대 캠퍼스'로 명명하고 만해축전 행사를 총괄하고 있다.[20]

7) 지역주민과 함께하는 지역축제로 정착하다

만해축전은 2012년부터 지역주민들을 위한 행사를 대폭 확대하였다. 백담사와 만해마을 중심의 문학, 사상, 학술행사에서 인제의 지역주민이 참여하는 행사를 포함하는 대동행사로 축전의 성격을 강화한

품을 선정하여 건축가, 건축주, 시공자에게 시상하고 있다." 건축도시정보센터 누리집. http://www.aurum.re.kr/.
20) 조현 "백담사 만해마을 동국대에 기부" 〈한겨레〉 2013. 4. 3.

것이다. 이때부터 지역민들을 중심으로 한 축제로 거듭나기 위해 마련한 프로그램들이 추가되었다.

'인제문화예술인 예술제'를 비롯해 설악산, 인제를 다룬 '시화전'과 '사진전' '만해 학생 시낭송 대회' '만해와 함께하는 다문화가족 예술제' '대동축구대회' 등이 그것이다. 지역행사는 해를 더하면서 더욱 확대되고 풍부해졌다. 지역 언론이 참여해 서예전시회, 백일장을 개최하는가 하면 지역주민들을 위한 청소년 음악캠프도 열렸다. 체육행사도 축구, 야구, 게이트볼 대회로 종목이 확대됐다.

만해축전에 참가하는 학술단체나 문인단체들이 주민들과 함께하는 행사도 기획되기 시작했다. 권영민 교수의 시조 강연 등으로 꾸며지는 '권영민의 문학콘서트'가 열렸고, 만해연구소가 인제군과 함께 다문화 강좌를 개최하기도 했다. 이 같은 변화는 만해축전의 의의와 성과를 한결 풍성하게 하는 자양분이 되었다.

3. 결론

만해축전은 한 인물의 사상을 계승하기 위해 불교계와 언론, 지역, 지방자치단체, 대학 등이 힘을 합친 보기 드문 문화적 운동이다. 앞서 살펴본 것처럼 만해축전은 눈에 보이는 성과도 두드러지지만 보이지 않는 성과가 더 크다.

첫째는 진영논리로 분열된 시대에 진정한 화해와 소통이 무엇인지를 보여준 모범사례다. 만해축전은 진보를 표방하는 '한국작가회의'와 보수적인 '한국문인협회'의 두 진영의 소통이 이루어지는 보기 드문 행사로 자리매김했다. 만해축전이 이러한 역할을 할 수 있었던 데는 설악무산 스님의 통 큰 화쟁의 리더십이 있었기에 가능한 일이었다. 만해축전은 문인단체 간의 소통뿐만 아니라 종교 간의 소통, 종교와 세속사회와의 소통에도 큰 역할을 하고 있다. 만해대상의 수상자 면면을 살펴보면 종교와 이념, 성별과 인종의 벽을 넘어 진정한 인류 평화와 화해를 실천한 분들임을 알 수 있다. 심지어 보수 매체인 〈조선일보〉마저도 진보 인사에게 상을 줄 수 있는 통합의 분위기가 지배하는 곳이 만해축전이기 때문이다. 불교계 내부적으로도 이러한 소통의 분위기는 확고히 자리 잡았다.

둘째는 문학과 종교를 테마로 한 지역 문화축제의 전형을 만들어냈다는 점이다. 문학진흥정책의 기본요소는 문학 인프라 구축, 문인 육성 및 창작 여건 보장, 문학 소비자 지원으로 나뉜다. 우리나라에는 문학을 테마로 한 문학축제가 모두 110개 운영되고 있다.[21] 대부분의 문학축제는 문인과 작품의 이름을 걸고 일정 기간 시낭송이나 학술대회, 문학상 수여, 공연, 백일장 등의 행사를 개최한다. 하지만 만해축전처럼 복합문화공간으로 만해마을을 건립하고, 지역민과 불특정 다수의 참석자들이 모이는 행사는 드물다. 그런 점에서 만해축전이 지난 25년간 일구어 온 성과는 뜻깊은 것이다.

셋째는 지역사회와 불교계, 문학계가 어떻게 만나야 하는지를 보여주는 중요한 사례가 됐다. 만해축전이 열리는 시기가 되면 인제군 북면 용대리 주민들이 직접 삶아온 옥수수와 감자가 행사장 곳곳을 채운다. 이는 설악무산 스님이 지역주민들을 대해온 소통의 방식과 궤를 같이한다. 설악무산 스님은 지역 인재들의 장학금을 지원, 백담사-용대리 간 버스사업권 양도 등 지역주민들의 삶에 크게 기여해왔다. 물론 외부에 알리지 않은 채 벌여온 무주상 보시였다. 스님의 자비는 지역주민들을 자발적으로 움직이게 하는 큰 힘이 되고 있다.

---

21) 이원오 · 류지성 · 김지원 〈만해축전을 통해선 본 한국문학진흥정책에 관한 연구〉 《한국콘텐츠학회 논문지》 Vol. 15, No 12, 2015. p.237.

이뿐만 아니라 매년 만해축전에 참여하기 위해 만해마을을 다녀가는 국내외 저명인사들은 수천 명에 이른다. 외국의 국가원수에서부터 세계적인 시인, 국내 최고권위의 학자와 문인이 빠짐없이 만해마을을 다녀가고 있다. 강원도 인제와 같은 궁벽한 산골에 이런 유명 인사들의 방문은 지역사회의 지명도를 높이는 한편 문화적 자긍심을 갖도록 하는 데 크게 기여하고 있다.

넷째는 사그라들어가던 '시조문학'을 부흥시키는 계기를 만들어냈다는 점이다. 만해축전은 설악무산 스님의 유지에 따라 상대적으로 위축되어가는 시조문학에 대해 큰 지원을 아끼지 않았다. 시조문학에 관련된 행사가 비중 있게 운영된 것이 이를 반증한다. 유심문학상도 시조 부문을 별도의 장르로 시상한다. 그리고 유심시조백일장 유심신인문학상 등을 통해서 꾸준하게 신인들을 등단시켰다. 이 같은 노력은 소외되어 가던 시조문학을 부흥시키는 데 큰 역할을 하고 있다.

다섯째는 만해사상에 대한 다양한 연구 동력을 만들어냈다는 점이다. 동국대학교에는 만해연구소가 만들어졌고, 만해학회 등의 운영에도 큰 힘이 되고 있다. 돌아보면 만해는 독특한 인물이다. 문화적 격변의 시대에 태어나 출가 수행자이자, 시인, 독립운동가, 불교개혁가 등어느 하나 평범하지 않은 삶을 살았던 분이다. 특히 민족대표 33인 중입적하는 날까지 변절하지 않았던 지조의 상징이기도 하다. 만해축전은 이러한 만해의 다양한 면모를 되새기게 하는 계기가 됐다. 만해에 대한 평가와 연구는 근대 인물 중 어떤 인물보다 깊이 있고 광범한 연구가 진척되고 있다. 만해축전의 성과라고 할 수 있다.

문제는 지금부터다. 2018년 설악무산 스님 입적 후 만해축전은 약간 관성화되는 경향을 보이고 있다. 새로운 학술세미나의 기획보다는 기존의 방식을 그대로 가져간다든가, 코로나 국면에서 보였던 유튜브 생중계와 이를 통한 영상 아카이브 구축과 같은 사업이 축소되면서 소극적인 방식으로 돌아가고 있는 것이 아닌가 우려된다. 이 같은 문제를 개선하기 위해선 만해축전의 업그레이드를 위한 새로운 시도도 필요하다.

현재 만해축전은 신흥사와 백담사, 강원도와 인제군, 동국대, 조선일보 등이 재정을 출연하여 운영하고 있다. 축전이 열리는 데 필요한 재원이 지원 예산에만 의존하고 있는 것이다. 미국과 영국 등 지방자치가 잘 정착된 나라들은 민관의 출연재정에만 의존하는 방식보다는 축제 자체가 산업화하는 방식으로 발전한다. 즉 지방자치단체와 만선회의 유기적이고 상시적인 거버넌스 구축을 통해 새로운 축제 동력을 재창출할 시점이다. 여기에 만해사상을 선양할 수 있는 적극적인 문화콘텐츠의 개발과 새로운 축제프로그램을 개발할 수 있는 컨소시엄도 생각해봐야 할 단계가 됐다.

만해마을을 기증받은 동국대의 적극적인 역할도 필요하다. 만해마을은 만해축전이 열리는 기간에는 활발한 운영이 가능하지만, 나머지 기간에는 적자를 면치 못하고 있다. 만해마을을 방문해 본 사람들은 축전 기간 외에는 휴식과 숙박 기능 외에 다른 기능이 거의 없다고 입을 모은다. 만해마을 자체에서 기획되고 운영될 수 있는 교육, 수련, 휴양, 관광 등의 프로그램 개발을 통해 축전 기간에만 기능하는 만해마을이 아니라, 상시로 운영될 수 있는 축전 연계 프로그램의 개발도 필요하다는 뜻이다. 이를 위해선 동국대학교가 기증받을 당시 구상했던 만해마을 캠퍼스의 기능 즉 대학 신입생들을 위한 기숙형 교양교육 캠퍼스나 어린이 청소년들의 수련 기능을 담당할 수 있는 프로그램 개발에 더욱 적극적으로 나설 필요가 있다.

또 중앙정부도 지방자치단체에만 만해축전을 맡겨놓을 것이 아니라 보다 적극적인 문화지원책을 마련할 필요가 있다. 중앙정부 예산지원과 함께 젊은 콘텐츠 기업이나 문화기업들이 이곳을 활용할 수 있도록 지원하는 방안도 고민해볼 필요가 있다.

문화축제는 계속 진화한다. 현재 만해축전은 25년 전 기획과 20년 전 구축된 인프라를 통해 고정된 형태로 운영되던 방식에서 벗어나 새로운 문화 트렌드와 새로운 콘텐츠, 그리고 새로운 그룹들이 결합하는 방식에서 활로를 찾을 필요가 있다.

설악무산이 보여준 사하촌과 바람직한 관계

차례

1. 들어가는 글

2. 사찰과 사하촌, 그 어색하거나 불편한 동거
    1) 사하촌(寺下村)의 의미
    2) 우리나라 사하촌 관련 조사 연구 현황
    3) 오늘날의 사찰과 사하촌의 관계

3. 설악무산은 사하촌을 어떻게 대했을까
    1) 사하촌 사람들을 대하는 설악무산의 원칙
    2) 지역사회 발전이 불교가 할 일
    3) 용대리 주민들이 기억하는 설악무산
    4) 마을주민을 섬기는 불교

4. 사하촌과의 파수공행(把手共行) 정신 계승

5. 나가는 글

이학종 / 전 미디어붓다 대표. 불교전문기자로 30년 동안 일했다. 동국대 불교대학원 불교학과 석사과정을 수료했고, 지은 책으로 《산승의 향기》《선을 찾아서》《돌에 새긴 희망》《인도에 가면 누구나 붓다가 된다》《붓다 연대기》 동화 《효녀 영랑》 등이 있다. 2017년부터 충남 당진시 면천면 대치리로 귀촌해 농사와 글쓰기, 사념처 수행에 전념하고 있다.

1. 들어가는 글

사찰과 사찰 신도의 관계는 시대적 상황에 따라 큰 영향을 받았다. 숭유억불 정책으로 불교가 억압받았던 조선시대에는 사찰과 절 아랫마을 사람들(신도)의 관계는 일종의 연대 관계였다. 궁핍하고 탄압받던 시절에 낮은 신분으로 빈한한 살림을 살아갈 수밖에 없었던 시대, 특히 조선 말기에는 사찰과 신도들의 관계는 살아남기 위한 연대, 즉 서로 의지하고 고통을 나누는 끈끈한 관계일 수밖에 없었다. 이런 상황에서 적지 않은 사찰들이 존속을 위해 신도들과 함께 사찰계(寺刹契)를 조직하기도 했다. 2011년 발표된 한상길의 논문 〈조선 후기 사원의 불사와 사찰계〉[1] 에는 사찰계의 출현 배경을 아래와 같이 기술하고 있다.

조선 건국 이후 16세기 중반 중종 대까지 계속된 배불의 결과 사찰의 경제적 기반은 사라지고, 승려는 절을 떠나갔다. 이러한 배불의 정치적 측면과 맞물려 경제적 상황 역시 매우 어려운 입장이었다. 특히 불교계는 신분적 천시를 받으면서 제반 잡역에 동원되어 온갖 수탈을 감당해야만 하였다. 잡역 중에서 가장 피해가 컸던 것은 지역(紙役)이었다. 사찰은 또한 지방 관리나 유력자들에 의해 사사로운 징발과 수탈의 대상이 되기도 하였다. 이처럼 조선 후기의 불교계는 경제적으로 열악한 상황에 처해 있었다. 이러한 경제적 배경에서 사찰계가 성립하였다.[2]

---

1) 한상길 〈조선 후기 사원의 불사와 사찰계〉《선학》 28호, 한국선학회, 2011, pp. 203-247.
2) 위의 논문 초록.

사찰계는 신심을 증진시키거나 사찰의 재산, 전각, 혹은 의식 용품 등을 마련하기 위해 결성한 모든 조직체의 총칭이었다. 한상길의 논문에 따르면 현재 사찰에 남아 있는 사적기, 중수기 등의 문헌과 현판문, 그리고 비문 등을 조사한 결과, 조선 후기의 사찰계 자료는 264건에 달한다. 구체적으로는 16세기 중엽의 갑계(甲契)에서 시작하여 1910년까지 결성된 다양한 사찰계들이다. 이 가운데 가장 결성 빈도가 높은 것이 갑계와 염불계였다. 갑계는 18세기 이후 전국에 확산되면서 사찰의 재정적 기반을 전담할 정도로 역할이 중시되었다. 또한 염불계는 승속을 망라한 대중적 신앙 조직으로서 조선 후기 염불신앙을 선도해 나갔다. 사찰계는 기본적으로 다수의 승속이 참여하여 이루어지므로 승도가 적은 사찰이라 하더라도 신도가 함께 참여하여 재원을 마련하고 불사를 일으킬 수 있는 토대가 되었다.

이렇게 긴밀했고, 끈끈했던 사찰과 신도들과의 관계는 일제 강점기가 끝나고 해방이 되면서 사찰이 많은 토지를 소유하는 과정에서 급격하게 변하기 시작했다. 사찰은 지주의 위치가 되었고, 절 아랫마을 사람들은 사찰 토지를 빌려 농사를 짓는 소작인의 위치가 되었다. 동지적 또는 공동체적 입장에서 갑을 관계로의 위상변화는 필연적으로 사찰과 사찰 아랫마을 사람들과의 갈등 및 불화, 반목을 잉태할 개연성이 큰 환경을 만들어냈다.

한국사회에서 사찰과 절 아랫마을과의 관계는 화합과 협조, 유대 등의 이미지보다는 갈등과 반목, 대립과 대결의 이미지가 형성되고, 차츰 고착된 이유도 여기에 있다고 할 것이다. 주로 사찰 토지를 빌려 경작하는 것으로 관계를 맺는 사찰과 신도들의 관계는 1962년 문화재보호법에 따라 사찰이 문화재관람료를 징수할 수 있도록 입법이 이루어지고, 1967년 공원법에 따라 정부가 사찰 경내지를 일방적으로 국립공원에 편입하면서 사찰의 관광지화 및 문화재관람료 및 공원입장료 통합징수[3]에 따른 갈등이 추가되면서 그 성격이 더욱 복잡하게 변했다.

해방 직후 사찰과 사찰 소유지를 경작하는 절 마을의 소작인들 사이에서 필연적으로 발생하는 갈등과 대립이 중심이었다면, 천년고찰이 관광지 또는 국민 휴식 공간인 국립공원에 포함되는 1970년부터는 공원입장료, 문화재관람료 징수 등의 문제, 관광지 개발에 따른 사찰 입구 사찰 소유지의 상가 임대료 문제 등으로 그 갈등의 정도와 범위가 확대되었다. 다만 올해(2023년) 5월 4일부터 문화재관람료가 폐지[4] 되면서 앞으로 입장료 징수로 인한 갈등은 줄어들겠지만, 주차장 주차비 등의 문제는 여전히 남아 있는 상태이다.

결국 사찰과 사하촌의 관계는 예나 지금이나 돈이 문제의 핵심이다. 특히 절집에 무분별하게 만연되어 있는 천민자본주의적[5] 흐름이 사라지지 않는 한, 사찰과 절 아랫마을 사이의 갈등은 쉽게 사라지지 않을 전망이다.

이런 현실에서 백담사에 주석했던 신흥사 조실 설악무산이 보여준 절 마을 사람들, 좀 더 구체적으로 말한다면, 인제군 용대리의 주민들과의 아름다운 관계는 앞으로 사찰과 절 마을 사람들이 어떻게 상생과 조화, 화합의 길로 나아가야 하는지에 대한 이상적인 모델로 제시될 만하다. 이 논문에서는 사찰과 절 마을 사람들 사이에 나타나고 있는 갈등과 반목 등의 현황 및 문제를 점검하고, 이를 해소하기 위한 대안으로 설악무산이 보인 용대리 주민들과의 상생 사례들을 살펴보고자

---

3) 문화재관람료와 국립공원입장료는 1970년부터 통합징수되었고, 이에 따른 지역주민과 등산객, 관광객과 사찰의 갈등이 시작됐다.

4) 2023년 5월 4일부터 시행되는 개정 문화재보호법은 국가지정문화재 민간 소유자 또는 관리단체가 문화재 관람료를 감면할 경우 감면 비용을 국가가 지원하도록 했다. 이를 위한 사업비 419억 원이 올해 정부 예산에 반영됐다.

5) 독일의 사회학자 M. 베버가 사용한 사회학상의 용어로, 비합리적이며 종교나 도덕적으로 비천하게 여겼던 생산 활동을 의미.

한다.

2. 사찰과 사하촌, 그 어색하거나 불편한 동거

1) 사하촌(寺下村)의 의미

사하촌은 문자 그대로 절 아래에 자리한 마을을 의미한다. 절 아랫마을들은 흔히 절마을, 절말 등으로 불렸는데, 사하촌이라는 말이 일반인들에게 널리 각인된 것은 김정한[6]의 단편소설 〈사하촌〉의 발표[7]가 계기가 된 것으로 보인다. 널리 알려진 것처럼 〈사하촌〉은 사찰 토지를 경작하는 가난한 소작인들의 비참한 삶과, 생존을 위하여 결집하는 모습을 통하여 1930년대 농민의 고통과 그 극복 의지를 그려낸 소설이다. 〈사하촌〉은 제목이 암시하듯이 절 밑에서 절 소유의 농토를 부쳐 먹고사는 가난한 농민들의 고통스러운 삶을 제재로 하여, 수탈과 착취의 사회상을 그리고 있다. 악덕 지주나 진배없는 보광사의 승려들은, 자신들의 이해나 따지고 가난하고 선량한 백성들을 우롱하고 착취하는 일에 심혈을 기울인다. 또한 관(官)은 이를 징벌하기는커녕 비호하기에 급급하다. 극단적인 상황에 놓인 농민들은 차압 취소와 소작료 면제를 탄원하기 위해 집단행동에 나선다. 힘없고 배운 것 없는 농민들이 자신들의 생존권을 지키기 위해 분연히 일어서는 내용으로 구성된 〈사하촌〉은 보기 드문 민중문학 계열의 농민소설로 평가된다.

2) 우리나라 사하촌 관련 조사 연구 현황

사하촌에 대한 불교학계 및 민속학계의 연구는 현재의 현황을 살피

---

6) 金廷漢(1908~1996): 호는 요산(樂山). 1936년 단편소설 〈사하촌〉으로 등단한 소설가다.
7) 단편소설 〈사하촌〉은 1936년 〈조선일보〉 신춘문예에 당선되었다.

는 정도의 초기 상태에 머물러 있다. 불교문화의 민중화 기점이기도 한 사하촌 및 사하촌 문화에 대한 중요성이 폭넓게 인식되지 못했기 때문으로 여겨진다. 오늘날에도 사하촌에 관한 연구는 여전히 활발하게 진행되고 있지 않다. 그런 가운데 구미래, 송화섭, 강정원 등의 몇몇 민속학자들에 의하여 몇 편의 논문이 발표되어 후속 연구의 발판이 된 것은 높이 평가받을 만하다.

2010년 발표된 구미래의 논문 〈불교 무형문화의 자산과 콘텐츠 가치에 대한 고찰 – 사하촌, 불교 일생의례, 불교 세시풍속을 중심으로〉는 사하촌의 조사연구를 통해 민간에 전승되어온 불교문화와 생활 양상 복원 등 중생의 삶 속에서 전승된 문화에 대한 연구를 시도하고 있다.[8]

역시 구미래가 2012년에 발표한 논문 〈사하촌의 변모양상과 경제적 삶-속리산 법주사 사하촌을 중심으로〉은 사하촌의 절과 관련된 경제적 삶의 양상을 주민 구술을 통해 살피고 있다.[9] 2010년 발표된 송화섭의 논문 〈불교의례로서 당산제와 줄다리기 – 부안 내소사·석포리 당산제를 중심으로〉는 지역주민들이 사찰에 의탁하여 정신적으로 위안을 받고, 사찰은 중생구제를 위하여 마을로 내려가는 과정을 다루고 있다.[10] 이 밖에 2016년 발표된 강정원의 서울대학교 대학원 인류학과 석사논문 〈사찰과 마을 공동의 의례 – 내소사 석포리 당산제 사례를 중심으로〉[11]가 있다. 강정원의 논문은 불교와 민간신앙의 결합이 이

8) 구미래 〈불교 무형문화의 자산과 콘텐츠 가치에 대한 고찰〉《불교학보》 55호, 2010, pp. 537-566.
9) 구미래 〈사하촌의 변모양상과 경제적 삶〉《불교학보》 61호, 2012, pp. 447-475.
10) 송화섭 〈불교의례로서 당산제와 줄다리기〉《역사민속학》 32호, 한국역사민속학회, 2010, pp. 229-272.
11) 강정원 〈사찰과 마을 공동의 의례〉 서울대학교 대학원 인류학과 석사학위논문, 2016.

미 완료된 현상이 아니라, 양자가 끊임없이 관계를 맺어가는 진행형의 문제라는 것을 강조한다. 이 논문은 승려와 마을주민이 공동의 의례를 연행함으로써 서로 다른 전통과 신앙을 가진 주체들이 어떻게 새로운 형태의 변형을 가져올 수 있는지를 서술하고 있다.

3) 오늘날의 사찰과 사하촌의 관계

21세기 한국불교에서 사찰과 사하촌의 관계는 어떤 모습이며, 어떻게 전개되고 있을까? 이와 관련하여 불교계 주요 언론 가운데 하나인 〈현대불교신문〉은 지난 2007년 주요 사찰과 사하촌의 관계를 다룬 기획연재 "불교문화클러스터 사하촌을 가다"를 22회에 걸쳐 취재·보도한 바 있다. 이 연재의 기획 의도는 각 사찰과 사하촌의 관계를 직접 현장 취재해 보도함으로써, 궁극적으로는 사찰과 사하촌의 바람직한 상생관계를 유도하겠다는 것으로 보인다. 또 사하촌 포교가 불교 포교의 시발점이라는 점을 재인식시킴으로써, 사하촌에 대한 관심이 그리 크지 않아 보이는 한국 불교계에 경종을 울린 의미 있는 시도로 평가할 수 있다.

이 기획연재는 미황사·불갑사 등의 예에서 보듯 비교적 사하촌과 상생이 잘 이루어지고 있는 사찰을 비롯하여, 봉암사·신원사처럼 다소 관계에서 아쉬움이 있는 사찰, 또 건봉사·신흥사처럼 사찰과 사하촌이 좀 더 긴밀한 관계를 갖고자 노력 중인 사찰로 크게 구분하여 다루었다.

요컨대, '땅끝마을 아름다운 절' 미황사를 가꾸는 데 사하촌 사람들의 사찰에 대한 애정이 한몫했다. 절집의 일이라면 마을의 청년회가 발 벗고 나선다. 사찰이 교육 문화의 중심지가 되어 사하촌 사람들을 일깨우고, 스님은 마을로 내려가 당제를 주관한다. 산사음악회는 무대 설치부터 출연, 식사 대접까지 모두 사하촌 사람들의 참여와 봉사로 진행된다. 영광 불갑사의 사하촌인 모악리는 고령화 시대에 들어서면서 주민은 노인들이 대부분이다. 예전에는 오지마을이었지만 불갑사 덕에 영광의 7대 관광지가 되었다. 땅이 없는 마을 사람들은 절집 산에 묘를 쓰고, 불갑사가 잘되어야 마을이 잘된다는 생각으로 상생의 삶을 추구하고 있다.

문경 봉암사는 수행처라는 특성으로 사하촌 사람들과의 관계가 그리 원만한 편은 아니다. 사찰 농지를 경작하는 소작인들과 소작료를 놓고 신경전을 벌이기도 하고, 수행처의 환경을 유지하려다 보니 개발을 바라는 주민들과 마찰을 빚기도 한다. 주변에 굿당이 산재해 있는 공주 신원사는 토지 분배 때부터 절 소유농지의 도지 문제로 사찰과 사하촌 사람들이 서먹한 관계를 유지하고 있다.

고성 금강산 건봉사와 사하촌은 긴밀한 관계를 형성하기 위해 문을 열어두고 서로를 받아들일 준비를 하고 있다. 속초 설악산 신흥사도 과거 긴밀한 관계를 맺었던 절과 주민들의 관계를 빠르게 회복해가는 중이다.

법주사·동학사·용문사 등 관광객이 많은 절일수록 사하촌과는 거리감이 있는 것이 일반적이다. 또 다보사의 우화 스님, 송광사의 구산 스님 등 자비심으로 주민을 품어주었던 옛 고승들을 그리워하는 것으로 사찰에 대해 원망의 마음을 표출하는 사하촌 사람들도 있다. 용주사처럼 사하촌의 개발 문제로 사하촌 사람들과 갈등을 빚고 있거나, 과거의 갈등이 여전히 앙금으로 남아 있는 경우도 있고, 통도사·불국사처럼 절 아래가 관광지로 개발되면서 아예 사하촌이 사라진 곳도 있다.

〈현대불교신문〉의 이 기획연재는 한국의 사찰과 사하촌의 관계를 생생히 파악하고, 바람직한 대안을 마련할 수 있는 기초자료로서 그 의미가 작지 않다고 할 것이다.

3. 설악무산은 사하촌을 어떻게 대했을까

1) 사하촌 사람들을 대하는 설악무산의 원칙

"절 동네 주민들을 부처님처럼 모셔라."

설악무산이 주석하고 있던 백담사 대중은 물론, 조계종 제3교구 신흥사 소속 모든 대중에게 철칙처럼 내린 당부이자 지시였다. 실제로 설악무산에게 가장 중요한 사람은 사하촌 사람들이었다. 설악무산이 사하촌 사람들을 최우선으로 대하는 태도는 결코 형식적인 것이 아니었다. 고관대작이나 가까이 교유했던 문인들도 사하촌 사람들과 방문 일시가 겹치면 언제나 후순위로 밀려났다. 피로가 겹치거나 심신이 편찮아 방문객을 만나지 않을 때도, 마을 사람들이 찾아오면 훌훌 털고 일어나 반갑게 맞이했다. 설악무산의 사하촌 사람들에 대한 이런 예우는 진심에서 우러나온 것이었다. 열반 5주년을 맞는 현시점에서도 용대리 사람들이 설악무산에 대한 존경심과 고마움을 변함없이 간직하고 있는 것은 자신들을 향한 설악무산의 진심을 잘 알고 있기 때문이다.

설악무산이 사하촌 사람들을 귀하게 여기게 된 데에는, 가까이는 고암 노사와 은사 성준 화상의 영향이 컸다. 자비보살로 널리 알려진 고암 노사는 재가의 신도들을 마치 부처님 대하듯 했다. 젊은 시절 5전을 빚진 아낙을 위해 평생을 기도한 일화, 신심 지극한 노보살님들이 정성껏 쑤어온 전복죽을 고생하는 공양간 보살들에게 전해준 일화, 신흥사로 기도하러 온 노보살님들의 요강을 새벽녘 몰래 비운 일화들[12] 이준 가르침은 설악무산에게 고스란히 이어졌다. '절 동네 사람들을 부처님처럼 모셔라.'라는 설악무산의 신념은 바로 고암 노사를 계승한 것이

---

12) 이학종 〈일화로 살펴본 고암의 삶과 생각〉 고암대종사 열반 30주년 추모 학술집 《한국불교의 역사적 전통과 미래》 고암문도회, 2018,

라고 해도 틀리지 않는다. 또 은사 성준 화상의 사하촌 사람들을 대하는 모습도 제자 설악무산에게 직접적 영향을 주었다. 성준 화상이 신흥사 주지를 하던 시절, 그는 사하촌 사람들에게 아버지 같은 분이었다.

신흥사의 변모가 사하촌 사람들에게는 어떤 모습으로 보일까 궁금하던 차에 설악동에서 최진순 씨를 만났다. "예전에는 설악산 소공원 안에 신흥사 소유의 땅에 사하촌 사람들이 모여 살았습니다. 문성준 주지 스님이 계셨을 때만 해도 신흥사는 동네를 다스리는 아버지 같은 역할을 했지요. 초등학교 다닐 때 과일이 숙성될 무렵 태풍이 지나갔어요. 나는 고민하는 아버지를 보고서 떨어진 낙과를 들고 신흥사에 찾아갔지요. 큰스님을 뵙고 낙과를 보여주며 어렵게 되었으니 도지를 낼 수가 없다고 말을 했습니다. 그러자 당시 큰스님이 '허허' 웃으시며 관리하는 스님에게 '과수원 최 영감네 도지 2년만 받지 말라.'고 말씀하시기도 했습니다. 당시만 해도 도지를 콩이나 잡곡으로 냈는데 어려운 이웃들에게는 탕감을 해주기도 했지요. 웬일인지 지금은 사하촌과 절집이 옛날처럼 자연스럽고 끈끈한 관계를 맺고 있지 못합니다."[13]

특히 설악무산의 사하촌 사람을 귀하게 여기는 원칙은 당나라 때의 고승 조주종심(趙州從諗, 778~897)[14]의 영향을 받았을 가능성이 크다.

13) 김상미 "불교문화클러스터 사하촌을 가다 '설악산 신흥사 편'" 〈현대불교신문〉 2007.08.22.
14) 당(唐)의 승려. 산동성(山東省) 조주(曹州) 출신이다. 어려서 조주(曹州) 호통원(扈通院)에 출가하고, 남전보원(南泉普願, 748~834)에게 사사(師事)하여 그의 법을 이어받았다. 여러 지역을 편력하다가 80세부터 하북성(河北省) 조주(趙州) 관음원(觀音院)에 40년 동안 머물면서 선풍(禪風)을 크게 일으켰다.

실제 설악무산은 중국 조사들의 어록에 통달했으며,《벽암록》등 선어록 관련 저술을 출간하기도 했다.[15] 《조당집(祖堂集)》에는 조주 선사가 사람을 제접하는 원칙에 관한 일화가 수록되어 있는데, 그 내용이 설악무산이 백담사에서 보인 사람을 제접하는 원칙과 판박이처럼 닮아 흥미롭다.

대왕(大王)이 와서 선사께 절을 하는데 선사께서 평상에서 내리지 않으니 시자가 물었다.

"대왕이 왔는데 스님께서는 어찌하여 땅에 내려서지 않으셨습니까?"

이에, 선사께서 말했다.

"그대들은 모르는가? 상등인(上等人)이 오면 승상(繩床) 위에서 제접하고, 중등인(中等人)이 오면 승상을 내려서 제접하고, 하등인(下等人)이 오면 삼문(三門) 밖에서 영접하느니라."[16]

2) 지역사회 발전이 불교가 할 일

용대리 사람들이 기억하는 설악무산의 모습은 정래옥[17] 전 이장의 증언[18]을 통해 알 수 있다. 정래옥 전 이장은 설악무산이 친아우처럼

---

15) 설악무산은《벽암록역해》《무문관역해》등을 저술했다.

16) 동국역경원 간《한글대장경 조당집(2)》제18권 조주화상 편 268쪽. 여기서 상등인은 왕을, 중등인은 장군 등 관리를, 하등인은 평민을 의미.

17) 백담사 사하촌인 용대2리의 전 이장. 설악무산이 백담사에 주석하기 시작한 1995년 용대2리 이장에 취임하여, 설악무산의 전폭적인 지원과 후원 아래 마을의 발전을 주도적으로 이끌었다. 설악무산은 정래옥을 친아우처럼 대했을 만큼 돈독한 관계를 유지했다.

18) 필자는 2023년 2월 22일 용대2리 정래옥 전 이장의 집을 방문, 설악무산이 용대리 발전에 기여한 부분 등 사하촌과 맺은 인연을 인터뷰한 바 있다.

믿고 신뢰한 사하촌 주민이었다. 설악무산은 정 이장에게 자주 "내가 인제군에 와서 얻은 게 있다면 동장(洞長, 정래옥 이장) 하나 얻었다."고 말했을 정도였다.

> 설악무산 오현 큰스님께서는 1995년도에 백담사에 오셨는데 그때 마침 저도 이장 일을 처음 보게 되었어요. 무산 스님과 24년간의 인연을 생각하면 감회가 새롭습니다. 정말이지 용대2리 구석구석에 무산의 끼친 공로는 이루 말할 수가 없습니다.[19]

정래옥 당시 이장과 설악무산의 관계는 1995년 이장 취임 후 마을의 첫 사업으로 손수레도 들어가지 못할 만큼 좁았던 마을길을 넓히기 위해 백담사의 협조를 구하는 과정에서 시작되었다. 마을길이 백담사 땅에 나 있었기 때문에 넓히기 위해서는 백담사의 허락이 필요했고, 정 이장의 요청을 받은 설악무산은 선뜻 "동장[20] 맘대로 하라."고 흔쾌히 허락했다.

정 이장은 "큰스님의 덕으로 사하촌인 용대2리는 잘사는 마을이 될 수 있었다."며, 거듭 존경과 고마움을 표현했다. 정 이장은 설악무산의 전폭적이고도 진심 어린 지원과 도움이 없었다면 오늘의 주민들이 잘사는 용대2리, 백담사 사하촌은 존재할 수 없었다고 단언했다. 그는 용대2리의 발전상에 설악무산의 손길이 미친 구체적인 사례를 일곱 가지로 나눠 자세히 설명했다.

정 이장은 이장이 되면서, 몇 가지의 마을 현안 문제를 해결하기 위해 백담사로 설악무산을 찾아갔다. 마을사업 추진을 위해 백담사의 허

---

19) 인제문화원 향토사연구자료집 《용대(龍坮)·미르의 터를 아십니까》 123-124쪽, 정래옥 전 이장 대담.

20) 설악무산은 정래옥 용대2리 이장을 '동장(洞長)'이라고 호칭했다.

락과 협조가 얻어야 했기 때문이다. 무엇보다도 용대2리에 자리한 백담사 소유 토지를 활용해야 마을의 여러 현안 해결이 가능했다.

첫째, 마을회관 신축

마을회관이 낡아서 비가 오면 처마에서 비가 샜다. 새는 빗물을 맞으며 주민회의를 하기도 했다. 용대2리 주민들의 불편을 정 이장을 통해서 알게 된 설악무산은, 유발상좌이기도 한 당시 김진선 강원도지사에게 마을의 사정을 알리고 지원을 건의했다. 이후 도 예산 2억 원과 군 예산 2억 원 등 4억 원의 예산으로 백담사 땅에 '백담관광안내소'라는 명칭의 번듯한 마을회관이 건립되었다.

둘째, 마을 보건진료소 건립

기존의 작은 보건진료소가 군 소유 땅에 세워져 있었다. 그러나 이 진료소는 가정 살림집을 겸하고 있었다. 그 집에 사는 초등생 남자아이 둘이 뛰어놀고 떠드는 통에 원활한 진료가 어려웠다. 마을에서는 별도의 보건진료소 건물을 건립하는 것이 숙원사업이 되었다. 정 이장은 이 문제를 설악무산에게 상의했고, 설악무산은 손학규 보건복지부 장관에게 건의하여 정부로부터 1억5천만 원, 군 예산 1억5천만 원, 보건진료소 자체 경비 7천만 원으로 '용대보건진료소'를 건립할 수 있었다.

셋째, 사단법인 용대향토기업 설립

전두환 씨가 백담사에 머물면서 내설악을 찾는 탐방객 및 신도들의 수가 늘었고, 이들의 편의를 위하여 마을버스 운행이 시작되었다. 1996년 7월부터 백담사에서 독점 운행하던 버스(당시 2대)로는 관광객 수송이 절대 부족했다. 당시 마을에서는 버스운행 사업을 마을이 할 수 있게 백담사에 요청하기로 의견을 모았다. 정 이장을 비롯해 마을 대표 5인이 설악무산을 찾아가 마을이 버스 사업을 운영하도록 해줄 것을 건의했다. 당시 버스운행 사업은 백담사의 주요 수입원 중 하나였으므로, 설악무산도 선뜻 대답하지 못했다. 그러나 주민들의 간청과 설득이 계속되자 잠시 생각한 후 '그리 하라.'며 수락했다. 버스 사업 수익의 사찰 지분도 크게 양보하여 마을주민을 최대한 배려했다. 이후 1996년 5월 '용대향토기업'이라는 사단법인 형태의 마을기업이 설립되었고, 같은 해 7월 8일 여객육상운수업 허가를 받아 버스운영 사업을 해오고 있다.

2021년 9월 현재 용대향토기업의 운행 버스는 10대로 늘었고, 흑자 경영 중이다. 기업의 설립 취지에 맞게 수익금의 90% 이상을 사회에 환원하고 있다. 마을 경로잔치, 불우이웃 돕기, 인제장학재단 장학금 지원, 군부대 위문 등 공익사업에 수익금을 사용한다. 정 이장은 "우리 용대2리가 버스 회사를 운영하면서 참 잘살게 되었다. 코로나 유행 때는 적자도 봤지만, 연간 총수입이 23~24억 정도이다. 현재 마을에 기업이 4개가 있다. 버스, 펜션 2개, 가공공장, 판매장 등이다. 마을에 총무가 네 명이나 되고, 마을기업에서 월급 받는 사람이 27~28명에 이른다. 이 모든 것이 다 큰스님 덕분"이라고 말했다.

넷째, 문화마을 조성

백담사 입구의 낙후된 관광 상권을 활성화하기 위해 문화마을 조성 사업이 시급했다. 정부로부터 예산 32억을 보조받아 개발을 시작했는데, 사업의 특성상 백담사 소유지가 많이 포함될 수밖에 없었다. 그때마다 마을 주민들은 설악무산을 찾아가 사정을 토로했고, 설악무산은 언제나 마을 사람들의 요청을 흔쾌히 수용했다. 설악무산의 통 큰 배려가 없었다면 문화마을 조성 사업은 원만히 진행될 수 없었을 것이다.

다섯째, 자연재해 극복

2003년 9월 태풍 매미로 큰 피해를 당하였던 인제군의 복구에도 설악무산은 큰 힘을 보탰다. 설악무산은 정 이장 등 주변 사람들에게 자신이 인제군 피해복구를 돕는다는 사실을 발설하지 말라고 당부했다. 설악무산은 당시 김화중 보건복지부 장관에게 인제군의 태풍피해의 빠른 복구를 요청하여, 인제군의 수해복구는 원활하게 진행될 수 있었다. 또한 보건진료소의 직원을 구조조정하려는 움직임과 관련하여 마을주민들이 반대 탄원서를 내는 일이 있었는데, 이 문제를 해결한 것도 설악무산이었다. 인제군민들 사이에서는 자연스럽게 '큰스님의 고향은 인제일 것'이라는 소문이 돌았다.

여섯째, TV 시청 케이블 안테나 설치

1996년 마을주민들에게 꼭 필요한 사업 중의 하나가 텔레비전 시청을 위한 케이블 안테나 설치였다. 지금이야 인공위성이 있어 난시청 지역은 없어졌지만, 30여 년 전만 해도 산간마을 등 오지에서는 텔레비전 시청이 매우 중요한 현안이었다. 뒷산 등 마을의 높은 곳에 전파수신 안테나를 세우고 케이블 선으로 각 가정에 전달하는 방식인데, 그 설치비용이 적지 않았다. 설악무산은 마을의 현안 중에 케이블 안테나 설치가 있다는 것을 알고는, 백담사 범종 불사를 위해 모아놓은 불사금 1억 원을 흔쾌히 마을에 쾌척했다. 정 이장은 미안하기도 하고 고맙기도 한 마음에 눈물을 흘릴 수밖에 없었다고 회고했다. 용대2리의 모든 주민은 설악무산의 배려 덕에 그날 이후 깨끗한 화면으로 텔레비전을 시청할 수 있었다.

일곱째, 메주공장 설립 등 수많은 베풂

설악무산은 어려운 처지에 있는 마을 사람들을 보이지 않게 도왔다.

백담사 소유지에 형편이 어려운 사람들이 집 짓고 살 수 있도록 허락했다. 마을버스 기사의 자녀들에게는 봄가을로 100만 원씩 장학금을 지급했다. 노인회에는 매월 200만 원을 지원했고, 군내 학교의 검도반에도 월 200만 원을 지원했다. 1997년부터는 인제군 북면의 16개 리 이장들에게 마을의 형편이 어려운 아이들을 전부 다 조사해 오라고 해서 전 학생들에게 장학금을 지급하기도 했다. 인제군민들의 설악무산에 대한 존경심은, 일부 다른 종교를 가진 정치인들이 만해축전 지원예산에 대해 시비를 거는 일이 발생하자 군민들이 자발적으로 나서서 바로 잡았을 정도로 돈독했다.

이런 설악무산은 마을 사람들에게 부처님과 같고 아버지와 같은 존재였다. 정 이장은 마을에 대한 조건 없는 베풂에 감동해 1996년 어느 날, 백담사로 설악무산을 찾아가 '앞으로 아버지처럼 생각하고 잘 모시겠다.'는 뜻을 전했다. 정 이장의 뜻을 전해 들은 설악무산은 껄껄 웃더니, "그건 안 된다. 동장과 내가 나이 차이가 크지 않으니, 오늘부터 동장은 내 친동생이다."라며 형제의 연을 맺었다. 그날부터 열반에 들 때까지 설악무산과 정 이장은 승속을 초월해 형제로 살았다. 정 이장을 동생으로 삼은 설악무산은 무엇이든지 동생을 돕고 싶다며 좋은 안을 제시하라고 재촉했다. 설악무산의 여러 차례에 걸친 재촉에 정 이장은 백담사 들어가는 길 옆에 메주공장을 운영하고 싶다는 뜻을 밝혔다. 그러자 설악무산은 5억 원 예산으로 메주공장을 세울 수 있도록 물심양면 지원을 아끼지 않았다. 설악무산은 당시 김대중 대통령의 측근 박지원 비서실장에게 '김대중 대통령이 인제·양구에서 첫 정치를 시작했다. 그러므로 인제와 양구는 김대중 대통령의 정치적 고향과 같은 곳이다. 보은을 하라는 건 아니지만 인제에 서리태 된장공장 세우는 데 도움을 줘야 하지 않겠느냐.'는 뜻을 당시 춘천불교방송 사장대행을 통해 전달했던 것으로 전해진다.

또한 설악무산은 정 이장의 집이 작고 초라한 것을 보고는 집을 새로 지어주겠다고 제안하기도 했다. 정 이장이 완강하게 거절해 성사되지는 않았지만 정 이장은 큰스님이 자신을 이렇게까지 끔찍하게 생각하는 것을 알고 고마움의 눈물을 흘렸다고 회고했다. 큰스님의 고마움을 어떻게 갚을 수 있을까 고민하던 정 이장은 어느 날 설악무산을 만난 자리에서 "허락하시면, 큰스님을 자주 모시고 싶다."는 뜻을 전했다. 그러자 설악무산은 "고맙다."고 대답하고는 이후 입적하기 전까지는 아무런 언급이 없었다. 그러던 어느 날 정래옥 이장은 전화 한 통을 받았다.

> 스님은 다짜고짜 "동장, 내가 부탁이 하나 있다."고 하시는 거예요. 그래서 "뭡니까?"라고 물었더니, "내가 앞으로 여기서 죽든 서울서 죽든 마을장으로 장례를 치러주지 않겠느냐?"고 하시는 거예요. 그래서 "좋습니다. 네, 그렇게 하겠습니다."라고 대답했죠. 큰스님께서는 "고맙다."고 하셨습니다.[21]

정 이장은 설악무산으로부터 마을장 부탁을 받고는 곧바로 노인회를 찾아가서 '큰스님께서 마을장을 원하신다.'고 말씀드렸더니, 최영규 노인회장은 "당연히 해야지. 큰스님 덕에 마을이 잘살게 되었는데. 우리가 해야지."라며 흔쾌하게 동의했다. 마을장을 치르는 것으로 마을 주민의 의견이 모아졌다는 전갈을 받은 설악무산은 며칠 후 정 이장을 백담사로 불러 보다 구체적으로 마을장과 관련한 이야기를 나눴다.

정 이장은 그 자리에서 '차마 말씀을 드리지 못한 것이 있다. 큰스님께서 마을장 부탁을 하셨지만, 막상 돌아가시면 불교계에서 불교식으

---

21) 정래옥 전 용대2리 이장 인터뷰, 2023년 2월 22일.

로 하려고 하지 않겠습니까?'라고 물었다. 그러자 설악무산은 연필을 가져오라고 한 뒤 직접 유언장[22]을 작성해 정 이장에게 전달했다. 그러고 난 후 설악무산은 '내가 얼마 안 있으면 죽는다. 그동안 나를 편안히 해주어서 고마웠다. 정말로 고마웠다. 그런데 이제 내가 죽으면, 용대리 학생들 장학금을 누가 주겠나? 신흥사 주지가 주겠냐? 백담사 주지가 주겠냐? 그래 내가 마지막으로 20억을 주겠다. 이 돈으로 사업을 하든 무엇을 하든 해서 학생들에게 장학금을 주도록 하라.'고 당부했다. 정 이장은 처음에 큰스님이 그냥 하시는 말씀인 줄 알았다. 그런데 통장 하나를 내주시면서 '이거 은행 통장이다. 속초에 가서 돈을 찾아와라.'고 했다. 놀라서 통장을 열어보니까 11억 9천만 원이 들어 있었다. 나중에 나머지 돈을 더 주셔서 20억을 받았다. 증여세니 양도세니 하는 문제도 있었지만, 이 돈은 현재 동네 법인에서 보관하고 있다. 이외에도 설악무산은 마을에 매년 5천만 원씩 발전기금을 전달했다. 또한 자신이 죽으면 마을장 장례비로 쓰라며 3억 원을 별도로 내놓았다. 버스 기사들과 인제군 16개리 이장들에게도 1천만 원씩을 나눠 주었다. 노인회에는 10억 원의 기금을 전달했다. 이런 모든 조치는 자신이 입적한 이후에도 장학금, 노인회 지원 등 마을에 대한 지원이 끊이지 않게 하려는 설악무산의 대자비심이었다.

정 이장은 2018년 5월 26일 큰스님이 돌아가셨다는 부고를 받는 즉시 마을장으로 장례를 치러달라는 내용이 담긴 스님의 유언장을 들고

---

[22] '대한불교조계종 백담사 대중스님들께 드리는 말씀'이라는 제목으로 설악무산이 직접 작성한 유언장에는 다음과 같은 5개 항의 당부 내용이 들어가 있다. "① 내가 죽으면 시체는 가까운 병원에 기증하고 병원에서 받지 않으면 화장해서 흩뿌려라. ② 장례는 만해마을에서 용대리 주민장으로 끝내라. ③ 염불도 하지 말고 제사도 지내지 말아라. 나는 여러분들 염불 소리 듣기 싫고 제사 먹지 않을 것이다. ④ 내 말 듣지 않는 사람은 나의 원수다. ⑤ 끝으로 이 글을 유언장으로 용대리 정래옥 최영규 님에게 남긴다. 2018-3월 5일 심우장에서 雪嶽霧山."

신흥사로 달려갔다. 그러나 이미 대한불교조계종에서 원로회의장으로 신흥사에서 장례를 치르기로 결정이 나서 마을장을 당부한 스님의 유언을 지키는 것은 불가능한 상황이었다. 정 이장은 스님과의 약속을 지키지 못했다는 죄책감으로 장례비로 받은 3억 원 가운데 6천만 원을 들여 용대리 만해마을에 조문소를 차렸다. 술을 못 하는 그였지만 그날 저녁엔 소주 몇 잔을 들이켰다. 술 몇 잔이라도 마셔야 복받쳐 오르는 슬픔을 견딜 수 있을 것 같았다. 정 이장은 장례위원회의 요청으로 설악무산의 장례식에서 조사를 했다.[23] 설악무산과 정 이장의 각별한 관계를 신흥사 교구에서도 잘 알고 있었기 때문이다.

3) 용대리 사람들이 기억하는 설악무산

우리나라에서 내로라하는 정치인들이 자주 큰스님을 찾아왔습니다. 큰스님은 참으로 대단하신 분입니다. 몇천 년이 지나도 그런 분은 안 나옵니다.[24]

용대리 사람들에게 설악무산은 몇천 년이 지나도 나오지 않을 절대적인 존재였다. 용대리 마을 구석구석에 설악무산의 손길이 가지 않은 곳이 없었으니, 당연한 일이었다. 주민들은 설악무산을 은인으로 여겼다. 용대2리 주민은 물론이고 인제군민 전체가 모두 설악무산에게 고마움을 느끼고 있다고 해도 과언이 아니다. 인제군민들의 이런 마음은

---

23) 〈불교신문〉은 2018년 6월 4일 자에서 "정래옥 전 인제군 용대리 이장은 '무산스님은 마을에서 자라나는 청소년들을 위해 많은 장학금을 주시고, 노인복지에도 늘 지대한 관심을 가지셨다. 저희들은 용대리 어느 곳을 가나 무산스님께서 남기신 발자취를 잊지 않고 마음 속 깊이 새기고 열심히 살아가겠다'며 눈물을 보였다."라고 영결식 조사 내용을 보도했다.

24) 정래옥 전 용대2리 이장 인터뷰, 2023년 2월 22일.

북면 마을 이장들이 협의를 통해 설악무산의 제사를 지내기로 결의한 것에서 잘 드러난다. 장학재단의 명칭도 스님의 법호를 따 '설악'으로 바꾸기로 했다.

> 우리 인제군은 큰스님 덕분에, 그 시대에 그런 분이 와 계신 덕분에 참 좋았습니다. 지금도 주민들은 큰스님 계실 때와 똑같이 백담사와 잘 지내고 있어요. 백담사는 친척집이나 마찬가지입니다. 인제군에서 큰스님의 공덕비를 세우기로 했습니다. 인제군노인회와 다 이야기가 되었어요. 큰스님 기념관을 백담사 내에 짓는 것으로 압니다. 그때에 맞춰서 큰스님의 공덕비를 세울 예정입니다. 우리 생각 같아서는 크게 비를 만들고 싶지만, 삼조 스님께서 아담하게 해달라고 부탁해서 그리할 예정입니다. 그것이 당신을 드러내지 않으려 했던 큰스님의 정신에도 맞는 일이겠지요.[25]

비를 세우는 것과 관련한 해프닝은 예전에도 있었다. 2011년 9월 21일 인제군노인회에서 군을 위해 큰 도움을 주고 있는 설악무산에게 감사를 표하기 위해 스님의 시 〈아득한 성자〉를 새긴 '무산조오현선사시비(霧山曺五鉉禪師詩碑)'를 만들어 백담사 경내에 세웠다가, 이를 안 설악무산의 격노를 사 야단법석이 났던 '사건'이다. 당시 설악무산은 "내 시를 새긴 비를 백담사 경내에 세우면 내가 무슨 꼴이 되느냐?"며 벌컥 화를 냈다. 시비는 철거되었고, 인제군노인회에서 잘 관리하고 있다가 설악무산이 입적한 이후 백담사 경내에 다시 세워졌다. 이 시비의 뒷면에는 인제군노인회가 시비를 세운 연유가 다음과 같이 새겨져 있다.

---

25) 위의 인터뷰.

무산 큰스님께서 오랜 세월 노인회에 베푸신 자비와 사랑에 보답하고 큰스님의 높은 뜻을 기리고자 인제군 79개 경로당 회원들의 정성과 뜻을 모아 불후의 명시 〈아득한 성자〉를 돌에 새겨 이곳에 세웁니다. 선시를 빚는 시승이신 큰스님의 문학정신이 많은 분들께 널리 알려지기를 바라면서 이 시비가 백담사와 함께 영원하기를 기원합니다.

4) 마을주민을 섬기는 불교

조주 선사가 그랬던 것처럼, 설악무산에게도 마을주민은 언제나 '슈퍼갑(super甲)'이었다. 중앙정부나 지방정부의 고관대작들, 이름만 대면 누구나 다 알 정도의 유명인들보다도 그에게 가장 특별하고 귀한 사람은 마을주민들이었다. 마을주민들이 친견을 청하면 언제든 반갑게 맞아들였다. 마을의 지도자들만큼 설악무산을 자주 친견한 사람은 없을 정도였다. 그의 처소를 맘대로 드나든 사람은 마을의 대표들이었다. 설악무산은 주민들을 진심으로 대했고, 자신보다 나이가 많은 노인들은 형님으로 모셨다. 설악무산의 물심양면 지원 덕에 인제군노인회 회장직은 전국의 노인회장들이 가장 부러워하는 자리가 되었다. 설악무산은 혹여 다른 방문객과의 친견이 예정되어 있더라도, 마을주민들이 찾아오면 주민들과의 만남을 최우선으로 했다. 마을주민이 원하는 일을 들어주지 않는 경우는 거의 없었다. 설악무산은 '한국의 노벨상'이라는 별칭처럼 국내 최고의 권위를 가진 '만해대상(卍海大賞)' 수상자 가운데 한 분을 용대리 이장이 시상하도록 했다. 세계적인 업적을 이룬 이들을 수상자로 선정하면서 국제적인 상으로 발돋움한 만해대상을 산간마을의 이장이 시상한다는 것만으로도 화제가 되었다.

2004년도 때의 일이에요. 제8회 만해대상 시상식을 앞둔 때였는데, 시상식 전날 밤 큰스님으로부터 전화가 왔어요. '동장, 내일 정장하고 만해마을에 와라. 앞으로는 용대리의 동장이 시상자가 되어야겠다.'고 말씀하시는 거예요. 생각지도 못한 일이기에 망설였지만, 큰스님께서 인제군 용대리에서 열리는 만해대상 시상식에 용대리 이장이 시상을 하는 것이, 수상자에게는 가장 큰 영광이라고 말씀하셔서 따랐지요. 큰스님께서 마을주민들을 각별하게 생각하는 대표적인 사례라고 생각합니다.[26]

정 이장은 설악무산의 말씀대로 시상식에 시상자로 참석해 만해대상 문학상을 받은 황석영 소설가에게 상을 시상했다.

설악무산은 마을주민들에게 '자기는 낮추고 상대를 높이는' 원칙을 철저히 실행에 옮겼다. 마을주민들에게는 '늘 서로 칭찬하며 살아라. 좋은 일이 있으면 꼭 나쁜 일도 따라오는 법이니 항상 조심하라.'고 당부하곤 했다. 설악무산이 입적한 후 2~3년 동안 마을주민들 상당수는 그의 부재에 우울한 시간을 보내야 했다. 그의 빈자리가 너무도 컸기 때문이었다.

4. 사하촌과의 파수공행(把手共行) 정신 계승

설악무산의 사하촌 주민들에 대한 사랑은 그의 문하에서 공부하고 수행한 3교구(본사 신흥사) 소속 제자나 후학들에 의해 활발하게 계승되고 있다. 백담사는 설악무산 생전 시와 다름없이 주민들의 의지처로 역할을 다하고 있다. 설악무산이 생전에 몸소 보여준 사하촌 주민을

---

26) 정래옥 전 용대2리 이장 인터뷰, 2023년 2월 22일.

향한 대자비심 실천을 가까이에서 지켜보며 배운 후학들이 그 뜻을 받들어, 설악무산 생전에는 물론이고 입적 이후에도 변함없이 사하촌과의 긴밀한 관계를 발전시켜가는 중이다.

낙산사 불자마을 출범

설악무산이 오랫동안 주석했던 절, 양양 낙산사는 사하촌 주민들과 관계를 발전시키면서 지난 2017년 7월 '낙산사 불자마을' 4곳을 출범시킨 뒤 이들의 신행 활동을 지원하고 있다. 2022년 8월 19일 자 〈불교신문〉에 따르면, 인구 감소와 고령화 심화 등으로 활기를 잃어가던 양양 지역민에게 낙산사 불자마을은 새로운 종교적 귀의처이자 든든한 삶의 후원처가 되었다. '낙산 불자마을'은 낙산사와 낙산해변 인근지역인 강현면 전진1, 2리, 주청리에 거주하는 지역 불자 140명이 참여하는 불교 신행단체다. 낙산사 불자마을은 '낙산 불자마을'을 비롯해 '용호리 불자마을' '사천리 불자마을' '손양면 불자마을'로 이뤄져 있다.

낙산사 불자마을의 결성은 2005년 4월 5일 발생한 대형 산불로 낙산사가 큰 피해를 입었을 때, 당시 낙산사 주지 스님이 화마로 삶의 터전을 모두 빼앗긴 용호리 등 인근의 지역민들을 챙긴 것이 계기가 되었다. 낙산사가 운영하는 무산복지재단 산하 복지시설을 이재민들을 위한 임시 거처로 내놓고, 이재민 각 세대마다 상품권 등을 건넸다. 또한 주민들이 용기를 잃지 않도록 끊임없이 물심양면으로 지원했고, 현재까지 확대 시행되고 있다. 낙산사는 용호리가 2016년 주민이 주도하는 지속 가능한 농촌 만들기 프로젝트인 '기업형 새농촌 도약마을' 선정에도 힘을 보탰고, 사중 행사 때마다 지역 농산물을 대량 구매하고 새로운 판로 개척을 도왔다. 이를 계기로 낙산사와 용호리는 상호 상생하는 방법을 모색해 나가기 위해 업무협약을 체결한 데 이어 주민 찬반투표로 2017년 7월 '용호리 불자마을'의 창립까지 이어졌다. 용호리 불자마을 창립 소식이 전해지자 전진1, 2리와 주청리 주민들도 '낙산 불자마을' 창립을 서둘렀고, 이후 '사천리 불자마을'에 이어 '손양면 불자마을'까지 잇따라 창립되기에 이르렀다.

5. 나가는 글

소설가 정찬주 작가는 전라남도 화순 이양면에 거주하는, 쌍봉사 사하촌의 지역주민이다. 새 주지 스님이 올 때마다 정 작가는 늘 "이양면 주민을 가까이하십시오. 광주가 비록 크고 신도 수도 많겠지만 이양면 주민, 사하촌 사람들에게 더 각별한 관심을 가져야 합니다."라고 당부한다. 새로 부임해오는 주지 스님에게 이런 말씀을 전하는 연유는, 거의 대부분의 스님들이 대도시 중심으로 사찰을 운영하려 한다는 것을 잘 알고 있기 때문이다. 재력 있는 신도가 드물다는 이유로 지역주민을 소홀히 대하고, 지역주민과 상생하지 않으면 절은 결코 발전할 수 없다는 것이 그의 소신이다. 지역주민이 자랑스럽게 생각하지 않는 절이 어떻게 발전할 수 있겠느냐는 반문이다.

해남 미황사 주지 시절 사하촌 사람들과 상생 관계를 유지했던 금강 스님(중앙승가대 교수)은 "설악무산 선사께서 보여준 절과 사하촌 간의 상생 모델은 한국불교가 시급하게 도입해야 할 본보기이자 한국불교를 중흥으로 이끄는 길"이라며 "특히 설악무산 선사가 평생을 통해 실천으로 보인 사하촌 사람들을 향한 대자비심을 모든 스님이 금과옥조로 삼아 실천했으면 좋겠다."고 말했다.

설악무산이 백담사에서 보여준 사찰과 사하촌의 상생 모델, 그리고 지금 현재도 그의 후학들에 의해 계승되고 있는 배려와 사랑에 기반한 사하촌 포교야말로 쇠락의 길로 접어든 한국불교를 되살릴 최선·최적의 중흥 전략이 아닐 수 없다.

  '사하촌 사람들을 부처님처럼!'
  '전법은, 사하촌부터!'

  이 두 가지 구호가 설악무산이 후학들에게 남겨준 소중한 가르침이
아닐까.

21세기 무애도인의 풍모

곽병찬

차 례

- 기인(奇人)
- 한센인과 한 철
- 사자처럼, 무소의 뿔처럼
- 술도 밥 아닌가?
- 산악 같은 외로움 너머
- '내면의 권승'
- 진정한 부자
- 체로금풍(體露金風)
- 파천황(破天荒)
- 파수상고산(把手上高山)
- 해중조차(奚仲造車)

곽병찬 / 전 한겨레신문 논설위원. 서울대 인문대 미학과 졸업. 한겨레신문에 근무하며 정치·사회·문화부장, 논설위원, 대기자, 편집인 등을 역임했다.

기인(奇人)

1989년 10월 어느 날, 인사동 찻집 '귀천'에 낯익은 세 사람이 모였다. 서로의 이름과 얼굴은 익히 아는 사이였지만, 이들은 한동안 서로 얼굴만 보며 아무 말이 없었다. 그저 제각각 담배를 쭉쭉 빨며 멋쩍게 웃을 뿐이었다. 웃을 일 별로 없었던 시절, 〈한국일보〉가 한번 웃어보자는 심산으로 마련한, 인사동 3대 기인의 순번을 정하는 자리였다.

가장 연장자는 '하루치 막걸리와 담배만 있으면 행복하다'던 시인 천상병. 벗들이 십시일반으로 마련해준 카페 '귀천'의 바깥주인이기도 했다. 다음은 걸레 스님으로 널리 알려진 화가 중광. 그는 당시 파계행으로 조계종단에서 쫓겨난 상태였다. 그리고 봉두난발에 개집에서 자고 지붕 위에서 술을 마시곤 했다던 '장외인간' 소설가 이외수. 셋은 이날의 인연으로 시와 산문, 그림을 엮어 만든 《도적놈 셋이서》를 펴내기도 했다.

그러면 기인의 서열을 매기는 기준을 어떻게 정할까? 고민하던 이들은 누구에게도 상처를 입히지 않을 '동심 지수'란 걸 만들어 순번을 정하기로 했다. 또 심사위원이 있어 평가하는 게 아니라, 본인들이 자청하는 방식으로 점수를 냈다. 그 결과 천상병은 유치원생 수준, 중광은 초등생 수준, 이외수는 중등생 수준이었다고 한다. 공교롭게도 셋은 세상을 떠날 때도 그 순서로 갔다.

천상병은 청년 시절 조작된 동백림사건의 고문 후유증과 술 담배로 말미암은 간경화로 오랫동안 고생하다가, "아름다운 이 세상 소풍 끝내는 날,/ 가서,/ 아름다웠더라고 말하리라"는 시를 남기고 1993년 4월 떠났다. 중광은 "괜히 왔다가 간다"는 말을 남기고 2002년 3월 떠났으며, '트위터 대통령'으로 불릴 정도로 많은 말과 글을 쏟아냈던 이외수는 2022년 5월 "나는 아무 말도 안 했다"며 떠났다.

당시 이 기이한 에피소드를 전해 들은 인사동 터줏대감 중엔 이들 셋 이외에 또 다른 한 사람을 떠올린 이가 적지 않았다. 필명 '조오현'으로 잘 알려진 설악무산 스님이다. 시인 신경림은 그를 일러 "가장 승려답지 않은, 가장 승려다운 시인"이라고 하기도 했다. 훗날 심지어 현직 대통령(문재인)조차 "우리 시대의 진정한 무애도인"이라고 회고했다. 스님 스스로는 "천방지축 기고만장/ 허장성세로 살다 보니/ 온몸에 털이 나고/ 이마에 뿔이 돋는구나"라는 열반송을 남기고 입적했다.

그런 스님에 대해 조계종단에선 "세간, 출세간에 걸림이 없던 시대의 선지식"(종정 진제 스님) 혹은 "수행자의 사표"(설정 총무원장 스님)라고 평가했다.

스님은 '무학'이었다. 유치원이나 학교 근처에도 가보지 못했다. 그의 삶 또한 '무학', 학령기 이전의 '천진' 그대로였다. 세상의 시선, 관습, 학습 그 어느 것에도 그는 물들지 않았고, 아니 그 어느 것도 그를 길들일 수 없었다. 생긴 그대로 어떤 의식이나 관습도 걸치지 않은 채 살았다. '유치원생'과도 급이 달랐다.

기인은 기인을 알아본다던가. 스님은 일찍이 중광의 그릇을 알아봤다. 이른바 '막행막식'으로 종단에서 지탄받고 1979년 파문당했을 때도 그를 감싸준 거의 유일한 후원자였다. "(중광) 스님은 일찍이 경전이나 어록의 문구 하나하나에서 불법의 요체를 보고 그 문구들을 뛰어넘어 사람을 보는 데는 불통범성(不通凡聖)의 일척안(一隻眼)을 갖고 있다" "불조밀의는 언어 문자로는 나타낼 수 없음을 안타까워하다가 먹을 짓이겨 '깨달음의 세계'를 그림으로 보여준 선지식"이라는 게 스님의 생각이었다. 스님은 중광의 말년, 병든 그를 거뒀다. 아니 중광은 중으로 죽고 싶다며 백담사로 스님을 찾아왔고, 스님은 그에게 '바위처럼 벙어리가 되라'는 뜻의 법호 '농암'을 주었다.

한센인과 한 철

무소의 뿔처럼 자유를 향한 스님의 삶은 이미 10대 후반에 세상의 기준을 넘어섰다. 밀양 은선암에서 쫓겨나 거리를 떠돌다가 만난 문둥이 부부를 스승으로 모시고 한 철을 지낸 행자 조오현의 삶은 무애행이란 말로도 담을 수 있는 게 아니었다.

그를 은선암에서 내쫓은 것은 이른바 '배은망덕'. 기껏 문자를 가르쳐 사주 보는 법까지 알려줬더니, 은혜를 갚기는커녕 산통만 깼다는 주지 스님의 노여움 때문이었다. 당시 은선암 공양주 보살에겐 16세짜리 딸이 있었다. 주지는 산 아래 동네의 한 부잣집 노인네의 은밀한 부탁을 받고 공양주의 딸을 그 노인의 첩으로 보내려 했다. 주지는 딸의 사주를 보자고 하더니, 노인네와 찰떡궁합이라면서 혼처가 나왔을 때 빨리 시집을 보내라고 했다. 그러면 공양주나 딸이나 세상살이에 운수 대통할 것이라고 장광설을 늘어놨다. 공양주 보살은 그 꾀임에 넘어가 망설이지 않고 딸을 노인네의 첩실로 보내기로 약조했다.

이야기를 전해 들은 청년은 주지가 가르쳐준 대로 처자의 사주를 봤다. 둘은 물과 불처럼 절대로 짝할 수 없는 팔자였다. 곧이곧대로 처자에게 이야기했고, 처자는 울며불며 첩살이 가는 걸 거부했다. 주지의 산통은 깨졌다. 공양주에게서 자초지종을 듣고는 주지는 노발대발, 그날로 불목하니 청년을 내쫓았다. "먹여주고 입혀주고 문자까지 깨우쳐줬더니, 은혜를 원수로 갚고, 절을 망치려는 놈"이라는 주지의 악다구니를 뒤로하고 청년은 은선암을 떠났다. 봇짐 하나 없이 쫓겨나는 그를 멀리 나무 뒤에서 바라보며 울던 처녀를, 천하의 무애도인이 되어서도 스님은 잊지 못했다.

그야말로 집도 절도 없어진 스님은 탁발로 끼니를 때웠다. 모두가 먹고살기 힘든 터라 문간에서 아무리 독경을 해도 집안에선 코빼기도 보이지 않기 일쑤였다. 어느 날 오기가 나서 《반야심경》을 서너 번 독송하면서 문간에 버티고 있었는데, 마침 얼굴을 수건으로 가린 이가 다가와 점잖게 동냥을 청했다. 한센병 환자였다. 문틈으로 그걸 본 주인은 득달같이 나타나 쌀을 한 됫박 퍼주며 빨리 가라고 했다. 스님에게는 미안했던지 삶지도 않은 겉보리 한 움큼만 내줬다.

그걸 보고 스님은 생각했다. '사람들이 부처님보다 문둥이를 더 무서워하는구나. 나도 문둥이나 되어야겠다!' 그리고는 앞뒤 가리지 않고 그 남자를 따라갔다. 남자는 처음에는 달래다가 나중엔 어르기도 하며 내치려 했지만, 스님은 막무가내였다. 남자는 어쩔 수 없었다. '가서 사는 걸 보면 도망가겠지'라고 생각했는지, 따라오는 그를 내버려 뒀다.

남자의 거처는 동리 밖 다리 밑에 있었다. 군용천막과 가마니 따위로 얼기설기 얽어 비나 겨우 가릴 수 있는 움막이었다. 그 안에는 얼굴에 얼룩덜룩 꽃(화농)이 막 피기 시작한 아내가 있었다. 수건을 벗은 남자는 코가 문드러지고, 손가락도 서너 개밖에 없었다.

남자의 예상과 달리 청년의 얼굴엔 미동도 없었다. 두려움도 역겨움도 아무런 표정 변화가 없었다. 청년은 그날부터 움막에 그대로 주저앉았다. '며칠 지내다 보면 떠나겠지. 별수 있겠나.' 남자도 내버려두었다.

움막 한 귀퉁이에는 잡지 《현대문학》과 소설책이 쌓여 있었다. 그날 먹을 동냥을 해오면 남은 시간을 책을 보며 소일했다. 한눈에 봐도 부부는 상당한 지식인이었다. 청년은 남자를 따라 동냥을 가기도 하고, 먹을 게 없으면 다리 밑에서 빈둥대며 소설과 시, 잡지를 읽었다. 그때 헤르만 헤세의 《싯다르타》도 읽었고, 러시아 3대 문호의 책들도 독파했다. 책을 읽고 나서는 남자와 토론도 했다. 남자는 소설의 사회적 역사적 배경과 작가의 사상 등을 이야기해 주었다.

남자는 가끔 도대체 알 수 없는 짓을 시켰다. 아내를 가리키며 "저 사람 젖꼭지를 빨아라" "다리를 주물러라." 처음엔 청년도 여자도 움츠렸다. 몇 차례 다그침을 받고는 여자에게 다가갔고, 그런 청년을 떠밀던 여자도 나중엔 하는 대로 놔뒀다. 그 모습을 남자는 옆에서 싱긋이 웃으며 지켜봤다.

왜 그랬을까? 훗날 생각해보니, 남자는 스님에게서 부처의 싹이 바로 자라고 있는지 살피고 있었던 것 같았다. 연민인가, 육욕인가를 가늠했다는 것이다. 경허 스님이 찾아온 문둥병 여인과 한 이불에서 침식했다는 사실을 스님이 안 것은 그로부터 한참 뒤였다. 경허를 흉내 낸 것도 아니었다.

그렇게 한센인 움막에서 두 계절을 보냈다. 봄이 오고 동네 아이들이 그들을 쫓아다니며 돌을 던지고, 움막까지 따라와 짓궂은 짓을 하기 시작했다. 그러던 어느 날이었다. 남자는 그에게 동냥을 혼자 보냈다. 평소 습관대로 이리저리 쏘다니다가 저녁나절 돌아와 보니 움막은 비어 있었다. 부부는 떠나고 없었다. 이런 내용의 편지 한 장만 달랑 남아 있었다. "행자님은 절에 가서 공부하시고, 부디 부처 되십시오."

눈앞이 아득하고, 눈물이 쏟아졌다. 청년은 그 편지를 들고 1년 가까이 두 사람을 찾아 해남 땅끝마을까지 정신없이 전국을 헤맸다.

돌아보면 한센인 부부는 청년에게 현현한 문수보살의 화신이었다. 오랜 방황 끝에 청년은 밀양의 성천사 인월 화상 밑으로 들어갔다. 지옥의 문턱에서 아름답게 한 철 살다 왔으니, 청년에게는 무서울 게 없었고 걸리는 것도 없었다. 오로지 나고 죽고, 웃고 울고, 슬퍼하고 분노하는, 그러다가 아지랑이처럼 사라지는 인간의 삶, 그 삶의 진리를 따지고 또 표현하는 문학, 특히 시에 몰입했다.

사자처럼, 무소의 뿔처럼

인월 화상은 대처였다. 대처승의 절은 독살림이나 다를 바 없었다. 다른 스님들은 물론 비슷한 또래들과 인연을 맺을 기회가 좀처럼 없었다. 그러다가 신춘문예에 응모했다가 본선에서 낙방한 것을 안 밀양의 몇몇 문학청년이 그를 찾게 되고, 그들의 소개로 대구 파계사의 '문청(文靑)' 성우 스님(현 조계종 전계대화상)과 인연을 맺었다. 청년을 세상 속으로 한 걸음 내딛게 한 성우 스님이었다. 다음은 성우 스님이 전하는, 당시 오현 스님의 '무소의 뿔' 같은 풍모를 보여주는 일화다.

두 사람은 선시를 배우기 위해 청도 유천에 있는 한 암자의 혜초 스님을 찾아가곤 했다. 조사나 선사의 게송 즉 선시에 관한 한 걸어 다니는 백과사전과도 같은 분이었다. 대처였던 그는 두 문청을 늘 반갑게 맞았다. 혜초 스님을 만나고 돌아오는 길이었다. 청도 신둔사의 객실에서 하룻밤을 묵는데, 그날 밤 강도가 들었다. 강도는 객실로 들어와 칼을 턱밑에 들이대고 가진 것을 내놓으라고 윽박질렀다. 성우 스님이 부들부들 떨며 봇짐을 뒤집어 다 내놓을 때 오현 스님은 태연하게 강도를 바라보고만 있었다. "할 일 없어 중들한테 강도질을 하나. 죽일 테면 죽이고, 살릴 테면 살려라."

강도들은 어이가 없는지 눈만 부라리다가 방을 나갔다. 난리를 치르고 자리에 눕자 스님이 한마디 했다. "뭐가 그리 무섭노. 그래 봤자 죽기밖에 더하겠나. 뭐 할라꼬 강도 놈들한테 있는 거 없는 거 다 바치노." 성우 스님은 회고 끝에 이렇게 한마디 덧붙였다. "나는 그때까지도 몰랐다. 이 사람은 어떤 두려움도 없이 자기만의 길을 갈 사람이라는 것을."

자신이 속한 집단에서 하지 말라는 짓이나 일반 대중이 생각지 못하는 짓을 멋대로 하되, 악의 없이 하는 짓을 기행이라고 한다. 천상병 시인이 1960년대 후반부터 1970년대 출판사를 찾아가거나 월급쟁이 친구들을 만나서 오로지 막걸리나 담뱃값(당시엔 500원 안팎이면 하루치가 해결됐다)을 받은 것이나, 이외수 소설가가 지붕 위에 올라가 통음을 하다가 굴러떨어지고, 중광이 구경꾼 앞에서 벌거벗고 그림을 그린다거나 하는 것들이 그렇다.

스님들에겐 지켜야 할 계율이 있다. 음행 따위의 막행으로 계를 범하면 제재를 당한다. 중광은 성기에 붓을 묶고 사람들 앞에서 그림을 그린 일이 빌미가 되어 승적을 박탈당했다. 음행을 금지하는 계를 범했다는 것이다. 술 마시고 담배 피우는 것은 경계에 있다. 누구냐에 따라 때론 막행으로 지탄받는다. 물론 부처님이 언제 술과 담배를 하지 말라고 했냐며 따지면 할 말은 없지만, 한국불교는 수행자들에게 술과 담배를 멀리하도록 한다.

스님은 초년부터 술과 담배를 손에서 놓지 않았다. 심지어 대중 앞에 담배를 입에 물고 불콰한 얼굴로 나타나기도 했다. 2007년 6월 15일 자 〈조선일보〉에 실린 인터뷰 사진은 많은 이들을 놀라게 했다. 한 손엔 담배가 다른 한 손엔 라이터가 들려 있었다.

성우당은 이런 일화도 전했다. 스님은 대처승 절에 있었기에 종단에서 수계를 받지 못했고 대중 살림을 하지 못했다. 스님이 도반을 만나 제대로 공부하고, 뜻을 펼치는 데 치명적인 약점이었다. 그래서 당시 해인사에 주석하시던 고암 종정을 계사로 수계를 받게 하고 또 강원에 입방할 수 있도록 주선했다. 그런데 스님은 해인사에 머무는 동안 담배를 여봐란듯이 피우고 다녔다. 대기하던 중 객실에서 담배를 피우는 모습을 율사인 자운 스님이 지나가다가 봤다. 자운 스님은 그 자리에서 스님을 내쫓았다. 짐 싸 들고 해인사를 나서면서도 스님은 담배를 입에서 떼지 않았다.

스님과는 '한산과 습득'으로 알려진 정휴당은 이런 일화를 전했다.

1960년대 후반 스님이 성천사를 떠나 밀양 금무산 약수암에서 혼자 살림을 할 때였다. 정휴당은 부산에서 기차 타고 삼랑진으로, 삼랑진에서 택시로 약수암에 도착해 법당에 딸린 그의 방문을 열어보고는 웃음을 참지 못하고 기어이 터뜨렸다. 비키니 옷장 하나 없는 그곳에 있는 것이라곤 방구석에 쌓여 있는 잡지 《현대문학》뿐이었고, 방 한가운데에는 담배 한 갑이 고무줄에 매달려 있었다. 누워서 책을 보다가 담배 피우고 싶으면 언제든 끌어당겨 피울 수 있도록 천정에 고무줄을 묶어 달아놓은 것이었다. 법당에 모신 부처님(오현 스님이 직접 통나무를 깎아 만든 목불)의 상호를 보고는 터져 나오는 웃음을 겨우 참았던 그였다.

1970년대 말 문단의 주당 사이에는 전설 같은 이야기가 있었다. 간경화로 병석에 누워 있던 김관식 시인의 병석 머리맡에는 천정에서 늘어뜨린 고무줄에 술주전자가 달려 있었다. 술로 말미암아 얻은 간경화였는데, 몸져누워서도 술 생각이 나면 한 모금씩 마시기 위해 그렇게 장치했다. 스님의 풍경은 1960년대 중반이었으니, 천하의 김관식 시인이 스님을 사숙한 것 아닐까 싶은 생각이 드는 까닭이다.

정휴당은 앞서 범어사 시절 강원 입방 여부를 결정하는 중강으로서, 방부를 들인 무산당을 퇴짜 놓은 인연이 있었다. 해인사 강원 문턱에서 쫓겨난 스님의 앞길이 못내 걱정스러웠던 성우 스님의 부탁을 받고 면접을 봤지만, 행색이 너무 제멋대로이고 꾀죄죄해, 대중 살림이 도저히 불가능해 보였던 것이다. 정휴당은 그로 말미암은 마음의 빚 때문인지 훗날 스님을 독살림에서 빼내, 김천의 계림사로 옮겨 가도록 했다.

무산당이 구미 해운사 주지로 있을 때였다. 한 여신도가 스님을 찾아왔는데 스님은 피고 있던 담배를 한 손에 든 채 신도에게 합장을 했다. 신도는 당황했다. "스님 손에 있는 게 담배 아닙니꺼?" 스님은 눈을 천천히 검지와 중지 사이에서 타오르는 연초를 바라보며 태연스럽게 말하더란다. "어, 야가 와 여 있노?" 신도도 스님도 함께 웃었다.

이 일화를 전한 법등 스님(조계종 원로의원)은 그런 무산당을 두고 이렇게 회고했다. "스님은 아무 걸림이 없는 분이셨다. 그물에 걸리지 않는 바람이고, 소리에 놀라지 않는 사자였다. 어떤 상황이 닥쳐도 흔들림이 없었다. 대기대용한 마음을 지녔기에 가능한 일일 것이다."

술도 밥 아닌가?

술에 관한 이야기는 산중에서건 세속에서건 이미 전설이었다. 스님이 입적했다는 소식에 문재인 대통령이 자신의 페이스북에 올린 회고와 추모의 글 내용은 널리 알려졌다. "불가에서 마지막 무애도인으로 알려진 스님께선 ……제가 뵐 때마다 늘 막걸리 잔과 함께였는데, 그것도 언제나 일회용 종이컵이었다." 문 대통령이 대통령 선거에서 낙선하고 민주당 대표를 하고 있을 때였으니 2014년쯤의 일이었다. "언제 청와대 구경도 시켜드리고, 막걸리도 드리고 용돈도 한번 드려야지 했는데, 이제 그럴 수가 없게 됐다."

문 대통령은 사실 예외였다. 스님은 항상 물과 술을 옆에 두고 있었는데, 찾아온 손님에겐 절대로 술을 권하지 않았다. 한 잔 달라고 요청해도 주지 않았다. 서로가 존경하는 사이였던 고은 시인에게도 마찬가지였다. 개중에는 '왜 혼자만 드시냐'고 항의하는 철부지도 있었는데, 그럴 때면 이렇게 대꾸했다. "나는 암만 술을 마셔도 취하거나 주정을 하지 않는데, 사람들은 술 마시면 취해서 기어오르더라. '중놈이 술이나 마신다'고. 그러니 내가 왜 술을 주겠노." 그러면서 미안했던지 한마디 더하곤 했다. "마시고 싶으면 내사 돈 줄 테니 나가서 친구들 불러 마시게나."

술에 무슨 철학이 있을까마는 스님의 음주를 탐탁하지 않게 생각하는 이들에게 던지는 설명은 정곡을 찌르는 데가 있다. "술이란 게 원래 있는 게 아니다. 나라는 존재도 없는데, 술이 어디 있나. 술은 곡식으로 만든다. 곡식으로는 밥도 만든다. 술과 밥의 본체는 같다. 밥 잘 먹고 시비하고 사람 때려죽이면 그게 술 취한 놈이다. 그런데 술 마시고 기분 좋게 잘 살면 그게 밥이다, 아이가?"

하지만 술에 장사는 없다. 스님도 그랬다. 다만 회복하는 방법이 달랐다. 곡기를 끊고 열흘이나 보름쯤 술만 마시다 보면 기력이 다 떨어져 온몸이 허물어진다. 그러면 스님은 이삼일 물로 술독을 빼내고, 속이 어느 정도 정리되면 손수 죽을 끓여 먹으며 기력을 되찾고, 운신할 만하면 밥을 지어 먹었다. 그렇게 일주일 정도 지나면 다시 술, 담배, 물(차) 순서로 마시고 피우고 마시는 '일상'으로 돌아갔다.

정치권에서 말술로 소문난 손학규 전 의원에게도 그런 스님이 불가사의였다. 그래서 언젠가 '왜 그렇게 술을 드시느냐'고 여쭤봤다. '뭐라고 답해야 하나, 나에게 술은 밥인데.' 그래서 다시는 묻지도, 대꾸도 못 하게 쐐기를 박았다. "손 의원도 좋다고 하지만, 내 머리가 너무 좋습니다. 제정신으로 살면 어떤 나쁜 짓을 할지 모릅니다. 그래서 술에 취해 사는 겁니다." 손학규는 다시는 술 얘기를 꺼내지 않았다.

산악 같은 외로움 너머

스님은 신흥사, 낙산사, 백담사, 건봉사 등 대한불교조계종 3교구를 관장했지만, 안거가 끝나면 강원도를 떠나 주로 서울에 머물렀다. 신사동 만해사상실천선양회(만선회)에 딸린 방에 머물거나, 만선회에서 가까운 도곡동이나 서초동의 오래된 오피스텔에 기거하며 혼자 숙식을 해결했다. '이제 큰 절에서 시봉을 받아도 되지 않느냐'고들 했지만,

그러면 언제나 이렇게 준비된 답을 내놨다. "내가 절에 있으면 거기 주지 스님은 꿔다놓은 보릿자루가 돼. 찾아오는 신도들이 늙어 죽을 일밖에 없는 내게 오고 주지 스님에게는 가질 않아. 다른 스님들도 저마다 뜻을 펼쳐야 하는데 내가 있으면 주눅이 들어, 하고 싶은 일을 하지 못해. 그래서 여기에 와 있는 거야. 서로에게 얼마나 편해."

말은 그렇게 하지만, 스님은 뜬금없이 가까운 이들을 호출해 '절벽 같은' 외로움을 호소하곤 했다. 한둘이 아니었다. 사형 사제 스님들은 물론 유발제자 중에는 유자효, 이지엽, 방민호, 이도흠 등 시인 묵객들이 있다. 이도흠 교수(한양대)에게는 '인생이 덧없다는 것은 알았지만, 요샌 더없이 심심하네'라며 들르라고 했고, 이지엽 시인에게는 '외로움이 그냥 외로움이 아니야. 절벽 같은 외로움이지'라고 하소연하기도 했고, 유자효 시인에게는 '요즘 잠을 잘 자지 못해. 까마득한 절망의 나락으로 떨어지는 느낌이야'라고 호소했다.

언젠가 오피스텔로 찾아갔더니 반쯤 넋이 나간 상태였다. 고쟁이는 끈이 풀어져 반쯤 흘러 내려왔고, 적삼도 풀어 헤쳐져 속옷이 드러나 있었다. 탁자에는 바닥을 드러낸 양주 큰 병 하나가 있었다. "하도 외로워서 말 상대라도 찾으려고 한길로 나갔지. 오가는 이에게 잠깐 이야기 좀 하자고 하지만, 다들 미친 노인네로 생각하고 멀찍이 피해 가더라고. 그래서 꾀를 냈지. 말을 들어주면 그 대가로 시간당 돈을 주겠다고 한 거야. 또라이가 하는 말 누가 믿겠어. 다들 들은 척도 안 했는데, 학생인지 뭔지 한 젊은이가 오피스텔로 따라왔어. 그 사람을 앉혀놓고 나도 모를 말을 쏟아냈어. 내 경상도 사투리가 얼마나 지독하고 발음은 또 얼마나 엉망이었겠어. 처음 듣는 청년은 도대체 무슨 귀신 씻나락 까먹는 소린지 알 수 없었을 거야. 그걸 잠자코 들어줘야 하는 청년에겐 얼마나 큰 고역이겠어. 내가 잠시 한숨 돌리고 오줌 누러 갔는데, 방문 열리는 소리가 들리더라고. 도망가려는 거였지. 돈을 주려고 서둘러 바짓가랑이 올리고 나갔더니 청년은 이미 사라지고 없어졌더라고. 그래서 자네를 불렀지."

스님에게 죽고 사는 것은 문제가 아니었다. 그를 끈질기게 잡고 늘어지며 괴롭힌 것은 바로 그 절벽 같은, 아니 저 산악과도 같은 외로움이었다. 사람 속에서는 더 커지는 외로움, 그러나 사람을 떠나 있게 되면 통풍처럼 발작하는 외로움이었다. 지인들은 스님의 외로움을 '시인의 고질병' 정도로 간주했다. 도인이 호소할 이야기는 아니라고도 생각했다. 그래서 입버릇처럼 하시던 "죽는 날이 가장 행복하고 즐거운 날"이라는 말도 가볍게 알아들었다.

양방 의사들은 그것을 우울증이라고 진단해 약물치료를 권했다. 유발상좌 중엔 의사도 있던 터여서, 그들의 강권에 한동안 우울증 약을 복용하기도 했다. 그러나 "약을 먹으면 정신도 몸도 늘어져 완전히 바보가 되는 거야. 먹다 보니 중독되는지 안 먹으면 증상이 더 심해지고. 그래서 다 내다 버렸지. 외로움은 직면해야지, 피할 수 있는 게 아니더라고. 무문관에 들어가면 그렇게 편할 수 없어. 거기선 뭔가 머리가 복잡해질 일이 하나도 없어. 기대할 것도, 궁리할 것도, 아쉬워할 것도, 따질 것도, 서러워할 것도, 내 과거도 미래도 오늘도 없는 거야."

밖에서 문을 걸어 잠그고, 주는 대로 먹고 마실 수밖에 없는 무문관에 들면 술 담배는 물론 입에 댈 수 없다. 선원의 최고 어른인 조실이 되어서 선방에서 술 담배를 한다면 선승들이 그곳에 방부를 들일 리없다. 스님은 동안거, 하안거 3개월씩 일 년의 절반을 술 담배는 물론 세속과 인연을 아예 단절하고 지냈다. 양의들이 말하는 알코올 의존성 우울증과는 거리가 먼 외로움이었다. 술은 어쩌면 '운명적으로 짊어져야 했던' 그 산악 같은 외로움과 벗하게 하는 매개였는지 모른다. 어려서 엄마의 품을 빼앗기고 세상에 던져졌던 스님에게는 피할 수 없는 것이었다.

'내면의 권승'

웬만한 짓고 까부는 소리는 다 웃어넘기거나 귓등으로 흘려보냈다. 단 하나 끔찍하게 싫어하는 것이 있었다. '권승'이라는 뒷공론이다.

스님의 애제자 가운데 한 사람인 이홍섭 시인은 산문집을 냈다가 스님에게 날벼락을 맞았다. 한 일간지 기자가 이 산문집에 대한 서평을 쓰면서 교계 신문 기자들에게서 주위들은 스님에 대한 뒷공론('권승')을 기사 속에 포함해 일어난 사달이었다. 기자는 이들의 말을 빌려 몇몇 산문에 등장하는 설악무산 스님을 두고, '종단을 움직이는 권승'이라고 썼던 것이다. 스님은 이홍섭이 기자에게 토설한 것으로 오해하고 날벼락을 내렸다. 미워서가 아니라 낭패감 때문이었다. '나를 잘 안다는 사람도 저러니…….' 이홍섭이 '제가 그런 말을 했다면 혀를 잘라버리겠다'는 내용의 사신을 보냈지만, 스님의 낭패감은 오랫동안 사그라지지 않았다.

스님의 등 뒤에서 이렇게 총질하는 이들은 적지 않았다. 조계종단 소속 승려 가운데 열이면 아홉 꿈꾸는 게, 막대한 현찰이 들어오는 신흥사의 주지 자리다. 그것을 두 번씩이나 했고, 설악산문을 호령하는 회주로서 인사와 재정을 장악한 게 20여 년이었으니 돈과 권력에 관심 있는 승려라면 스님을 질투하지 않을 리 없다.

거기에 오해를 살 만한 것도 있었다. 종단 안에서 서의현 스님과 함께 '구악'으로 여겨졌던 몇몇 종단 원로를 스님은 끔찍하게 모셨다. 육친처럼 모신 녹원 스님은 대표적이었다. 녹원 스님은 1980년 초 총무원장이던 월주 스님이 법난의 소용돌이 속에서 쫓겨나자, 중앙종회의장과 총무원장을 역임하며 전두환 정권과 시작부터 끝까지 좋은 관계를 유지했다. 법난의 상처와 고통이 고스란히 남아 있던 시절이었다. 종단 안에서 '권승'으로 꼽히던 서의현 스님은 물론 1994년 개혁불사

때 종단에서 쫓겨난 스님들과도 원만했다. 자승 전 총무원장은 스님을 상좌처럼 따랐다. 총무원장에서 물러난 뒤 백담사 무문관에서 스님과 함께 한 철을 보내기도 했다. 그 경험은 상월결사로 이어졌다.

종단 밖 인간관계는 더 화려했다. 김대중, 노무현, 문재인 대통령과는 개인적으로도 친분이 두터웠고, 전두환 전 대통령 부부는 아예 백담사에서 두 해를 살았으며, 나와서도 때만 되면 그곳을 찾았다. 이명박 대통령의 형이자 최고의 정권 실세였던 이상득 전 의원과는 자다가도 통화를 할 정도로 막역했다. 이수성 전 국무총리는 서로를 도반처럼 여겼고, 양승태 전 대법원장, 김진태 검찰총장, 김희옥 헌법재판관 등은 스님의 상좌를 자처했다. 이밖에 주호영 국민의힘 원내대표를 비롯해 한화갑, 박지원, 김진선 등 지금도 그를 추모하거나 인연을 입에 올리는 이들은 정치권에 즐비하다. 이런 면면만 보면 스님은 권력을 추구하고, 힘세고 돈 많은 이들을 챙기는 '권승'이라는 빈축이 나올 법했던 것이다.

스님은 이렇게 말하곤 했다. "내가 이들에게 찾아가는 것도 아니고, 제 발로 찾아오는데 어떻게 말리겠나. 누구는 내가 영향력 있는 사람들과 관계를 중시하고, 이들을 유발상좌라고 하며 관리한다고 하지만 그건 나와 아무 관계 없는 일이다. 그런 사람들이 왔다 가면, 내게 품위 유지할 돈도 내놓고 가니, 나로서야 나쁠 게 없다. 개중에는 돌아서서 나를 중이 술만 먹고 있더라고 욕하는 이도 있고, 어떤 이는 나를 도둑놈으로 보고 가기도 한다. 다들 자기 그릇대로 보고 받아들이는 것이니 나하고는 관계가 없다. 그러는 것을 내가 어떻게 말리겠나."

2004년 봄이었다. 《신경림 시인과 오현 스님의 열흘간의 만남》 출간 기념 대담 자리에서였다. "스님이 선이나 할 일이지 무슨 시를 쓰느냐"는 시인의 야유성 물음에 "시(詩)를 파자하면 절집(寺)+말(言)입니다. 절에서 쓰는 말이 시입니다." 혹은 "선시일미(禪詩一味)라는 말도 있습니다. 쓰는 말은 다르지만 선과 시가 추구하는 내용과 맛은 하나라는 것입니다." "'시는 선객에게 비단 위 꽃이 되고(詩爲禪客添錦化)/ 선은 시인에게 옥칼을 준다(禪是詩家切玉刀)'는 원호문의 말도 있지요." 따위의 부드러운 말로 시인의 냉소를 무색게 했다.

그러자 시인은 한층 더 예리한 칼을 꺼내 휘둘렀다. "밖에서는 스님을 권승 혹은 괴각승이라고 이야기들 하는데 어떻게 생각하십니까?" 스님의 얼굴에서 잠깐 미소가 사라졌다. 카랑카랑한 경상도 사투리로 조용하지만 단호한 한마디가 흘러나왔다.

"불가에는 일수사견(一水四見)이라는 말이 있습니다. 같은 물이라도 보는 사람의 입장에 따라 다르게 보인다는 것입니다. 천인에게는 보석으로 장식된 연못으로 보이고, 사람은 단지 마시는 물로 보며, 물고기는 집으로 알고, 아귀는 피고름으로 봅니다. 누가 어떻게 저를 보느냐는 저와 상관이 없습니다." 시인은 조용히 칼을 거둬들였다. 잘못 대응했다가는 아귀가 되거나 물고기가 될 수 있었다.

스님이 총무원이나 총무원 행사에 간 것은 일생 딱 세 번이었다고 한다. 이 가운데 두 번은, 서로 존경해 마지않던 지관 스님의 총무원장 취임식과 지관 스님이 입적해 총무원에서 치른 장례식 때였다. 대통령이 훈장(2002년 국민훈장 동백장)을 수여할 때도 스님은 청와대 행사에 참석하지 않았다.

스님이 종단 권력에 줄을 댄 것으로 오해받을 만한 일이 한 번 있었다. 정휴 스님의 전언이다. 그가 〈법보신문〉을 창간하고 책임자로 있을 때였다. "스님이 미국에서 돌아와 행운유수 혹은 걸승으로 떠다닐 때였다(스님은 1980년 법난 때 신군부에 끌려 서빙고 호텔에 끌려갔고, 나와서는 신흥사에서 나와 혈혈단신 미국으로 떠나버렸다. 귀국해서는 집도 절도 없이 떠돌았다). 스님은 1988년께 나에게 이런 부탁을 했다. '네가 집행부 편을 들어줘야겠다. 내가 신흥사로 돌아가야겠다.' '정말 미안하다.

내 욕심 때문에 너를 의리 없는 사람으로 만들었다.' 스님에겐 엉망이 된 설악산문을 다시 일으켜 세울 생각밖에 없었다."

18년 뒤 신흥사, 낙산사, 백담사 등 설악산문은 '조계선풍시원도량'으로 다시 탄생했다.

경전에 나타난 부처님의 두드러진 인연은 왕과 귀족 그리고 장자(부자)였다. 북인도의 대국이었던 마가다왕국의 빔비사라왕, 꼬살라왕국의 빠세나디왕의 스승이었으며, 카필라의 숫도다나왕은 그의 아버지였고, 어머니 마하마야는 꼴리아 왕국의 공주였다. 부처님과 제자들이 북인도의 황야와 밀림을 편력하는 동안 이들을 후원한 것도 그들이었다. 특히 사업으로 돈을 번 장자들은 부처님과 승단이 안거하거나 머물 곳을 기증했다. 녹야원, 죽림, 중각강당, 기원정사 등 수많은 절(정사)과 임야가 그들의 후원이었다. 하지만 널리 알려진 왕과 귀족, 장자와의 만남과는 비교할 수 없을 정도로 더 많은 시간과 노력을 부처님은 가난하고 비천한 이들을 위로하고 구제하는 데 쏟았다. 부처님이 꼬살라, 마가다, 말라, 사꺄, 꼴리아 등 14개국을 편력하면서 설법한 횟수는 무려 1,346회에 이른다.

스님의 행적에서도 대통령과 권력자들과의 인연이 두드러지지만, 사회적 약자와의 관계는 수면 아래의 빙하처럼 압도적으로 넓고 깊다. 백담마을 노인회와 주민과의 이야기는 널리 알려진 대로이고, 이 밖에도 사회복지관, 요양 시설, 전태일기념사업회와 노동자, 반값 등록금 시위 대학생들 등 스님의 손길은 우리 사회의 춥고 어두운 곳에 더 깊이 많이 미쳤다. 스님에겐 상하란 게 없었다. 오히려 낮고 배고픈 이들을 더 섬겼다.

2014년 부처님오신날 몇몇 일간지와 작심을 하고 인터뷰를 했다. 당시는 세월호 침몰 사고로 전 국민이 슬픔에 젖어 있을 때였다. "불교 화두에 병정동자래구화(丙丁童子來求火)라는 말이 있다. 불(병정)을 가지고 있으면서 남에게 불을 구한다는 뜻이다. 요즘 권력이나 좇는 자들이 그렇다. 민심이 천심이라고 했는데 민심은 외면한 채 천심만 구한다. 대통령은 시대가 바뀌었는데도 아버지 때의 대통령에 집착하고 있다. 대통령이 힘을 빼야 나라가 편안하다." 얼마 지나지 않아 현직의 김진태 검찰총장이 스님을 찾아와 한참 이야기했다. '브이아이피'의 경고를 전하려는 것이었다. 스님은 상하가 없는 게 아니라 '위'에는 더 엄격했다.

좌우란 것도 없었다. 만해축전의 공동 주최자로 〈조선일보〉를 택했다. 이도흠 교수(한양대) 등 운영위원진은 '어떻게 수구 꼴통 신문과 함께할 수 있느냐'고 항의했다. 그러자 스님은 이렇게 다독였다. "꽃만이 아니라 돌을 던진 사람도 사랑해야 불자인 게다. 〈조선일보〉가 고은 시인이나 리영희 교수 같은 진보 인사에게 상을 준다면 그것이 더 아름답지 않겠는가?"

실제로 스님은 만해상 수상자로 김대중, 리영희, 이소선, 고은, 김지하, 조정래, 강원용, 함세웅, 법륜, 두봉 주교, 백낙청, 박원순 등 이른바 사회운동가들을 골라 수상했다. 거기에는 〈조선일보〉 쪽의 끈질긴 반대에도 2번의 거듭된 추천을 통해 관철한 신영복 교수도 포함돼 있고, 쌍용차 해고노동자 지원단체인 '손잡고'와 노란봉투 캠페인도 포함돼 있다.

부처님의 팔은 기형적으로 길다. 거의 무릎까지 내려온다. 아마도 세상 어느 구석의 고통이라도 어루만지기 위함이었을 것이다. 스님의 팔도 길었다. 좌우상하, 그 모두를 아우를 만한 크기였다.

"팔만대장경을 한마디로 줄이면 뭐가 되는지 아나?" "'사람 차별하지 말라'는 것이다. 사람 눈에서 눈물 흘리지 않게 하라는 거다. 알았나?" 스님이 자주 일깨우는 말이었다. 차별만큼 사람을 고통스럽고 억울하고 비참하게 만드는 것은 없다. '권승' 해프닝으로 날벼락을 맞았던 이홍섭 시인은 그런 스님을 두고 '진정한 내면의 권승'이라고 평가했다. 자신에게는 엄격하고, 강자에게는 추상같았고, 낮고 약한 이들에겐 너그러웠다는 것이다. 시의 도반 성우 스님은 2018년 스님의 장례식 추모사에서 이렇게 가슴을 쳤다. "한평생 남녀노소, 빈부귀천을 분별하지 않고 선인이든 악인이든 대자대비의 무애행을 펼쳐 중생의 친구가 되고자 하셨던 천진무구한 대종사님의 법안이 오늘따라 사무치게 그리워집니다."

진정한 부자

스님의 등 뒤에서 하던 총질이 하나 더 있다. '돈승'이라는 것이다. 스님은 가끔 이렇게 한탄했다. "참, 내가 만해마을 지어서 세상 사람들 욕을 다 듣는다." 스님이 어렵게 만해마을을 지어, 한 층을 통째로 작가에게 내주어 글을 쓰게 지원했더니 그들에게서 돌아온다는 것이 이런 빈축이었다는 것이다. '스님이 무슨 돈이 많아서 그렇게 쓰는 거지?'

그런저런 소문을 들었는지 사제인 지혜 스님(현 신흥사 주지)은 언젠가 작심하고 한마디 했다고 한다. "절 돈 함부로 쓴다는 소문이 들립니다. 스님, 제발 돈 그만 쓰세요." 이 용기 덕에 그는 지금도 가슴에 새기고 있는 따끔한 말 한마디를 들었다. "중들은 시주의 은혜로 산다. 그런데 중들은 그 은혜를 어떻게 갚고 있노. 은혜를 갚자면 가진 것을 골수까지 다 내주어야 한다. 그런데 느그들은 도대체 움켜쥐려고만 할 뿐 놓으려고 하지 않는다. 그래서는 안 된다. 있는 거 다 나누어야 한다. 옛날부터 가난한 이들에게는 밥을 주고 객승에게는 여비를 줬다. 나누는 게 불교다."

스님의 객비는 절집 동네엔 유명하다. 스님은 동안거 하안거 결제와 부처님오신날 법회가 있을 때면 만해마을을 나서 신흥사 법회에 갔다.

스님이 오고 갈 때면 만해마을이나 신흥사 주차장엔 객승들로 가득했다. 스님이 나타나면 객승들은 문자 그대로 떼로 달려가 스님 앞에 넙죽 절을 했다. 대부분 집도 절도 없고, 소속이나 승적도 없는 유랑승이거나 걸승 혹은 가짜중이었다. 그러나 스님은 가리지 않고 주머니에서 집히는 대로 객비를 나눠줬다.

종단에서는 2013년 객비를 없애도록 권고하는 내용이 포함된 '승가청규'를 제정한 바 있다. 순전히 객비를 바라고 절집 행사를 돌아다니거나 탁발을 핑계로 길거리에서 구걸하는 등 승려의 품위를 떨어트리는 유랑승이나 걸승의 폐해를 막자는 것이었다.

몇몇 문도는 행사 때 모여드는 객승들을 쫓아내곤 했다. 우연히 그 모습을 본 스님은 불같이 화를 냈다. "저 사람들이나 너희가 뭐가 다르노. 저 사람들은 객비 몇 푼 얻으면 그만이다. 너희는 그 돈 아껴 어디다 쓰나. 양심적으로 말해봐라. 나도 엉터리 중인데 너희는 참중이가. 중생이 부처인데 사람을 차별하면 부처를 차별하는 거나 마찬가지다. 안 그랬나."

이렇게 '차비'를 두둑이 얻어가곤 하던 객승 중에는 춤으로 고마움을 표시하던 유랑승이 있었다. 그는 스님의 다비식 때 연화장의 불길이 다 사그라들 때까지 불꽃처럼 타오르다가 훨훨 날아가는 춤사위로 불꽃과 연기로 사라지는 스님을 추모해, 문도와 신도의 가슴에 진한 여운을 남겼다. 그는 동안거 하안거 결재 법회 때 스님 앞에서 춤을 추곤 했는데, 문도가 이를 제지하다가 한 소리를 듣곤 했다.

스님은 절 돈으로 특히 가난한 문인 특히 시조시인을 많이 후원했다. 스님의 덕을 안 본 사람이 드물 정도였다. 스님이 발행하던《유심》에는 무명이거나 가난한 시인들의 시가 많이 실렸는데, 이들은 고료를 받고는 까무러칠 정도로 놀랐다. 가난한 홍일선 시인의 경우 "원고료를 보고는 문학상 상금이라도 받는 줄 알았다"고 했다.《유심》편집장을 지낸 고광영은 "스님은 편집에는 간여하지 않았다. 다만 이번 호에는 아무개, 아무개 시인에게 청탁하라고 하고는 한 달 뒤 원고료를 줄 때는 지명도가 아니라 가난한 정도에 따라 원고료를 지급하라는 말씀을 하셨다"고 전했다.

시인만이 아니라, 원고료로는 도저히 아이들을 학교에 보내기 어려운 사람들의 자녀에게는 부모 몰래 매달 수십만 원씩 장학금을 보냈다. 장학재단이 따로 있는 것도 아니고 순전히 스님의 용채를 모아 보내는 것이었다. 대상자도 20년 이상, 수백 명에 이르렀다. 그중에는 신흥사 합창단원의 아들, 나태주 시인의 딸 등도 있었고, 대학생이던 백담사 공양주 보살 딸도 있었다.

수혜자인 나민혜 교수(서울대)에게 익명의 그 스님은 '키다리 아저씨'였다. "대학 다니는 동안 일면식도 없는 '오현'이라는 스님으로부터 장학금을 받았다. 학비와 생활비를 벌기 위해 닥치는 대로 아르바이트를 하던 시절이라, 눈물 나도록 고마웠다. 그분을 2012년 만해마을 문학 콘서트 진행자가 되어 만나게 되었다. 미리 인사말을 잔뜩 준비했는데 스님은 '고맙다'는 말을 꺼낼 틈도 없이 허허 웃으며 인사만 하고 지나갔다."

백담사 사하촌인 용대리 주민에게는 한없이 자상한 큰스님으로 기억된다. 정래옥 전 이장의 기억이다. 스님은 전두환 전 대통령이 백담사에 기거할 때부터 운행하던 버스 2대의 운행권을 마을에 넘겼다. 마을에서 매년 결산이 끝나고 얼마간 사례비를 백담사에 전하면 그마저도 인제군청에 장학금으로 얼마, 마을 노인회 얼마를 주도록 하는 등 그 자리에서 모두 내놓았다. 버스가 10대로 늘어나, 지금은 그 수익금으로 추석과 설에 마을 가구당 50만 원씩 성과금을 주고, 대학생 자녀에게는 1인당 100만 원씩 장학금을 주고 있으며 나머지는 마을 발전기금, 불우이웃돕기에 쓴다.

"2007년 용대리 540여 가구 유선 티브이 선로 상태가 나빠 도와달라고 떼를 썼습니다. 스님은 웃으며 당장 시작하라고 하셨습니다. 나중에 백담사에 고마움을 전하러 갔더니 주지 스님이 그러더군요. '이장님 저기 보세요.' 가리킨 곳을 보니 종각을 새로 지었는데 종각 안에 범종이 없었습니다. 범종 조성 비용을 용대리 티브이 시청 비용으로 쾌척한 것이었습니다."

2011년 반값 등록금 촉구 집회가 대학가를 휩쓸 때였다. 경찰은 수백 명의 대학생을 골라 15만~200만 원의 벌금을 물렸다. 그때 일간지 〈한겨레〉에는 스님으로부터 벌금 전액에 해당하는 1억3천만 원의 기부금이 들어왔다. 스님이 내건 조건은 하나였다. '익명'이었다.

스님은 돈 많은 절을 관장할 때만 돈을 잘 쓴 게 아니었다. 집도 절도 없이 동가식서가숙할 때도 돈이 생기면 생기는 대로 필요한 이들에게 나눠줬다. 1987년이었다. 이근배 시인은 스님에게서 '불국사 통일대종 명문' 문장을 의뢰받고, 원고지 5장에 50만 원을 받았다. 명문의 문장으로 채택된 뒤에는 2백만 원이 들어왔다. 당시 일반 월급쟁이의 넉 달 월급이었다. 오세영 시인도 그 시절, 미국의 아이오와 대학 국제 창작프로그램 참석을 앞두고, 스님에게서 여행경비로 쓰라며 봉투를 받았다. 1987년은 스님이 '인사동 유랑승'으로 떠돌 때였다. 1980년대 불교계에서 사회운동을 주도했던 실천승가회도 스님으로부터 상당한 도움을 받았다. 기자, 시인, 종무원 등 가리지 않았다. 아무리 가난할 때도 스님은 가난에 기죽기는커녕 재벌 총수 부럽지 않게 살았다.

유자효 시인(한국시인협회 회장)의 기억이다. 미국에서 만행할 시절 제자로 받아달라고 했던 서인혁 국술원 총재는 가끔 스님께 여행이나 하시라며 여비를 보내왔다. 한번은 가까운 문인들과 여행을 가자고 했다. 여행 프로그램은 지중해 크루즈. 다들 입이 떡 벌어졌다. 문인들로선 꿈도 꿀 수 없는 여행이었다. "혼자 좋은 걸 보면 무슨 재미냐"라는 게 스님의 한마디였다.

스님이 문학인에게 이렇게 각별했던 것은 당신이 시승이기 때문이라기보다는 스님이 생각하는 문학의 가치 때문이었다. 스님은 《불교평론》《유심》 등의 잡지를 직접 창간 혹은 복간해 지원했고, 현대불교문학상도 후원했다. 이 밖에도 《불교문예》《열린 시조》 '이상시문학상' 등 스님이 후원한 문학지와 문학상은 손에 꼽기 힘들다. 가톨릭문인회 사무실 마련에도 대들보 하나 정도 후원했다는 게 신달자 시인의 이야기다.

제자들 사이에 불만이 없을 수 없다. 그럴 때마다 스님은 이렇게 다독였다. "절을 짓는 것도 중요하지만, 문예지를 만들고 좋은 작품을 싣는 것은 정신의 절을 짓는 일이다. 좋은 시 한 편이 절 한 채 짓는 것 못지않다. 이 잡지를 통해 많은 시인 묵객 지식인이 불교와 가까워진다면 그게 얼마나 큰 포교이겠는가." 시인 혜관 스님에게는 '절 열 채 짓는 것보다 시 한 편 멋지게 쓰는 것이 낫다'면서 시작에 더욱더 정진하기를 당부하기도 했다.

2000년 초 의상만해연구원 12명이 스님과 상견례를 했다. 스님의 첫 말씀은 "난 돈 쓰는 재미로 산다"였던 것으로 참석자들은 기억한다. 참석자 중 한 사람인 '좌파 지식인' 이도흠 교수는 "사람들은 '땡초 중 아니야?'라고 했을지 모르겠다. 나도 거기에 포함된다. 그러나 얼마 지나지 않아 깨달았다. '스님이야말로 돈에서 교환가치와 증식과 물질적 욕망을 쏙 빼버리고 사용가치만 남기는 반자본주의적 주체이자, 삼의 일발만 빼고 무소유를 실천하는 진정한 불제자'라는 사실을. 스님의 돈은 걸인과 걸승, 고통받는 서민, 가난한 문인과 학자들에게는 감로수였고, 높은 자에게는 죽비였다." 스님에겐 돈에 대한 집착이 전혀 없었고, 그렇기에 돈으로 말미암은 걸림이 없었다.

스님의 시자 김병무 만해사상실천선양회 감사는 이렇게 회고했다.

"스님은 절대로 돈을 주머니에 오래 놔두지 않았다. 승속을 떠나 필요한 사람에게 바로 이전됐다. 스님에겐 통장도 없었다. 스님은 절 살림살이 책임자에게 늘 이렇게 강조했다. '절 돈은 내 돈, 우리 돈이 아니다. 중들이 무슨 노동을 한 것도 아닌데 왜 그걸 자기 통장에 넣어두려 하노. 옛 스님들은 재색지희는 독사보다 더 무섭다고 했다. 그러니 먹고살 것 빼놓고는 다 되돌려주어야 한다. 이것이 불교가 세상으로부터 받은 은혜를 갚는 길이다.'"

무소유에 대한 스님의 생각은 남들과 달랐다. 진정한 무소유란 거지로 사는 게 아니라, 소유에 집착하지 않는 것이라고 했다. 있으면 있는 대로 나누고, 없으면 없는 대로 살면 그게 무소유라는 것이다. 실제로 돈을 쓸 줄 모르는 사람이 돈에 욕심을 내거나, 가진 것을 놓지 않으려 할 때 사고가 터진다. 종단 안팎에서 잊을 만하면 불거지는 축재, 은처 따위의 범계 사건은 그런 이들의 탐욕에서 비롯된다. 돈에서 자유로운 사람에게 돈이 간다면, 이도흠 교수의 말대로 필요한 이웃들에게 감로수가 된다. 고이지 않는 게 무소유고, 흐르는 것이 무소유의 실천이다. 스님은 "대통령보다 더 돈을 잘 썼"지만, "진실로 돈에서 자유로운 분이셨"다(명법 스님, 해인사 국일암 감원).

스님의 시 중에는 당신의 면모를 떠오르게 하는 시 한 편이 있다. 〈늙은 중과 도둑〉이다. 한 스님이 폐가에 들어가 사는데, 보다 못한 주민들이 집을 수리해주면서 생긴 일이었다. "……집을 보수해 놓으니 집주인이 부자인 줄 알고 도둑이 들었는데 늙은 중은 도둑에게 줄 물건이 없어 입고 있던 옷을 홀랑 다 벗어주고 알몸으로 마당가에 나와 둥근 달을 쳐다보고 밝아졌습니다. / '저 아름다운 달까지 줄 수 있었더라면 얼마나 좋았을까.'"

체로금풍(體露金風)

스님이 먹고 마시고 입고 자는 것은 처음부터 끝까지 가난했다. 유랑승이었을 때나 설악산을 호령할 때나 마찬가지였다. 공초 오상순 시인이 조계사 지대방에 머물 때였다. 공초가 1963년 작고했으니 1960년대 초반이었을 것이다. 스님은 조계종의 계를 받은 승려도 아니고, 돈벌이 재주도 없는 터여서 지대방 청소를 하며 숙식을 해결하고 있었다. "당시 공초 선생은 최고급 담배인 '백양'을 태웠는데 내가 매일 그 재떨이를 비웠어요. 내가 꽁초를 모아 핀다는 사실을 안 선생께서 재떨이를 치울 시간이 되면 담배 한 갑을 몰래 놔두고 방을 비웠죠." "선생은 저에게 무사시귀인(無事是貴人)이라는 깊은 깨우침을 남겨주셨죠. 세상의 번뇌, 시비를 끊어야 귀인이 된다는 것이었습니다." 스님은 설악산문의 조실이 되어서도, 담배가 떨어지면 당신이 비벼 끈 꽁초를 주워 피웠다.

거처하던 오피스텔에는 밥솥과 냉장고가 있었다. 전기밥솥이야 손수 밥이나 죽을 끓이는 데 쓰였겠지만, 냉장고에는 신흥사, 낙산사, 백담사 등에서 보내온 김치만 가득했다. 그 김치도 가끔 찾아오는 이들에게 한 통씩 내줬다. 김지헌 시인도 이 가운데 한 사람이었다. 가을이 되면 양양에서 보내온 송이도 몇 보따리 있었는데, 항상 보따리째 그대로였다. 그것 역시 운 좋게 때맞춰 찾아온 이들의 몫이 되었다. 스님은 손수 송이를 구워 먹여주며 그 모습을 지켜보는 것으로 즐거움을 삼았다.

찾아오는 이에게 밥값을 넉넉히 주는 스님이었지만, 따라나서는 일은 별로 없었다. 중국집에 자장면이나 우동 한 그릇 시켜 달라고만 했다. 혼자서 외식을 하는 경우는 더더욱 없었다. 스님은 몇 날 며칠 곡차 선정에 드는 경우가 많았으니 음식을 먹을 일도 별로 없었다. 젊은 시절 약수암에서 독살림할 때와 달라진 게 없었다.

가을이 저물고 북쪽에서 찬 바람 몰아치면 나무들은 잎사귀를 떨군다. 첫눈이 오기 전 나무는 걸친 것들을 대부분 벗어버리고, 둥치와 가지만 남긴다. 체로금풍(體露金風, 본래 모습 그대로)이다(《벽암록》 27칙 '운문의 체로금풍'). 같은 뜻의 선어가 하나 더 있다. 《벽암록》 84칙('유마거사의 불이법문')과 90칙('반야의 본체')의 수시에서 원오극근이 언급한 '정라라적쇄쇄(淨裸裸赤灑灑)'다. 진리의 본래 모습은 아무것도 걸치지 않은 벌거숭이 모습 그대로라는 것이다. 스님의 삶과 면모를 은유하는 데 안성맞춤인 표현이다.

〈설악 조오현 시인의 선시조 연구〉로 박사학위를 받은 배우식 시인은 어느 날 새벽 스님으로부터 전화를 받았다. 서둘러 갔더니 '우리 함께 욕탕에 가자'고 했다. 당황해서 어찌할 바를 모르자, 스님은 괜찮다며 다음에 가자고 했다. 1년 뒤 시조집 《인삼반가사유상》을 발간하자 추천사를 써줬는데, 거기엔 이런 내용이 포함돼 있었다. '배우식 시인과 함께 홀랑 벗고 욕탕에 들어가고 싶다.'

스님은 아무것도 걸치지 않고 살아왔다. 살아온 과정에서 쌓인 업도 습도 버리고 또 버렸다. 알량한 알음알이에 의한 시시비비도 없고, 편견에 따른 구별도 차별도 없었다. "옳다고 해도 옳다고 할 만한 것이 없고, 그르다고 해도 그르다고 할 만한 것이 없다. 옳고 그름을 이미 버리고 얻었다거나 잃어버렸거나를 모두 잊어버리면 깨끗한 벌거숭이가 되어 아무것도 거칠 것이 없다"(《벽암록》 84칙)고 했다.

스님은 그런 벌거숭이기를 바랐고 또 그렇게 살았다. 습관과 알음알이와 시비와 분별 등 온갖 누더기를 걸치고, 또 쌓아 올린 이들의 눈에는 그것이 파격이고 괴각이고, 괴벽으로 보였을 것이다. 안타까운 일이지만 어쩌랴. 스님이 말했듯이 '나와는 아무 관계가 없는 일'이었다. 제 습관대로 혹은 제 처지에서 보는 걸 누가 어떻게 말리겠는가. 그리고 남이 제멋대로 본다고 해서 '내'가 달라질 것도 아니니 상관할 일이 아니다.

《벽암록》 9칙('조주사문')에 스님이 단 사족에는 이런 부처님의 일화가 있다. 어느 날 고약한 외도가 찾아와 온갖 욕을 퍼부어가며 부처님을 모욕했다. 그러나 부처님은 묵묵부답 아무런 반응을 보이지 않았다. 외도는 싱거웠던지 입을 다물었다. 그러자 부처님이 물었다. "그대 집에도 손님이 오는가?" "그렇소." "대접을 잘하는가?" "그렇소." "대접한 음식을 손님이 안 먹으면 누구 차지인가?" "물론 우리 차지요. 엉뚱한 얘기는 왜 합니까?" "오늘 그대는 내게 욕설의 진수성찬을 차렸지만, 나는 받고 싶지 않소. 그러면 그것은 당신 차지가 될 것 같소. 내가 응대했다면 손님과 주인이 욕설을 주거니 받거니 하는 꼴이 될 터인데, 나는 그렇게 하고 싶지 않소." 부처님도 남이 욕을 하든 손가락질을 하든 상관하지 않았다.

파천황(破天荒)

국내에는 거의 알려지지 않은, 그저 '미국 만행'이라고 하여 조각조각 편린만 알려진 일화가 있다. 그야말로 파천황이었던 스님의 기행과 그로 말미암은 전인미답의 전법에 관한 이야기다. 1981년 미국 샌프란시스코에서의 일이다.

승복 차림에 머리를 민 남자가 있었다. 노동자들이 즐겨 마신다는 싸구려 짐빔 두 병이 비어 있었다. 누가 신고했는지 경찰 두 명이 왔다. 영어로 아무리 물어도 남자는 손사래만 치며 무어라 중얼거렸다. 사내가 아는 영어라고는 '디시(접시)'와 '워시(닦다)'뿐인 것 같았다. 경찰은 통역을 불렀다. 중국인이었다. 통역은 손을 내두르고 떠났다. 다른 통역을 불렀다. 일본인이었다. 그도 마찬가지였다. 난감한 상황인데 마침 길 가던 한 한국인이 그 모습을 보고는 스님에게 말을 걸었다. 워낙 사투리가 심한 탓에 한국인도 겨우 남자의 말을 알아듣고는 경찰에게 전했다. "잘 곳도 먹을 것도 없다. 일자리가 필요하다. 접시 닦을 줄은 안다."

마침 한국인의 부모는 그곳에서 식당을 하고 있었다. 일사천리로 일은 풀렸다. 빡빡머리에 승복을 입은 그 남자는 통역해준 이의 부모님 식당에서 일을 하게 됐다.

식당의 단골 중에는 한 신부가 있었다. 신부는 주인으로부터 한국 스님이 이곳에서 접시 닦는 일을 한다는 사실을 전해 들었다. 신부는 솔깃했다. 신도들을 상대로 한국인의 종교와 문화에 대해 강연을 하면 좋겠다는 생각이 들었다. 스님을 성당으로 초청했다. 한국에서 보안사에 의해 쫓기듯이 미국으로 왔던, '디시'와 '워시'밖에 모르던 이가 최고의 전법사로 다시 태어나는 순간이었다. 그가 바로 오현 스님이었다.

이보다 반년 전쯤인 1980년 10월 26일, 쿠데타로 정권을 찬탈한 신군부 보안사는 전국의 주요 사찰을 급습했다. 총무원 지도부는 물론 전국의 주요 사찰 주지 스님들을 잡아들였다. 대부분 영문도 모른 채 끌려갔다. 마침 스님은 출타 중이어서 신흥사 부주지가 끌려갔다. 스님은 이 사실을 알고 이튿날 자진 출두했다. 바로 서울 서빙고동의 일명 '빙고호텔(보안사 수사단)'로 끌려갔다.

군인들은 다짜고짜 지금까지 승려로서 잘못한 행적들을 쓰라며, 책한 권 분량이나 되는 투서를 던졌다. 그것을 이미 읽어 봤을 젊은 수사관들은 혀를 차고 있었다. '중이 아니구먼.'

대충 훑어보니 누가 그런 짓을 했는지 알 만한 무고였다. 스님은 대뜸 그 수사관에게 말했다. '다 사실이니 당신들이 그대로 쓰세요.' 당신은 그러면 지장만 찍겠다는 것이었다.

수사관들의 표정이 바뀌었다. "아니, 다른 스님들은 하나같이 청정

계행으로 수행에만 전념했을 뿐 어떤 일탈 행위도 없었다고 하소연하는데 스님은 왜 그러십니까?" 스님은 무덤덤하게 대꾸했다. "그렇소. 나는 중이 못 됩니다. 낙승입니다. 이제 됐습니까?" 옆방에서 누군지 모를 타작 소리에 비명과 신음이 들려왔다.

신흥사는 불국사와 함께 돈이 가장 많이 들어오는 절 가운데 하나였다. 국립공원 입장료와 함께 원천 징수하는 문화재관람료 수입만 해도 수십억 원이었다. 종단 권승이라면 누구나 군침을 삼키는 절이었다. 신흥사에 바람 잘 날이 없었던 것은 그 때문이었다. 주지 자리를 놓고 터무니없는 무고와 고소 고발이 하루가 멀다고 수사기관에 들어갔다. 스님은 잘 알고 있었다. 똥통은 스쳐 지나치기만 해도 어쨌거나 구린 내는 피할 수 없는 법. 구차하게 싸울 이유가 없었다.

수사관들이 숙덕거리더니, 오히려 스님을 걱정했다. "이러시면 스님은 앞으로 절에서 쫓겨납니다. 스님 노릇을 못 하게 될 뿐 아니라 감옥에 갈 수도 있습니다." "괜찮습니다. 낙승이 어디서 살든 무슨 상관이겠습니까." "스님, 적당히 하십시오. 저희가 알아서 처리하겠습니다." 이번엔 스님이 완강했다. "중노릇 더 해서 뭐하겠습니까."

"알겠습니다. 그러면 스님, 저희가 뭐 해드릴 거라도 있겠습니까?"

"그래요? 이제 한국에서 무슨 염치로 살겠습니까. 미국에라도 가겠으니 거기서 먹고살 돈 좀 가져가게 해주십시오." "얼마나?" "2만~3만 달러는 필요하지 않겠습니까."

당시는 달러 반출이 엄격하게 제한되고 있었다. 2천~3천 달러 이상 반출은 불가능했다. 군인들이 서로 쳐다보더니 책임자를 데리고 왔다. "어렵긴 한데, 어떻게 해보겠습니다. 공항에서 못 나가게 하면 저희를 찾아주세요." 군인들은 스님을 잡아둘 이유도 없어 바로 풀어줬다. 스님은 곧 여비를 마련해 공항에서 한바탕 소란 끝에 공항의 보안대 분실의 도움으로 미국으로 출국할 수 있었다.

그러나 주머니에 돈을 두지 못하는 스님은 곧 여비를 다 나눠주고 써버렸다. 불과 대여섯 달만이었다. 결국 스님은 빈 주머니로 길거리에 나앉은 것이었다.

어쨌거나 한국의 종교와 문화를 주제로 한 스님의 성당 강연은 한국인은 물론 미국인의 눈과 귀를 끌어모았다. 강연 내용은 대체로 이랬다. 미국인들의 도움으로 한국은 전쟁을 극복하고 이제 먹고 살 만큼 됐으며, 미군이 왔을 때 자신도 과자를 얻어먹기 위해 크리스마스 때면 교회에 나가고, 한 몫이라도 더 얻으려 강아지까지 데리고 갔었노라고 운을 뗀 뒤 주로 황진이의 시조와 삶을 통해 풍부하고 구성진 한국의 문화를 소개했다. 지족선사를 유혹해 파계시킨 뒤 썼다는 시조, 당대의 명창 이사종과 6년간 계약 결혼을 하고 살다가 헤어진 후 그를 그리워하며 쓴 시조, 그리고 먼저 불우하게 세상을 떠난 황진이를 그리워하며 백호 임제가 그 무덤에 술 한 잔 올리며 쓴 시조를 통해, 한국인의 꿈과 사랑, 만남과 이별, 시와 문화, 사회 구조와 삶을 풀어낸 것이다. 가령 "황진이가 이사종을 그리워하며 쓴 시조를 음미하다 보면 내가 부처 되는 것보다 그녀와 함께 사는 것이 더 행복할 것 같다는 생각이 든다"라든가 "한국에는 유럽보다 300년 전에 이미 계약 결혼이라는 게 있었다. 먼 나라 사람이 아니라 여러분과 같은 사람"이라는 식이었다.

스님은 이 강연 이후 잘 팔리는 강사가 되었다. 성당과 교회의 초청을 받아 10여 차례 더 연단에 섰다. 이후 샌프란시스코에서 유명 인사가 되자 다른 곳에서도 강연 요청이 들어왔다. 시조를 배우겠다며 10여 명이 매주 토요일 스님을 찾아오기도 했다. 전 세계에 회원 150만 명을 헤아리는 국술원의 서인혁 총재도 만나게 됐다. 서 총재는 훗날 스님을 초청해 미국 공군사관학교, 해군사관학교에서 강연하게 했고 두 학교는 스님에게 감사의 선물로 명예 지휘검을 수여했다. 시도에서도 강연 초청이 와, 텍사스주에서는 '귀빈 증서'를 받았고, 휴스턴을 포함한 17개 시로부터 '홍보대사 겸 명예시민증'을 받기도 했다. 명성이 대서양을 건너 영국에까지 미쳤고, 영국 왕실 초청으로 강연을 하기도 했다. 초청 강연은 입적하기 3년 전인 2015년 3월 버클리대학으로까지 이어졌다.

파수상고산(把手上高山)

스님은 '빙고 호텔'에 끌려갔다 온 이후 '낙승'을 자처했다. 중이 되려다 미끄러져 중이 못 된 자라는 것이다. 낙승으로 떨어지게 한 신군부였지만, 스님은 1988년 백담사가 전두환 전 대통령의 '유배지'가 선택됐을 때 그를 기꺼이 받아주었고, 뒷바라지에도 각별히 신경을 썼다. 무턱대고 돌봐주기만 한 것이 아니었다. 전 씨가 백담사의 생활에 나름 적응해가는 모습을 보이자 이렇게 충고했다. "가진 재산을 다 내놓고, 광주 시민에게 엎드려 사죄하시오. 그러면 당신이 원하는 대로 정당한 평가를 받을 수 있을 거 아닙니까." 전 씨는 스님의 충고를 듣기만 했을 뿐 받아들이지는 않았다. 그렇게 버티다가 죽음을 맞았고, 역사적 심판의 바퀴에 깔려 벗어나지 못했다. 스님이 인과응보를 알기 쉽게 표현한 '행위의 그림자'를 벗어던질 기회를 놓친 것이다.

스님은 위아래, 좌우가 없는 대방무외의 관계를 맺었다. 어떤 행동을 하든 하늘과 땅 그리고 자신에게 거리낄 것이 없는 원통무애의 삶을 살았다. 그 행위의 그림자는 맑고 투명해 흔적이 없었다. 그러면 이런 대방무외, 원통무애의 삶을 통해 스님은 무엇을 드러내고, 또 어떤 세상을 꿈꾸고 추구하려 했던 것일까.

서울 흥천사 뒤편엔 삼각선원이 있다. 아담하지만 디근(ㄷ)자형 구조에 팔작지붕을 얹은 전통적인 사대부가 형태다. 그런 가옥이라면 솟

을대문은 아니어도 말을 탄 주인이 드나들 수 있는 대문이 있어야 하는데, 고작 사람 한 명 고개 숙이고 드나들 수 있는 쪽문뿐이다. 문의 격식에서 느낀 의문은 처마에 걸린 현판을 보고서야 비로소 풀린다. 쇠귀 신영복의 이른바 '백성 민체'로 쓴 '손잡고 오르는 집'. 부자건 가난하건, 높은 자건 낮은 자건, 여자건 남자건, 아이건 어른이건 누구나 함께 손을 잡고 찾아와 쉴 수 있는 곳이라는 뜻이다. 그런 집의 대문이 오고 가는 이를 압도하고 위축시켜서야 되겠는가.

당호는 조사의 선어록 한 귀퉁이에 나오는 '파수공행(把手共行)'을 변용한 것이었다. 스님은 그 한마디를 기억해뒀다가 먼지를 털어내어 빛나는 모습으로 재탄생시켰다. 그 기억력도 놀랍지만, 오늘의 시대정신에 맞게 적용한 안목은 탄복을 자아내게 한다.

무문혜개가 엮은 《무문관》(불교시대사 간) 1칙 '조주의 개'에 대한 무문의 해설인 '평창'은 한자 260자로 되어 있다. 그 속엔 이런 내용이 있다. "……자 말해보라, 무엇이 조사관인가. 다만 이 무자 하나만을 특별히 지목해서 선종의 무문관이라 한다. 이 관문을 꿰뚫고 통과한다면 조주 화상을 친견할 수 있을 것이다. 뿐만 아니라 역대의 여러 조사와 함께 '손잡고 같이 가며' 눈썹과 눈이 맞닿아 있듯이 같은 눈으로 보고 같은 귀로 듣게 될 것이다……." '무' 자 화두를 깨치면 생사윤회에서 벗어난 조사들의 눈으로 보고, 그들의 귀로 듣게 되며, 그들과 손을 잡고 함께 나아갈 수 있다는 것이다.

깨달음의 경지를 표현한 이 네 글자를 스님은 전혀 새롭게 해석했다. 조사들과 같은 반열에 오른다는 것이 아니라, 낮고 아둔하고 가난한 이들과 손을 잡고 함께 한 걸음 더 높은 곳으로 오른다는 것으로 변용했다. '함께 가는(共行)'이 아니라 '손잡고 오르는(把手上行)'으로 바뀌고, 그것이 다 같이 평화의 땅으로 오르는 파수상고산(把手上高山)으로 정착된 것은 그 때문이다. 정휴당은 스님의 묘비명에서 그 의도를 이렇게 드러냈다. "······중생제도의 대원력은 불사로 이어져 퇴락한 서울 홍천사를 중수하고 도량을 일신하여 삼각선원을 개원하니, 이곳에 앉고 머문 이는 빈손으로 왔다가 파수상고산의 실리를 얻었다."

'파수상고산'을 스님의 어법으로 다시 쓰면 이렇게 될 것이다. "부처가 되려 하지 말고 부처로 살아라." 가부좌 틀고 부처 흉내 내지 말고, 생로병사의 현장에서 중생의 아픔을 함께하고, 그들과 손잡고 함께 한 걸음이라도 더 평화롭고 행복한 세상으로 가라! 조사의 말('파수공행')을 빌려 조사의 벽을 뛰어넘은(파수상고산) 것이다. 무위당 장일순의 말을 빌리자면 '낮고 더 낮게, 천 리라도 기어서 가라'의 다른 표현일 것이다.

해중조차(奚仲造車)

스님은 어디서나 자유로웠다. 세상 사람에게도 자유로웠고, 자신에게도 자유로웠다. 자유로웠으되 고결했다. 하늘을 나는 새의 자유를, 땅에 피는 꽃의 고결함을 온몸으로 보여줬다. 원통무애, 대방무외, 무애도인 따위의 화려한 옷은 오히려 스님의 삶에 군더더기일 뿐이다. 스님은 산중에서 중생의 삶을, 속진 한가운데서도 조사의 삶을 살았다. 끝내 삼수갑산으로 들어간 경허의 삶을 좇았으되, 승속 혹은 세간/출세간을 따지지 않았고, 법상에 있으나 길바닥에 있으나 한결같았다. 비 갠 뒤의 맑은 달이었고, 금풍에 드러난 알몸이었다.

《무문관》 8칙(해중조차(奚仲造車))은 수레를 발명한 중국 고대의 전설 속 인물 해중의 이야기를 소재로 한다. 해중은 기껏 만들어놓은 멋진 수레에서 스스로 굴대를 빼어버렸다. 그렇다면 그는 '왜 바퀴 축을 빼, 수레가 굴러갈 수 없도록 했느냐'는 물음이다. 스님은 이렇게 사족을 달았다. 굴대를 빼면 비행기처럼 하늘을 날고, 헬리콥터처럼 수직

이착륙도 할 수 있는 것 아닌가. '나'라는 관념, 탐욕이 빚어낸 집착, '프레임'이라고들 말하는 사고와 시각의 고정된 틀을 제거해야 바로 보고 바르게 사유하며, 자유로운 삶을 살게 된다는 것이다. '해중조차'가 가리키는 곳에는 스님의 삶이 있다.

무애도인? 스님의 풍모는 그런 개념이나 표현 속에 가둘 수 있는 것 같지는 않다. 그저 그렇게, 생긴 그대로, 아무것도 걸치지 않은 채 스님은 바람처럼 왔다 갔다. 다만 남긴 그 자취와 향훈은 남은 이들에게 이렇게 살라고 권면하는 것 같다.

> 그렇게 살고 있다 그렇게들 살아가고 있다
> 산은 골을 만들어 물을 흐르게 하고
> 나무는 겉껍질 속에 벌레들을 기르며
> — 무산 스님의 시조 〈숲〉 전문

설악·무산의 저술·연구자료 서지(書誌) 고찰

이성수

차 례

1. 서론

2. 시집

3. 불교 관련 저술

4. 설악무산의 면모를 엿볼 수 있는 책

5. 연구서

6. 연구논문

7. 《불교평론》과 《유심》 제작 지원

8. 결론

이성수 / 불교신문 기자. 동국대 대학원에서 고전문학을 전공하고 〈20세기 전반 유학승의 해외 체험과 시대인식 연구〉로 박사학위를 받았다. 동명대 불교문화콘텐츠학과 겸임교수, 동국대 국문과 겸임교수, 한국불교종단협의회 연구위원을 지냈다. 불교언론문화상, 한국불교기자 대상 수상.

1. 서론

설악무산(雪嶽霧山, 1932~2018)은 폭넓은 교유(交遊)로 불교계는 물론 한국사회에 선한 영향력을 끼친 우리 시대의 표상이다. 설악무산은 '글'을 수행의 도반으로 삼았다. 문자에 집착하지 않는 것이 선사(禪師)의 삶이지만, '문자에 집착하지 않는 것'에도 집착하지 않은 자유인의 경지를 보였다.

이 글에서는 설악무산이 직접 펴낸 시집과 경전 해설집 등 저서와 다른 작가나 학자들이 쓴 저술을 종합적으로 정리했다. 국립중앙도서관, 국회도서관, 설악불교문학관, 동국대 도서관, 조계종 중앙기록관, 교보문고, 영풍문고[1] 등을 통해 자료를 찾았으며, 조사하고 정리하는 과정에서 언론 기사도 참고했다. 이렇게 조사한 자료들은 서지별로 '저자명, 제목, 출판사, 간행연도'로 정리했다. 저자명은 출간 당시 '오현, 조오현, 설악무산, 만악, 무산' 등 다양한 필명을 인용했다. 이어 책의 구성(단락), 게재 편수를 정리하고 서지별 특징이나 핵심을 요약했다. 일부는 서문, 발문, 간행사, 언론보도 내용을 인용했다. 본론은 크게 시집, 불교 관련 저술, 연구서와 연구논문으로 구성하고, 단락 안에서는 출간 시기가 빠른 순서로 배치했다.

결론 부분에서도 재론하겠지만 설악무산의 서지는 정확한 통계를 내기 어려울 만큼 풍부하다. 직접 저술한 서지 외에도 인연 있는 문인과 학자들이 기술한 것과 다른 시인들과 함께 등재된 시집이나 서적이

---

1) 설악무산의 책 가운데 상당수는 설악불교문학관 홈페이지를 통해 내용을 볼 수 있다. 또한 국립중앙도서관, 국립어린이청소년도서관, 국립세종도서관 그리고 협약된 공공도서관을 방문해 지정 PC를 통해 원문 이용이 가능하다. (대학/전문/학교 등 공공도서관이 아닌 경우는 협약된 도서관이라도 열람이 불가하니 유의해야 한다.) 국립중앙도서관 정기이용자는 로그인 후 어디서나 원문 이용이 가능하다.

상당수에 이르기 때문이다. 또한 몇 권의 책은 출판사에서 동의를 구해 임의 제작한 사례도 있는 것으로 보인다. 최대한 자료를 수집하여 정리했지만 미흡한 부분이 없지 않다는 사실을 미리 밝혀둔다.

2. 시집

1968년 《시조문학》으로 등단한 설악무산은 여러 권의 시집을 간행했다. 직접 펴내기도 했지만 후학이나 문도, 문인들이 출간한 사례도 많다. 설악무산의 첫 시집은 《심우도》(1979)이며, 이후 《산에 사는 날에》(2001), 《설악시조집》(2006), 《아득한 성자》(2007), 《비슬산 가는 길》(2008), 《적멸을 위하여》(2012, 2015), 《마음 하나》(2013), 《무산 오현 선시》(2018) 등이 나왔다. 외국인들이 영어와 아랍어로 번역 출간한 책들도 있다.

설악무산은 1968년 〈봄〉과 〈관음기(觀音記)〉를 《시조문학》에 발표하며 등단, 본격적으로 문학 활동을 시작했다. 그러나 이보다 앞선 1965년 〈동아일보〉 신춘문예(시조) 최종심에 〈할미꽃〉이 올라 필력을 인정받았다. 당시 심사위원 이태극(李泰極)은 "순수한 국어로 묘사 표현된 이 작품은 향토미(鄕土味)의 순결성(純潔性)이 느껴졌다"라고 설악무산의 시조를 높이 평했다. 또한 1972년 〈조선일보〉 신춘문예(희곡)에서 〈심우실(尋牛室)〉이 1차 심사를 통과[2] 한 이력도 있는 등 설악무산에게 '문학'은 '불교'와 더불어 자유로운 삶을 지탱한 양대 기둥이었다.

내면의 깊은 성찰과 생명을 향한 사랑에 뿌리를 둔 설악무산의 시와

---

2) "戲曲" 〈조선일보〉 1972년 1월 5일 자 5면.

글은 대중에게 감동을 주었다. 그 결과 현대시조문학상, 가림시조문학상, 남명문학상, 정지용문학상, 공초문학상, 시조시학문학상, 고산문학대상, 이승휴문화상을 수상하고, 문화예술에 기여한 공로로 은관문화훈장을 수훈했다. 2013년 고산문학대상(시조 부문)을 수상 당시 "마음속에 부끄러움이 저녁노을처럼 가득하기만 하다. 그 이상 말해서 무엇하겠는가"라고 겸손하게 소감을 피력했다.

설악무산은 '선(禪)시조의 개척자'로 불린다. 한국불교의 전통 수행법 가운데 하나인 참선에 근간을 두면서, 단문(短文)이지만 풍부한 삶과 정진의 내용을 담은 시작(詩作)을 했다. 조오현의 이름으로 출간된 시집을 정리하면 다음과 같다.

1)《심우도(尋牛圖)》(한국문학사, 1979)

등단 이후에 쓴 40여 편의 작품을 선별해 수록했다. 〈석굴암 대불〉〈산거일기(山居日氣)〉〈직지사 기행초(抄)〉〈관음기(觀音記)〉〈산중문답〉〈경환향곡(硬還鄕曲)〉 등이 그것이다. 설악무산은《심우도》의 자서(自序)에서 이렇게 말하고 있다. "비구(比丘)나 시인으로는 경허를 만날 수 없었다. 동대문시장 그 주변 구로동 공단 또는 막노동판 아니면 생선 비린내가 물씬 번지는 어촌 주막 그런 곳에 가 있을 때만이 경허를 만날 수 있었다. 그런 곳은 내가 나로부터 무한정 떠나고 떠나는 길목이자 결별의 순간인 것이다. 그러므로 나는 비구나 시인이길 원하지 않는다. 항시 나로부터 무한정 떠나고 떠나가고 싶을 뿐이다." 설악무산은 심우도의 마지막 단계인 입전수수(入廛垂手)의 삶을 평생 추구했다.

1979년 2월 14일 자 〈경향신문〉과의 인터뷰에서 설악무산은 "작품집을 내어놓는다는 것은 아무래도 저를 벌거벗겨 세상에 내어놓는 것처럼 부끄러운 일"이라고 소회를 밝혔다. '첫 시집 낸 승려 시인 조오현 스님'이란 제목의 이 기사는 "승려로서는 파격적이랄 수 있는 살벌한 단어를 사용하는 그는 이 때문에 '신시(新詩) 70년사(史)'에 독특한 시 세계를 만든 셈"이라고 보도했다. 등단 후 첫 작품집인 《심우도》를 펴내면서 이뤄진 〈경향신문〉과의 인터뷰는 설악무산의 불교관과 문학관을 이해하는 단서이다. 세수 38세의 '청년 수행자'였던 설악무산은 "경전(經典) 자체가 시(詩)며 소설"이라면서 다음과 같은 견해를 나타냈다. "오래전부터 게송(偈頌)이란 게 있어 왔습니다. 선(禪) 공부를 하다 무의식중에 깨닫는 경지를 언어로 표현한 것이죠. 관념의 유추라든가, 무의미의 의미 같은 사상입니다. 현대시의 논리가 이 같은 게송의 맥을 같이합니다."

2) 《산에 사는 날에》(태학사, 2001)

근현대 시인 가운데 100인을 선정[3] 해 발간한 시리즈 '우리 시대 현대시조 100인선' 가운데 하나다. 〈내가 나를 바라보니〉〈가을사경〉〈무자화(無字話) 1~6〉〈달마의 십면목〉〈무산심우도(霧山尋牛圖)〉등 50편이 실렸다. 이문재 시인의 해설 〈마음과 싸우기의 어려움과 아름다움 – 조오현 시조의 의미〉와 〈조오현 연보〉가 권말에 배치됐다.

3) 《절간 이야기》(고요아침, 2003)

제1부 절간 이야기(13편), 제2부 하루는 풀벌레로 울고 하루는 풀꽃으로 웃고(26편), 제3부 적멸을 위하여(15편)로 구성돼 있다. 제목 그대로 '절간'에서 일어나는 에피소드를 연작시 형식으로 서술한 시집이다. 김봉식 시인은 2003년 12월 〈미주중앙일보〉에 "불교적 돈오(頓悟)의

---

3) 《우리 시대 현대시조 100인선》 시집간행편집위원회는 장경렬, 신범순, 이경호, 이문재, 최한선, 이지엽으로 구성됐다.

경지를 캐내는 작업으로, 그[4]는 세속적 삶으로부터 진정한 삶에 이르는 '길'을 제시하려 하며, 깨달음을 통해 덧없는 삶을 극복하는 구도(求道)의 한 방법으로 시작(詩作)에 임한다"면서 "자아를 버림으로써 참다운 자아를 확립하는 불교적 존재론에 관한 선시(禪詩)라 하겠다"고《절간 이야기》를 평했다.

4)《설악시조집》(설악문도회, 2006)

제1장 선취조(禪趣調), 제2장 선기조(禪機調), 제3장 우범조(又凡調)로 구성됐다. 제1장은〈무설설(無說說) 1~6〉〈비슬산 가는 길〉〈격외시 3수〉등 68편, 제2장은〈무자화(無字話) 1~6〉〈만인고칙(萬人古則)〉〈무산심우도(霧山尋牛圖)〉등 57편, 제3장은〈1970년 방문(榜文) 1~14〉등 19편 등 총 144편이 실렸다. 이에 앞서 2002년 만악문도회에서 같은 내용으로《만악[5] 가타집(萬嶽伽陀集)》[6]을 펴낸 바 있다. 이 시집은 스님이 자선한 작품을 분류하고 편집했다는 점에서 서지적으로 특별한 의미를 지닌다.

5)《아득한 성자》(시학, 2007)

제1부 아득한 성자(14편), 제2부 성(聖), 토요일의 밤과 낮(14편), 제3부 사랑의 거리(19편), 제4부 망월동에 갔다 와서(18편), 제5부 산창을 열면(19편) 등으로 나눠 모두 84편이 수록됐다. 설악무산이 일상에서 체험한 일화와 소회를 작품으로 승화했다. 광주 망월동 묘역을 참배하고 쓴〈망월동에 갔다 와서〉, 장례식장에서 염을 하는 노인을 만나고

---

4) 설악무산.
5) 설악과 만악은 법호로 설악문도회와 만악문도회는 같은 의미이다.
6) 가타(伽陀)는 산스크리트어 Gatha를 음역한 것으로 부처님의 가르침이나 공덕을 찬탄한다는 의미이다. 시게(詩偈), 송고(頌古), 가송(歌頌)이란 뜻도 갖고 있다.

쓴 〈염장이와 선사〉 등 세인(世人)이 발 딛고 사는 '현실'에서 느끼고 깨달은 바를 담담하게 서술했다. 2007년 제19회 정지용문학상 수상을 기념해 발간했는데, 설악무산은 수상소감에서 "소종멸적(掃蹤滅跡), 모든 것을 포기해야 할 사람이, 부처니 깨달음이니 하는 것까지 다 내다버려야 할 놈이, 시를 쓰고 상을 탐하여 상을 받게 된 것이 낮 꿈이 아니니 시방 내가 묵형(墨刑)을 받는 것 같다"면서 "죽을 때가 되니 피모대각(被毛戴角), 몸에 털이 나고 머리에 뿔이 돋는구나"라고 밝혔다. 이 시집은 지금까지 가장 많은 판매량을 기록한 시집이다.

6) 《비슬산 가는 길》(고요아침, 2008)
제1부 비슬산(琵瑟山) 가는 길(21편), 제2부 무산심우도(霧山尋牛圖) (19편), 제3부 어간대청의 문답(問答)(26편), 제4부 절간 이야기(17편)로 구성했다. 비슬산은 대구를 서남쪽에서 병풍처럼 둘러싸고 있는 산인데, 비파와 거문고가 놓여 있는 것 같아 붙은 이름이다. 이 시집의 표제작인 〈비슬산 가는 길〉은 시조 3수로 구성됐다. 책의 앞부분에는 2008년 5월 대구시 달성군 유가면 유가사 입구에 건립된 무산오현 선사 시비 〈비슬산 가는 길〉의 사진과 〈무산오현 선사 시비 건립기〉〈보각국사 일연 시비음기〉가 실려 있다.

7) 《적멸을 위하여》(권영민 편, 문학사상, 2012, 2015)
2012년과 2015년(2판)에 설악무산의 시를 모아 간행했다. 부별 제목은 따로 없이 1부 31편, 2부 66편, 3부 114편으로 나눠 모두 211편의 시를 실었다. 부록으로 특별기고(앞산은 첩첩하고 뒷산은 중중하다), 시집 《심우도》의 자서(自序), 시집 《아득한 성자》의 시인의 말, 《벽암록 역해》와 《백유경의 교훈─죽는 법을 모르는데 사는 법을 어찌 알랴》 서문도 실었다. 권말에는 〈설악무산 연보〉와 〈기간(旣刊) 조오현 시집

총 목차〉를 수록했다. 《심우도》(1979), 《산에 사는 날에》(2000), 《절간 이야기》(2003), 《만악가타집(萬嶽伽陀集)》(2006), 《아득한 성자》(2007), 《비슬산 가는 길》(2008)의 목차를 망라했다. 권영민 교수는 서문에 해당하는 〈조오현 시선집을 엮으며〉에서 "시조시인 조오현의 문학 세계만이 아니라 설악산 산감(山監)으로 평생을 지내오신 무산 큰스님의 선심(禪心)까지도 드러내어 줄 수 있기를 바란다"고 밝혔다. 이 시집은 2015년까지 발표된 스님의 작품이 총망라된 시전집이다.

8) 《마음 하나》(시인생각, 2013)

1부 내가 죽어 보는 날(19편), 2부 졸고 앉은 사공(31편), 3부 이 세상에서 제일로 환한 웃음(14편)으로 나눠 64편의 시를 실었다. 앞부분에는 〈시인의 말〉, 권말에는 〈조오현 연보〉를 게재했다. 불교적 사유를 근간으로 사람과 세상일에 대한 설악무산의 솔직한 질문과 답이 마치 물이 흐르듯이 자연스럽게 펼쳐진다. 이 시집은 만해사상실천선양회가 기획 발간한 '한국대표 명시선 100' 가운데 하나이다.

9) 《내 삶은 헛걸음》(참글세상, 2015)

이 시집은 권영민 편 《적멸을 위하여》를 저본으로 출간되었다. 스님의 불교 관련 저술 4권과 이 시집을 묶어 5권 1질로 제작된 전집 중의 하나이다. 1부 내 삶은 헛걸음(30편), 2부 산창을 열면(47편), 3부 어미(23편), 4부 적멸을 위하여(69편), 5부 비슬산 가는 길(42편)로 구성했다. 출간 당시 참글세상은 《내 삶은 헛걸음》을 5가지 주제로 나누어 묶었다고 밝혔다. 1부는 집착과 해탈에 대한 주제, 2부는 무위자연의 허심탄회한 심경, 3부는 질긴 인연의 끈, 4부는 불교적 깨달음의 경지, 5부는 길 위에서 느낀 시정을 모았다.

10) 《무산 오현 선시》(문학나무, 2018)

선시, 오현론, 화보, 인물시, 인물 단상, 전기평으로 구성됐다. 설악 무산의 선시 33편과 공광규, 문태준, 최동호, 홍사성 시인 등 15명이 쓴 설악무산에 대한 시와 나민애, 윤후명, 황충상 작가 등 8명이 쓴 단상이 실렸다. 오세영 시인의 시인론 〈선시조의 효시 조오현〉과 권성훈 평론가의 평론 〈한국 선시의 사조와 한글 선시의 개척자 조오현〉도 함께 수록됐다. 설악무산의 문학 세계를 한눈에 살필 수 있는 책이다.

11) 외국어로 번역된 시집

설악무산의 선시는 영어로도 번역되어 서구사회에 소개돼 반향을 불러일으켰다. 2010년 고창수 시인이 《아득한 성자》에서 선별한 작품을 *Far-Off Saint*(캘리포니아 Jain Publishing)라는 제목으로, 이치란 씨가 영어로 번역해 *MANAK GATHAS*(인도 YSSSRF PUBLICATIONS)로 출간했다.

하인즈 펜클 교수는 다수의 번역서를 냈다. 2013년 설악무산의 선시조를 미국 문학지 *World Literature Today*와 *Buddhist Poetry*에 번역 소개하고, 2015년에는 시조 49편을 번역한 *49 Sijo Musan Cho Oh-Hyun*(뉴욕 BO-LEAF BOOKS)을 출간했다. 2016년에는 《적멸을 위하여》를 번역한 *For Nirvana: 108 Zen Sijo Poems*, 2018년에는 설악무산 선시 31편을 소개한 *Tales from the Temple: A Collection of Zen Prose Poems*를 간행했다.

《아득한 성자》는 아랍어로도 번역됐다. 2012년 가을 이집트 국적의 아시라프 달리(Ashraf Dali) 쿠웨이트 《알아라비 매거진》 편집장이 만해마을에서 설악무산을 만나 감명을 받고, 선물 받은 영문판을 아랍어로 번역했다.[7]

이상의 시집들 중에서 특별히 중요한 의미를 지니는 것은 첫 시집인

《심우도》, 정지용문학상 수상시집인《아득한 성자》, 권영민 엮음《적
멸을 위하여》등이다. 이 밖에도 뒷날 여러 사람들에게 회자된 작품
'절간 이야기' 시리즈가 실려 있는《절간 이야기》, 자선 시집인《만악가
타집》도 중요하다. 스님의 작품은 시집에 따라 제목을 바꾸었거나 본
문이 달라진 것도 다수 있다. 이는 스님이 자신의 작품을 끝까지 읽고
퇴고하며 완성을 추구한 흔적이라 할 것이다. 또한 스님의 작품은 여
러 사람들이 지적한 대로 한글 선시조의 개척이라는 점에서 문학사적
으로 큰 의미를 지닌다.

3. 불교 관련 저술

참선의 특징이 문자를 앞세우지 않고 마음과 마음을 통해 이뤄지는
것이지만, 한국불교는 물론 중국불교에서도 참선의 안내자 역할을 하
는 선서(禪書)가 적지 않게 나왔다.《벽암록(碧巖錄)》《종경록(宗鏡錄)》
《경덕전등록(景德傳燈錄)》《조당집(祖堂集)》《종용록(從容錄)》《선문염
송(禪門拈頌)》등이 그것이다. 간화선을 통해 깨달음의 세계에 이를 수
있다는 인식을 기본적으로 갖고 있었던 설악무산은 참선 수행의 지침
서에 해당하는《벽암록》과《무문관》, 그리고 한국, 중국, 일본 선사들
의 수행 일화를 모은《선문선답》, 백유경을 풀이한《죽는 법을 모르는
데 사는 법을 어찌 알랴》등을 우리말로 옮기거나 쉽게 풀이하여 출간

---

7) 이날 방문에는 압데라힘 엘알람 모로코작가연합회장, 나즈와 자하르 시리아 작가,
메틴 핀덕씨 터키 시인, 사이다 조흐비 튀니지 방송국 에디터, 라드와 아시라프 AJA
카이로지부 매니징에디터, 모하메드 알라비 오만 Diwan 장관실 미디어 전문가가
함께했다. 관련 기사와 동영상을 인터넷으로 볼 수 있다. http://kor.theasian.asia/
archives/55592.

했다.

설악무산의 저술에서 공통적으로 사용하는 단어가 '사족(蛇足)'이다. 겸양과 겸손의 표현이라고 할 수 있다. 홍사성《불교평론》주간은《설악무산의 불교 그 깊이와 넓이》의 '책머리에'에서 "스님은 이 사족을 통해 불교란, 진리란, 깨달음이란 앎과 삶을 일치시킬 때만 가치가 있는 것이라고 강조한다"면서 "예를 들어 '마음이 곧 부처[心卽是佛]'라고 하지만 부처처럼 살지 않으면 이 말은 별무소용이라는 것이다. 불교를 이론으로만 익히고 배운다면 천불이 출세해도 허망한 일이라는 지적"이라고 강조했다.

설악무산의 선 사상은 독특한 부분이 있다. 불교를 이해하는 인식이나 세상을 바라보는 시선이 일치한다는 점이다. 깨달음 그 자체나 깨달음에 이르는 과정, 그리고 깨달음을 체험하고 세상에 드러내는 것을 분리하여 생각하지 않는다. 삶과 수행 자체가 깨달음이어야 하고, 깨달음은 세상과 떨어져서는 안 된다는 것이다. 예를 들어《무문관》에 등장하는 첫 번째 화두인 '조주구자(趙州狗字)'를 두고 설악무산은 "개에게도 불성(佛性)이 있다는 것은 당위지만 정말 부처처럼 살고 있느냐는 별개의 사실"이라면서 "불성이 있느냐 없느냐가 아니라 당연히 부처여야 하는데, 돌아보고 찾아보니 내가 곧 부처가 아니더라"고 설했다. 이어서 다음과 같이 가르친다. "부처로 사는 것이 아니라 개처럼 살고 있는 것이 우리 인생 아닌가. 그래서 선객들은 오늘도 시뻘겋게 단 쇳덩이를 입에 물고 이렇게 묻는다. '개에게는 정말로 불성이 없는가?' 이 질문을 당신에게 적용하면 이렇게 된다. '그대에게는 정말로 불성이 있는가?'"

《벽암록》제12칙 '동산마삼근(洞山麻三斤)'을 두고 설악무산은 "이 세상에 부처 아닌 것이 어디 있는가. 반드시 고귀한 사람만이 부처인가. 아니라고 했다"면서 "참 그럴듯한 해석"이라고 한 후 이렇게 설했다. "절대 진리인 선의 경지에서 보면 이런 해석은 그야말로 '멋대로의 해석'에 불과할지라도 제발 이렇게 모두를 부처로 보는 세상이 됐으면 좋겠다. 아니 반드시 그렇게 돼야 한다. 선의 목적도 여기에 있는 것이 아니겠는가."

이처럼 설악무산의 참선 사상은 철저하게 현실에 방점을 두고 있다. 기존의 해석이나 관점에 매몰되거나 머물지 않고 백척간두진일보(百尺竿頭進一步) 한다. '모두가 부처이다'라고 하는 데 그치지 않고, 그러면 '너는 부처인가'를 물으며 깨달음의 실천으로 안내하고 있다.

이 밖에도 대담집이나 글 모음집은 자유인으로 살았던 설악무산의 깊은 내면과 삶의 방식을 확인할 수 있다. 각계각층의 인사들이 스님의 시와 글을 읽고 느낀 점이나 스님과의 인연을 기고한 책들도 다수 출간되어 남녀노소, 지위고하를 가리지 않고 평등심(平等心)으로 소중하게 인연을 이어간 스님의 진면목을 느낄 수 있다.

1) 《죽는 법을 모르는데 사는 법을 어찌 알라 – 백유경의 교훈》(장승, 1993)

첫째 마디부터 일곱째 마디까지 각각 14편씩 실었다. 인도의 상가세나[僧伽斯那] 스님이 여러 경전에서 우화(寓話) 98가지를 가려 편찬한 《백유경》은 서기 492년 중인도 출신의 구나브릿디[求那毘地] 스님이 한문으로 번역한 후 널리 읽히고 있다. 주로 인간의 어리석음을 경책하는 내용이다. 고대 그리스 《이솝우화》와 달리 동물이 아닌 사람을 주인공으로 한다. 《백유경》을 한글로 옮기고, 우화마다 견해를 붙인 설악무산은 "사람이 사람으로 살기보다는 축생으로 살기를 작정한 사람이 더 많은 것 같다"며 "사람이 축생으로 살면서도 그것을 모르는 것은 어리석음의 안개에 휩싸여 있기 때문으로, 그 안개를 걷어 내지 않는 한 삶은 영원히 '사람이란 이름의 축생'으로 살아가야 한다. 현대의 종교가 할 일은 무엇보다 이 사실부터 일깨워 주는 것"이라고 강조했다. 1983년 10월 출간 당시 〈조선일보〉는 "사람으로 살아가는 현대인에게 던지는 통렬한 세태 풍자이자 반성 촉구서"라고, 〈한겨레신문〉은 "오현 스님이 현대사회에 대한 단상을 덧붙여 '축생이 아닌 사람의 길'을 이야기한다"고 서평을 했다.

2) 《선문선답(禪問禪答)》(장승, 1994)

제1부 중국 선사(66편), 제2부 한국 선사(30편), 제3부 일본 선사(23편)로 구성돼 있다. 보리달마(菩提達磨), 신광혜가(神光慧可), 원효(元曉), 백운경한(白雲景閑), 석전정호(石顚鼎鎬), 만공월면(滿空月面), 관산혜현(關山慧玄), 백은혜학(白隱慧鶴) 등 동아시아의 고승 119명의 선 수행 일화를 서술하고 있다. 1994년 5월 14일 자 〈조선일보〉는 "선사(禪師)들은 인위적 지식이 아니라 체험적 지식에서 우러나온 말과 행동을 통해 소아(小我)의 울타리에 갇혀 있는 사람들을 대아(大我)의 세계로 나아가게 해준다"면서 "이 때문에 선사들의 언행은 오랫동안 동양에서 삶의 지혜로 전해왔으며, 현대 서양에서도 물질문명 속에 황폐해져 가는 인간의 마음을 치유하는 방법으로 각광받고 있다"고 보도했다. 누구나 쉽게 선의 세계에 쉽게 접근할 수 있는 실천적인 선문답과 일화를 모아놓은 책이다.

3) 《벽암록(碧巖錄)》(불교시대사, 1999)

중국 송나라 때 찬술된 《벽암록》은 1,700개 공안(公案) 가운데 100개를 선별하여 본칙(本則)으로 소개한 선문제일서(禪門第一書)를 역해한 것이다. 본칙에 이어 수시(垂示)와 평창(評唱)을 붙여, 문자를 방편으로 깨달음의 세계로 안내하고 있다. 설악무산은 원문을 한글로 옮기고 공안에 깃든 뜻을 알기 쉽게 풀이했다. 수행자의 혜안과 시인의 직관이 어우러진 해설이며 법문이다.

서문에 해당하는 〈사족(蛇足)에 대한 변명〉이란 글에서 설악무산은 "죽을 일만 남은 사람이 '종문(宗門) 최고의 선서(禪書)'로 일컫는《벽암록》에 무슨 달아야 할 사족이 있다고 사족을 달다니, 참으로 말도 안되는 수작"이라면서 "이것은 본격적인 평창이나 착어(着語)가 아니라 단순한 독후감이다. 과일 맛은 알 수 없으니 모양만 보고 느낀 대로 그려 보기로 한 것이다"라고 겸양을 보였다. 이어 "독자들은 이 사족은 읽지 말고 원오(圜悟)의 수시(垂示)와 설두(雪竇)가 간추린 본칙(本則), 그리고 송(頌)에 주목해 주시기 바란다"며 "이 부분을 음미하면서 마음에 와닿는 것이 있으면 천하 사람의 코를 꿰는[穿天下人鼻孔] 안목이 열릴 것"이라고 강조했다.

4) 《무문관(無門關)》(불교시대사, 2007)

중국 송나라 무문혜개(無門慧開) 선사가 조사들의 공안에서 48칙을 가려 뽑고 게송을 붙인《무문관(無門關)》을 설악무산이 우리말로 역해한 것이다. 다른 공안집에 비해 분량이 작지만 다양한 소재와 풍부한 내용을 담은《무문관》은 전통적으로 참선 수행의 지남(指南)으로 여겨 왔다. 《무문관》에 대한 새로운 이해와 해석을 제시한 역작이다. 제1칙 조주의 개[趙州狗子]부터 제48칙 건봉의 외길[乾峰一路]까지 각 칙(則)마다 본칙(本則), 평창(評唱), 송(頌), 사족(蛇足)으로 구성했다. 이 책의 앞부분에는 〈아득한 성자〉를 서시(序詩)로 실었다. 전문적인 수행자보다는 선에 관심 있는 일반인을 위한 강설의 의미를 담고 있다. 홍사성《불교평론》주간은 〈무문관 해제〉에서 "공안에 대한 올바른 해석을 통해 더 본질적인 질문에 도달해야 한다는 오현 스님의 의도는 그래서 더욱 주목된다"면서 "아무리 수행에 전념한다 해도 자기 혁신을 이루지 못한다면, 그것은 어둠을 헤매는 치행(癡行)이 되고 만다는 것이 스님의 한결같은 지적"이라고 밝혔다.

5) 《우리가 행복해지려면》(문학의문학, 2013)

이 책은 새로운 저술은 아니고 출판사에서 《벽암록》이나 《무문관》 《백유경의 교훈》 등에서 '행복'에 대한 설악무산의 가르침을 추려 엮었다. 어떻게 하면 행복해질 수 있는지 솔직 담백하고 꾸밈없는 생각들을 전하고 있다. 1부 현대를 살아가는 이들에게(제1장 무소유란 무엇인가, 제2장 사랑의 의미, 제3장 욕심을 버리고, 제4장 스님이 본 미국, 제5장 전쟁을 막으려면, 제6장 잘난 사람 못난 사람), 2부 《벽암록》이 우리에게 전하는 지혜, 3부 《무문관(無門關)》을 통해 본 우리 인생으로 구성했다.

6) 《설악무산의 방할》(김병무 · 홍사성 엮음, 인북스, 2023)

김병무 · 홍사성이 엮은 스님의 법어집이다. 1장 상당법어(上堂法語) (16편), 2장 향상일로(向上一路)(10편), 3장 본지풍광(本地風光)(23편), 4장 간담상조(肝膽相照)(22편), 5장 산중문답(山中問答)(15편) 등으로 구분해 총 86편이 실렸다. 1부와 2부는 설악산문 조실로서 안거의 결제와 해제법회 당시 설한 법문을 정리했고, 3부와 4부는 설악무산이 남긴 책의 서문, 편지, 독후감, 그리고 5부는 언론과의 인터뷰를 게재했다. 이 법어집에 실린 상당법어와 서발문 등은 설악무산의 육성법문이라는 점에서 특별히 주목된다. 이 자료는 스님의 불교관, 수행관, 문학관 등에 관한 독특한 안목과 철학을 보여준다. 편자들은 〈엮은이의 말〉에서 "설악당 무산 스님은 현대 한국불교에서 큰 족적을 남긴 고승이다. 스님에게 수행이란 고매한 무엇이 아니라 일상에서 '더 나누고, 더 낮추고, 더 버리는 일'을 반복적으로 실천하는 것"이었다고 쓰고 있다.

4. 설악무산의 면모를 엿볼 수 있는 책

1) 신경림 · 조오현 대담집 《열흘간의 만남》(아름다운 인연, 2004)

이 책에는 '세상에서 가장 아름다운 만남, 그 순수한 시간으로의 동행'이라는 부제가 붙어 있다. 서문을 제외하고 '여행 – 길에서 돌아본 뒷모습' '사랑 – 그 행복과 고통의 이중주' '환경 – 보존이냐 개발이냐' '욕망 – 만질수록 커지는 괴물' '통일 – 정말 우리의 소원인가' '전쟁 – 어떤 평화도 전쟁보다 낫다' '문학 – 목매달아도 좋을 나무'으로 구성했다. 목차에 나타난 대로 설악무산과 신경림 시인은 인류와 개인이 직면한 현안에 대해 허심탄회한 대화를 나누었다. 대담에 앞서 저자들은 두 가지 약속을 했다. 전문가가 아니더라도 알아들을 수 있는 이야기를 하자는 것과 남의 눈을 의식하는 발언은 피하자는 것이었다. 신경림 시인은 〈서문을 대신하여〉라는 글에서 "10여 차례 만나 얘기하는 동안 나는 이 만남이 결코 헛된 것이 되지 않으리라는 자신감을 갖게 되었다"고 밝혔다.

2) 《고목나무 냄새를 맡다 – 霧山禪師頌壽詩集》(김병무 · 홍사성 엮음, 책만드는 집, 2012)

설악무산과 인연 있는 문인들이 문예지나 시집에 게재한 작품을 선별해 간행했다. 상하좌우를 가리지 않고 폭넓은 인연을 맺어온 설악무산의 넉넉한 품을 느끼게 한다. 나태주, 송준영, 유자효, 이근배, 이학종, 홍사성, 황동규 시인 등의 시 85편과 더불어 신경림, 오세영 시인의 〈곁에서 본 오현 스님〉이란 글이 실렸다. 신경림 시인은 "승려 시인을 찾을 생각으로 자문을 구한 다섯 분의 승려 시인들은 한결같이 조오현 시인을 추천했는데, '승려답지 않은 큰스님, 시인답지 않은 큰스님'이 이유였다"면서 "생각보다 훨씬 소탈하고 담백한 성격의 열려 있는 스님이었다"고 밝혔다.

3) 《'빈 거울'을 절간과 世間 사이에 놓기 — 설악무산 조오현, 迷悟의
  시세계》(송준영 엮음, 시와세계, 2013)

  고은, 김남조, 김형중, 민병도, 이은봉 등 작가 72명이 설악무산에
관해 쓴 글을 묶었다. 세수 80세를 맞은 설악무산의 진면목을 신진 작
가부터 원로까지 다양한 시선으로 만날 수 있다. 고광영, 김원익, 송준
영이 정리한 〈조오현 연구서지〉가 권말에 있다. 〈중앙일보〉〈동아일
보〉《시와시학》《시와세계》 등 다양한 매체에 실린 설악무산 관련 원
고를 인물 별로 '필자, 제목, 게재지, 발행일'로 정리해 가나다순으로 분
류했는데, 간행 이후 10년이란 세월이 흘러 보완의 필요성이 있다.

4) 《이렇게 읽었다 — 설악무산 조오현, 한글 선시(禪詩)》(권성훈 편, 반
  디, 2015)

  시인, 평론가, 학자 등 115명의 설악무산 선시에 대한 감상과 해설
을 모아놓은 책이다. 〈중앙일보〉의 '시가 있는 아침'《문학사상》'이달
의 문제작'《열린시학》'세상 밖으로 걸어 나온 선시조(禪詩調)' 등에 실
린 작품들이다. 예를 들면 강은교 〈인천만 낙조〉, 고은 〈무설설〉, 문태
준 〈사랑의 거리〉, 신달자 〈아지랑이〉, 조현 〈천만(喘滿)〉, 최동호 〈일
색변〉 등이다. 편저자인 권성훈은 '한글 선시에 비치는 미오의 그림자'
라는 제목의 머리말에서 "기표와 기의의 경계를 붕괴시키며 기호의 자
율성을 파괴시키는 사이 무엇인가를 사유하게 된다"면서 "형식과 무형
식의 경계를 해체하고 무목적으로 목적에 도달하려고 육박해 가는, 그
정신의 이면이 궁금해졌다"고 설악무산 선시에 관심을 갖는 까닭을 밝
혔다. 2015년 7월 〈한국경제신문〉은 권영민 서울대 명예교수가 엮은
설악무산 문학전집 《적멸을 위하여》와 권성훈 고려대 연구교수의 《이

렇게 읽었다 — 설악 무산 조오현, 한글 선시》가 '서울대 총장 추천 대학
생 권장도서'로 추천되었다고 보도했다.

5) 《설악무산 그 흔적과 기억》(김병무·홍사성 엮음, 인북스, 2019)

설악무산이 열반한 이듬해에 출간됐다. 설악무산과 생전에 여러 인
연이 있었던 이들의 회고담을 모았다. 제1부 산에 사는 날에(10편), 제
2부 내가 나를 바라보니(16편), 제3부 사랑의 거리(16편), 제4부 아득한
성자(9편)로 단락을 나누어 놓았다. 전 호계원장 법등 스님, 전 불교신
문 사장 정휴 스님, 김한수 조선일보 기자, 김희옥 전 동국대 총장, 손
학규 전 경기도 지사, 주호영 국회의원 등 다양한 분야에서 다양한 인
연으로 스님과 교유해 온 지인 51명의 생생한 추억을 수록했다. 풍부
한 인적 네트워크는 설악무산의 편애하지 않는 삶의 자세를 상징적으
로 보여준다. 엮은이들은 머리말에서 "모아놓은 회고담은 스님이 보여
준 가풍의 전모라고는 할 수 없지만, 생전에 스님이 보여준 본지풍광
(本地風光)이 무엇인지를 확인하고, 아직 어리석은 우리가 살아가는 데
지남(指南)으로 삼기 위해서"라고 간행 이유를 설명했다.

5. 연구서

만해사상실천선양회는 스님의 열반 3주기를 맞아 3회에 걸쳐 연차
적으로 설악무산의 문학, 불교, 삶과 생각을 조명하는 학술세미나를
개최했다. 이 세미나는 불교평론이 열반 1주기에 즈음해 개최한 추모
세미나 '설악무산의 흔적과 기억'의 연장선에서 기획된 것이다. 세 차
례의 세미나는 만해축전 기간 중 만해마을에서 열렸으며, 발표된 논문
은 각각 단행본으로 출간되었다.

1)《설악무산의 문학, 그 깊이와 넓이》(불교평론 엮음, 인북스, 2021)

2021년 8월 10일 설악무산 열반 3주기 추모 학술세미나에서 발표된 논문과 앞서 나온 논문 가운데 중요한 몇 편을 묶어 간행했다. 책에 실린 논문은 모두 10편으로 주제와 필자는 다음과 같다. 한국 선시의 계보와 설악 조오현(김형중 문학평론가), 설악무산의 선시 선해(禪解)(백원기 동방문화대학원대 석좌교수), 설악무산 '달마십면목'의 새로운 독법(공일 스님), 조오현 시인의 '절간 이야기' 연작에 나타난 '민중적 중생'의 의미(방민호 서울대 국문과 교수), 선시조와 득의망상(得意忘象)의 미의식(홍용희 경희사이버대 교수), 설악무산 시조의 형태분석(홍성란 유심아카데미 원장), 설악무산의 시조부흥 운동(이경철 평론가), 조오현의 선시조(오세영 서울대 명예교수), 설악무산의 문학세계와 그 위상(이숭원 서울여대 명예교수), 활구(活句)를 욕망하는 시(김관용 시인). 세미나를 주관한《불교평론》은〈책머리에〉에서 "스님 삶의 본디 모습은 해골에 불과하며 집착할 것이 없다고 경계했지만, 시에 대해서만은 '절 한 채 짓는 것보다 시 한 수 짓는 것이 더 낫다'고 했다"면서 "고도한 정신의 가치가 중요하다는 말씀이었다. 이제 스님은 떠나고 그 정신의 사리인 시만 우리 앞에 남았다"고 밝혔다.

2)《설악무산의 불교, 그 깊이와 넓이》(불교평론 엮음, 인북스, 2022)

2022년 8월 10일 인제 만해마을에서 '설악무산의 불교, 그 깊이와 넓이'라는 주제로 열린 세미나에서 발표된 논문을 묶었다. 다양한 시각에서 설악무산의 불교 사상과 선 수행을 조명하고, 한국불교의 방향을 제시하고 있는데, 내용은 다음과 같다. 설악무산의 초기불교 이해와 그 성격(팔리문헌연구소장 마성 스님), 설악무산의 대승적 불교관(석길암 동국대 불교학부 교수), 설악무산이 펼쳐 보인 화엄불교 세계(이도흠 한양대 국문과 교수), 설악무산의 선사상 탐구(김진무 충남대 유학연구소 연구교수), 설악무산 한글 선시조의 선어록적 어원(語源)에 관한 고찰(동국대 객원교수 공일 스님), 설악무산의 한국 선종사 인식과 설악산문(김상영 중앙승가대 교수), 설악무산의 선문답 해석에 담긴 교육학적 함의(박병기 한국교원대 교수), 설악무산 상당법어의 특징과 성격(이학종 전 미디어붓다 대표), 설악무산의 법맥과 사자상승(박부영 불교신문 주필), 설악무산의 불학사상과 그 의미(조병활 박사). 《불교평론》은 '책머리에'에서 "(무산) 스님의 지적은 입으로만 불교를 말하고 문자로만 깨달음을 논하는 오늘의 불교를 향해 내려치는 주장자와 같다"면서 "불교는 철학이나 사상을 위한 종교가 아니라 실천을 통해 인생과 세계를 전회하는 것에 목표를 둔 종교이기 때문에 더욱 그렇다"고 밝혔다.

3) 《설악무산의 삶과 생각, 그 깊이와 넓이》(불교평론 엮음 인북스, 2023)

2023년 8월 10일 인제 만해마을에서 '설악무산의 삶과 생각, 그 깊이와 넓이'라는 주제로 열린 세미나에서 발표된 논문을 묶었으며, 내용은 다음과 같다. 설악무산의 불교관(팔리문헌연구소장 마성 스님), 설악무산의 수행관(동국대 객원교수 공일 스님), 설악무산, 사유의 형이상성과 통합성(유성호 한양대 국문과 교수), 설악불교의 중흥을 열다(김충현 불교방송 춘천총국장), 만해축전 25년의 성과와 전망(유권준 불광출판사 실장), 설악무산이 보여준 사하촌과 바람직한 관계(이학종 전 미디어붓다 대표)), 21세기 무애도인의 풍모(곽병찬 전 한겨레신문 논설위원) 설악무산의 저술·연구자료 서지(書誌) 고찰(이성수 불교신문 기자), 설악무산이 세상에 던진 메시지(김한수 조선일보 기자), 기자가 본 설악무산의 인간적 면모(조현 한겨레신문 기자).

6. 연구논문

무산 스님의 선시를 연구한 학위논문은 지금까지 석사학위 논문 2편, 박사학위 논문 3편이다. 석사학위 논문은 문학평론가 석성환의 〈무산 조오현 시조시 연구〉(창원대학교, 2006), 박금성(도신)의 〈한국 현대시 연구 – 경허 · 오현을 중심으로〉(중앙대학교, 2021)가 있다. 박사학위 논문은 유순덕의 《현대시조에 나타난 형식미학과 생명성 연구 – 이병기, 조운, 김제현, 조오현을 중심으로》(경기대학교, 2014), 김민서의 《조오현 선시 연구》(경기대학교, 2015), 배우식의 《설악 조오현 선시조 연구》(중앙대학교, 2018)가 있다.

유순덕의 박사학위 논문은 설악무산의 작품에 대해 단시조, 연시조, 사설시조를 정격으로 창작하면서, 점차 변용 및 확장으로 나아가는 형식이라고 분석했다. 시인이자 구도자의 길을 걸으며 순환적 생명성을 추구하며, 직관적 초월의식을 통해 집착과 욕망에서 문제가 비롯된다는 사실을 깨닫고 깨달음과 구도의 시를 창작한다고 평했다.

김민서는 《심우도》(1978)부터 《아득한 성자》(2007) 《비슬산 가는 길》(2008) 등에 실린 270여 편의 시를 대상으로 연구하였다. 설악무산의 선시를 '조사활구의 고칙시(高則詩)' '자연경계의 선취시(禪趣詩)' '중생구제의 우범시(又凡詩)' '승속일여의 선화시(禪話詩)'로 분류해 분석했다. 돈오와 자성에 대한 직관적 지각을 특징으로 하고 있다고 했다. 그는 이 논문을 보완해 2021년 5월 고요아침(출판사)에서 《한국 선시의 미학》으로 출간했다.

배우식은 설악무산의 선시조의 사상적 배경에 반야공 · 중도 · 불이 · 화엄 · 연기 · 불살생 등이 복합적으로 자리잡고 있음을 밝혔다. 특히 불살생에 대해 "조오현의 선시조에서 보이는 불교의 생명에 대한 존중과 사랑은 깊고 넓다. 눈에 보이지 않는 미생물까지 생명존중의 대상으로 삼고 있음을 작품을 통해 보여준다"고 했다.

이 밖에도 설악무산의 문학과 불교를 다룬 연구논문은 상당수에 이른다. 이 중 학위 논문과 학회지에 실린 논문의 목록을 정리하면 221페이지의 표와 같다.

7. 《불교평론》과 《유심》 제작 지원

설악무산은 문서포교에 남다른 관심을 가지고 있었다. 시집을 내고 불교 관련 저술을 출간한 것도 그 일환이었다. 스님은 이에 그치지 않고 주목받을 만한 잡지를 간행하는 데에도 많은 노력을 기울였다. 그 대표적인 사례가 《유심》과 《불교평론》이다. 인터넷과 휴대전화가 대중화되면서 신문이나 잡지들이 어려움을 겪는 상황에서 사명감이 없다면 쉬운 일은 아니었다. 비용이 많이 드는 일이라며 주변에서 만류하는 이들도 적지 않았지만, 설악무산은 "좋은 시 한 편 쓰는 것이 절 한 채 짓는 것보다 낫다"거나 "절을 팔아서라도 해야 한다"며 《유심》의 복간과 《불교평론》의 창간을 지지하고 후원했다. 그렇다고 운영이나 편집에 간여하거나 의견을 내는 일은 없었다. 어느 것에도 얽매이지 않는 자유자재한 성품이 반영된 것으로 이해된다. 《유심》과 《불교평론》이 그 분야의 최고 잡지가 될 수 있도록 편집자들에게 모든 것을 맡겼다.

1) 《불교평론》

설악무산은 불교 사상을 현대적으로 해석하고 사회현상을 불교적으로 분석하기 위해 계간지 《불교평론》을 1999년 12월 창간했다. 《불교평론》은 창간호 권두언에서 "우리는 세계가 불교를 향해 끊임없이

〈표〉 설악무산의 문학과 불교를 주제로 한 연구논문

필자	제목	학회지(잡지)	연도
권성훈	조오현 선시 〈일색변〉에 나타난 무아론	한국문예창작 7(1)	2008
권성훈	한국불교시에 나타난 치유성 연구,	종교연구 70	2013
권성훈	현대 선시조에 나타난 치유적 성격 연구: 조오현 시세계를 중심으로	시조학논총 39	2013
권성훈	조오현 단시조의 죽음 연구	춘원연구학보 9	2016
권성훈	조오현 선시조의 미학과 화엄세계의 법신불	춘원연구학보 18	2020
김민서	조오현 선시 연구	경기대 박사학위 논문	2015
김민서	조오현 선시의 양상과 주제연구	시민인문학 34	2018
김재홍	구도의 시, 깨침의 시, 조오현	새국어생활18(1)	2008
박금성 (도신)	한국 현대시 연구 – 경허·오현을 중심으로	중앙대 석사학위 논문	2021
배우식	설악 조오현 선시조 연구	중앙대 박사학위 논문	2018
배우식 이승하	조오현 선시조에 나타난 '공(空)'의 세계	국제언어문학 37	2017
석성환	무산 조오현 시조시 연구	창원대 석사학위 논문	2006
우은진	선시의 문학사적 의의	동서비교문학저널 33	2015
우은진	조오현 서술시의 주체와 소통구조 연구	어문론총 69	2016
유순덕	현대시조에 나타난 형식미학과 생명성 연구 – 이병기, 조운, 김제현, 조오현을 중심으로	경기대 박사학위 논문	2014
이경영	조오현 시조의 창작 방법 고찰	시조학논총 33	2010
이지선	설악 무산의 선적 사유와 시적 형상화	불교문예연구 16	2020
이지엽 유순덕	무산 조오현 시조에 나타난 융의 4가지 심리 유형 연구	열린정신 인문학연구 15(1)	2014
이찬	조오현 문학에 나타난 불교적 세계관과 세속적 해학미	비교문화연구 35	2014
임진성	불교시조의 선적(禪的) 修行 지향 – 무산 조오현의 시조를 중심으로,	한국시가문화연구 32	2013
한명환	조오현의《벽암록》(1997)《무문관》(2007)의 가르침과 즐김의 뜻	만해학보	2019
홍용희	조오현 선시조(禪時調)의 미적 특성 고찰	시조학논총 56	2022

던져오는 새로운 질문에 응답하려는 노력도 게을리하지 않을 것"이라면서 "한국불교의 지식사회에 새바람을 불러일으키는 '나비의 날갯짓'이 되도록 할 것"이라고 천명했다. 《불교평론》이 다양한 시각으로 불교계 안팎의 현안을 심도 있게 다뤄 대안을 제시하고 자유롭게 방향을 밝힌 배경에는 설악무산의 든든한 지원과 후원이 있었기 때문이다.

불교 지성인들의 지대한 관심 속에 활발한 야단법석과 대중공사의 장으로 자리매김한 《불교평론》을 출간될 때마다 시의적절한 주제를 심도 있게 다뤄 반향을 일으켰다. 인문학, 특히 불교학의 지평이 넓지 않은 현실을 고려할 때 《불교평론》은 고군분투하면서 불교 지성의 지남(指南)을 보여주었다. 그러나 시련도 있었다. 2012년 가을호(52호)에 경허(鏡虛, 1849~1912) 선사를 다룬 글이 게재되면서 폐간 위기에 몰리기도 했다. 220여 명의 연구자가 폐간 반대 입장을 천명했다. 만해사상실천선양회가 폐간 결정을 하기에 이르렀으며, 전·현직 편집위원장과 편집위원들이 《불교평론》의 필요성과 속간의 중요성을 설명한 이후에 속간하기로 결정됐다. 결국 설악무산의 결단으로 《불교평론》은 2013년 봄호로 다시 속간해 지금에 이르고 있다. 2023년 여름호(94호)까지 발간해 2024년 말이면 100호가 나올 예정이다.

이 밖에도 《불교평론》은 경희대비폭력연구소와 함께 2009년 2월부터 매달 한 차례 '열린논단'을 개최하고 있다. 2023년 6월 현재 112회까지 이뤄진 열린논단은 불교적 내용뿐 아니라 우리 사회가 직면한 현안을 선정해 전문가들이 발제하고 참가자들이 허심탄회하게 논의하는 자리이다. 불교 교리와 수행은 물론 과학기술, 윤리학, 예술, 이웃종교, 4차산업혁명 등의 광범위한 주제를 다루었다. 급변하는 현대사회가 불교계에 던지는 각종 질문을 불교 시각으로 조명해 재해석하고 대안을 모색하고 있는 《불교평론》이 위기를 극복하고 지속적으로 발행되는 밑거름이자 원동력은 설악무산의 적극적인 지지와 후원이었다.

2)《유심》

설악무산은 만해 한용운 스님이 1918년 9월 1일 창간했지만, 그해 12월 통권 3호로 폐간한 《유심(惟心)》을 복간하는 데도 지원을 아끼지 않았다. 만해의 《유심》은 비록 3호까지 나오고 문을 닫았지만, 근대적인 글쓰기를 실험한 불교 수양지와 종합 교양지로 사랑받았다. 한용운 스님 이외에도 박한영, 백용성, 최린, 최남선, 이능화, 강도봉, 김남전, 권상로 등이 논문과 소설 등을 집필했다. 만해 스님 선양에 각별한 뜻을 갖고 있었던 설악무산은 《유심》 복간을 적극 후원했다. 일부에서 한국연구재단 등재지로 전환하자는 제안이 나왔지만, 설악무산은 반대했다. 《유심》의 위상은 올라가겠지만, 전문학자나 중견 문인이 아닌 신진학자나 신인 문인들이 작품을 발표할 공간이 사라질 것을 염려했던 것이다. 2001년 봄, 83년 만에 만해사상실천선양회의 시문학 전문지로 복간한 계간 《유심》은 저명한 작가는 물론 신인들의 작품도 게재하여 국내 최고 시 전문지의 위상을 견지했다. 2003년 유심작품상을 제정해 신인 문인들의 등용문 역할을 한 것도 그 때문이다.

설악무산은 경제적 지원은 했지만, 편집에는 일절 간여하지 않았다. 특히 《유심》에는 불교 이야기를 따로 쓸 필요가 없다고 했다. 종교와 상관없이 누구나 마음껏 기량을 펼칠 수 있도록 한 것이다. 누군가 "불교를 포교하는 것도 아닌데, 무슨 돈을 그렇게 쓰느냐"고 군소리를 하면 이렇게 답했다고 한다. "불교계가 세상에 입은 은혜를 어떻게 다 갚을 수 있느냐, 이렇게라도 갚는 것이다."

2009년 1월부터 격월간지로 전환된 《유심》은 2015년 12월 복간 15년 만에 통권 92호로 종간됐다. 설악무산은 누구보다 안타까워했다. 2023년 9~10월 다시 복간될 예정이다. 다행스러운 일이다.

8. 결론

설악무산은 부처님 가르침을 배우고 익히는 동시에 시조와 시를 창작하며 자유인으로 살았다. 삶의 지표와 방향은 불교에 뿌리를 내리고 있었지만, 설악무산에게 문학은 또 다른 수행의 도반이었다. 상하좌우 지위고하를 막론하고 폭넓게 교유하면서 한국불교는 물론 한국사회를 경책하고 나아갈 방향을 제시했다.

1968년 문단에 등단한 이후 본격적인 창작활동을 통해 적지 않은 시집을 남겼다. 또한 설악무산의 시조에 감동한 후학과 문인들이 선집(選集)을 펴냈으며, 외국어로 번역되어 출간되기도 했다. 이와 더불어 설악무산의 선시를 주제로 다룬 학위논문과 연구성과도 상당수에 이르고 있다.

이와 더불어 설악무산은 불교사상을 현대적으로 해석하고 사회현상을 불교적으로 분석하기 위해 1992년 12월 창간한 《불교평론》과 1918년 9월 만해 스님이 창간했다 3호로 폐간한 《유심(惟心)》을 2001년 봄 복간하는 데 지원을 아끼지 않았다.

설악무산은 대선사, 조실, 회주, 원로의원보다는 시인이자 스님이라는 '평범하지만 거룩한 단어'에 어울리는 선지식이다. '단순하고 평범한 단어'로만 지칭할 수 없지만 오랜 세월이 흘러도 자리를 지키고 있는 설악산처럼, 일상에서 깨달음의 향기를 보여주었다. 이러한 설악무산의 면모는 군더더기 없는 특유의 글로 불자와 비불자의 경계를 넘어 교훈을 주었다.

이번 글에서는 다루지 못했지만, 설악무산과 인연을 맺은 책들은 더 있다. 예를 들어 《승려문집》을 비롯해 다수의 서적, 그리고 설악무산을 거론한 책이나 논문, 평론 등이 그것이다. 이 부분은 추후 보완할 예정이다. 또한 설악무산이 등장하는 기사를 일목요연하게 정리하는 작업도 필요하다.

이 논문을 마무리하면서 1980년 10월 14일 자 〈조선일보〉 '문화쟁점'이란 코너에 실린 설악무산의 기고를 소개하고자 한다. 문단에서 종교문학에 대한 비평이 오갈 때 쓴 글이다. 40년이 넘는 세월이 흘렀지만, 여전히 유효한 가르침이다.

진실로 이욕(離欲)으로 살아가는 성직자일수록 창작을 할 때는 냉철한 작가정신으로 임해야지, 자칫 잘못하면 종교가 파놓은 구조적 함정과 관념적 논리에 빠져버린다는 것을 자각해야 한다. 종교적 절대성만 추구하는 것은 구도적 작업이지 문학적 사명은 아니기 때문이다. …중략… 작중 인물이 승려라고, 경구(經句)나 조사어록을 인용했다고 불교문학이라는 말은 더더구나 아니다. 인간은 어쩔 수 없이 성스러운 면과 추악한 속성을 동시에 소유하고 있다. 성직자는 속되고 추악한 모습을 통해 성스러운 모습을 실현해가는 과정에서 작가정신을 만나야 한다. 부단히 비평하고 항거하고 그 이념을 추구해가는 자기 부정(否定)의 노상(露上)에서 자기의 문학을 경작해야 할 것이므로…….

설악무산이 세상에 던진 메시지

김한수

차 례

들어가며
　－마지막 10년, 세상에 나투시다

1. "비위를 잘 맞춰라"－친절하라

2. "부처 되려 하지 말고, 부처로 살아라"
　1) "화두나 마약이나 중독은 중독"
　2) 말[言語]이 살아 있으려면
　3) 'No 음주운전=선지식'

3. "괜찮다. 다 괜찮다."

나가며
　－우리 곁을 다녀간 친절한 성자

김한수 / 조선일보 종교전문기자. 고려대 불문학과를 졸업하고 1991년 조선일보에 입사해 1993년부터 문화부 기자로 근무하고 있다. 2003년부터 종교 분야를 담당하고 있으며, 저서로《우리 곁의 성자들》《종교, 아 그래?》《일하며 공부하며 공부하며 일하며》가 있다.

"세상에 좋고 나쁜 건 없어. 살아 있는 건 전부 지 살라고(살려고) 애쓰는 거야. 거기에 좋은 거 나쁜 건 따로 없어! 괜찮아."

어느 날 밤 필자는 만취한 상태로 무산 스님을 뵈러 갔다. 스님은 한밤중에 전화를 드려도 웬만하면 받으셨다. 반대로 스님도 아무 때고 전화를 주시곤 했다. 그날 필자는 뭔가 심각한 고민이 있었던 것 같다. 그러나 지금 그 고민은 기억이 나질 않는다. 필자가 뭐라고 고민을 토로했을 때 스님이 일갈한 저 말씀이 너무나 강렬했기 때문이다. 다른 대화는 다 잊었지만 스님의 말씀은 지금도 또렷이 남아 있다. "좋고 나쁜 게 따로 없다니……".

필자에게 주어진 주제 '설악무산이 세상에 던진 메시지'를 놓고 오랫동안 고민했다. 돌이켜볼수록 스님이 남긴 좋은 말씀이 너무나 많았기 때문이다. 그러나 묘하게도 무산 스님을 생각할 때 가장 떠오르는 말씀은 '좋고 나쁜 건 없다. 괜찮다'였다.

필자는 무산 스님의 생전 마지막 15년을 만날 수 있었다. 2003년부터 2018년 입적까지이다. 필자는 그 15년을 앞부분 5년과 뒤의 10년으로 구분해서 생각한다. 앞의 5년은 아직 스님이 은둔하던 시절이며 뒤의 10년은 스님이 스스로를 세상에 드러낸 기간으로 본다. 필자는 그 분기점을 2007년 〈조선일보〉 최보식 기자와의 인터뷰였던 것으로 생각한다.

들어가며 – 마지막 10년, 세상에 나투시다

"이런 인터뷰는 처음 본다."

지난 2007년 6월 어느 날 아침, 필자는 〈조선일보〉 주말판을 펼치다가 깜짝 놀랐다. 두 가지 이유였다. 첫 번째 이유는 소위 신문기자로서 '물 먹었다'는 이유다. 종교를 담당하는 필자가 아니라 당시 주말판을 책임지고 있던 최보식 선배가 와이드로 무산 스님을 인터뷰했기 때문이었다. 두 번째 놀란 이유는 내용과 형식에서 지금까지 봐왔던 어떤 종교인 인터뷰와도 달랐기 때문이었다. 뜬구름 잡는 거창하고 교훈적인 이야기는 없었다. 그렇지만 다 읽고 나면 어떤 종교인 인터뷰보다 생각할 거리가 많이 남는 내용이었다.

종교담당 기자인 필자는 무산 스님을 물론 알고 있었다. 스님이 조선일보사와 만해축전, 만해대상을 공동으로 주최하고 있었기에 다른 언론사 종교담당 기자보다 더 자주 만나는 사이였다. 그러나 스님의 자리는 늘 '막후(幕後)'였다. '물리적'으로도 무산 스님은 만해축전 행사장에서도 앞자리가 아니라 좌석 뒤편을 오가곤 했다. '인터뷰'의 '인' 자도 못 꺼내게 호통쳤다. 사실 기자들에게 무산 스님은 매력적인 취재원이었다. 시인으로서 글과 말씀이 좋고 《벽암록》 《무문관》 해설서를 펴낼 만큼 불교의 가르침을 현대인들의 눈높이로 쉽게 설명했다. 게다가 교유의 폭은 또 얼마나 넓은지. 그러나 스님은 정식 인터뷰 요청은 매번 정색하며 마다했다.

그랬던 무산 스님이 〈조선일보〉 주말판을 가득 채우는 사진과 함께 등장했으니 놀라지 않을 수 없었다. 제목은 점잖았다. "내 것 내 것 그래봤자 세상에 내 것은 없는 거야." 인터뷰에서 스님은 낙승(落僧), 즉 '떨어진 중'을 자처하며 자신의 살림살이를 거의 다 털어놓았다.

인터뷰의 계기가 재미있었다. '정지용문학상' 수상. 그동안 정식 인터뷰를 사양하던 분이 정지용문학상 수상을 계기로 이런 와이드 인터뷰를 하다니.

인터뷰는 치열한 기 싸움을 숨기지 않은 한 편의 다큐멘터리 같았다. 묻는 기자도, 대답하는 스님도 서로 밀리지 않으려는 기색이 역력

해 독자가 긴장이 될 정도였다. 가령 이런 문답이다.

그의 다섯 가닥 패인 이마 주름을 쳐다보고 또 그 눈을 들여다보다가, 불쑥 "피모대각(被毛戴角)'이라고 하셨지요?"라고 말문을 열었다. 바로 얼마 전 '정지용문학상'을 받은 그가 수상식 자리에서 이 말을 했던 것이다.

"그렇지. 피모대각이지. 모든 것을 포기해야 할 사람이, 부처니 깨달음이니 하는 것도 다 내다 버려야 할 놈이, 이 나이에 부끄러운 줄 모르고 상(賞) 받고 신문에도 나오니, 몸에 털 나고 머리에 뿔 돋은 짐승이 된 것 같은 거지. 몇십 년 전에는, 나도 신문 같은 데 나오고 싶어서 기자들에게 밥 사주고 술 사줬지요. 내 기사를 크게 쓰라고 그랬던 시절도 있었는데, 환갑 지나고 칠십 지나고 나니까, 전부 다 부끄러운 짓거리라. 자꾸 보니까 필요 없는 짓거리야. 산에서 중노릇이면 됐지. 이번에 수상시집이 나오니 문학담당 기자가 전화가 왔어. 내가 '실기만 하면 대갈통을 깨놓겠다'고 했는데, 그걸 크게 실어달라고 착각을 한 것인지, 신문마다 내가 나왔어. 쯧쯧, 그렇다고 대갈통을 깨놓을 수는 없고."

— 그런 이치를 아시는 분이 시는 왜 씁니까?

"시를 많이 쓰지는 않았고, 지금까지 한 100편……. 한때 그런 걸 하고 싶던 시절이 있었지. 시를 쓰게 된 것은 1970년대 신흥사 주지(住持)를 할 때야. 내가 초등학교도 안 나왔으니까 주지가 돼도 아무도 안 알아줘. 천주교로 따지면 교구장급인데. 그때만 해도 누가 좀 알아주기를 바랐지. 당시 행정대학원 학위는 돈 주면 준다고 하대. 또 세상에는 시인이라면 알아준다고 하대. 그래서 가짜 시를 100편쯤 썼던 거지. 시집을 낼 때 이근배 시인에게 '지금 누가 제일 시를 잘 쓰냐고 물으니, '미당(서정주) 선생이 일등'이래. 그러면 '미당보다 내가 더 잘 쓴다고 발문(跋文)을 써다오'라고 했고, 내가 그 발문을 교정 보면서 '미당은 가꾸는 시, 오현은 버리는 시'라고 했어. 푸하하하."

인터뷰의 도입부이다. 다소 길지만 이 부분을 인용한 것은 인터뷰의 분위기를 전하기 위해서다. '삐딱한'(?) 기자와 능수능란한 스님의 창과 방패가 맞서고 있다. 잠시라도 방심하면 치명상을 입을 것 같다. 일반적으로 기자들은 '시는 왜 쓰느냐'는 질문에 저 정도 대답이 나오면 더 이상 들어가지 않는다. 그러나 최보식 기자는 달랐다. 이어지는 질문이 "초등학교도 안 나왔는데 어떻게 신흥사라는 큰절의 주지가 되셨지요?" "스님께서는 배운 것도 없고 지식도 버리는데, 시는 어떻게 배웠습니까?" "그걸 아시는 분이 왜 글로써 시를 썼지요?"라며 계속 찌른다.

마찬가지로 웬만한 취재원들은 기자가 이 정도로 치고 들어오면 짜증이나 화를 내면서 속마음을 들키게(?) 된다. 아니면 인터뷰를 중단해 버린다. 그러나 무산 스님은 고수(?)였다. 전혀 말리지 않고 능숙하게 자신의 할 말을 다 한다. 최보식 기자는 "그걸 아시는 분이 왜 글로써 시를 썼지요"라는 질문 다음에 지문으로 "(질문은 계속 맴돌았다)"라고 적기도 했다.

축구에서 패스가 쉴 새 없이 이어지는 것을 '티키타카'라고 부른다. 티키타카처럼 이어지는 문답 속에 스님은 문학뿐 아니라 어린 시절 이야기, 출가 후의 이야기, 유발상좌 등 인맥 이야기 그리고 깨달음 이야기까지 살림살이를 쫙 펼쳐놓았다.

스님은 생전에 필자에게 "그때 속았다."고 여러 차례 이야기했다. 최보식 기자가 볼펜을 꺼내 필기도 하지 않기에 인터뷰가 아닌 줄 알았다고 했다. 스님 나름대로 '몸수색'(?)도 했지만 녹음기를 찾지 못했다고도 했다. 스님은 특히 인터뷰 전반에 깔린 '곡차' 이야기를 자신에 대한 '음해'(?)라며 음모설도 제기했다. 필자는 스님의 이런 말씀을 불평이라기보다는 인터뷰의 파장이 스님의 예상보다 컸다는 뜻으로 받아들인다.

오히려 필자는 이날 인터뷰를 무산 스님의 '세상 공개 선언'으로 생각한다. 그 인터뷰는 이전까지 '아는 사람들만 알던 분'을 세상에 널리 알린 계기였다. (이 인터뷰에서 최보식 기자는 "그를 만나본 이들은 그에게 매료됐고 그의 크기에 대해 이야기를 했다. 숱한 문인·정치인·고위관료·언론인들이 그에게는 꼼짝 못 하는 것 같았다. 천하를 눈 아래로 보았던 기행(奇行)의 걸레 스님 중광도 그 앞에서는 존경을 표시했을 정도다. 그럼에도 이는 일부 소수에 국한된 것이다"라고 표현했다.)

스님은 이 인터뷰를 시작으로 딱 10년간 세상에 스스로를 노출하고 공개한 후 2018년 홀홀 이승을 떠났다. 2012년부터는 집중적으로 대중 앞에 섰다. 스님이 스스로를 노출하고 공개하는 방식은 부처님오신날 언론 인터뷰이기도 했고, 신흥사와 백담사, 낙산사의 안거 결제와 해제법어이기도 했다.

스님은 결제나 해제법어에 뚜렷한 메시지를 담을 경우엔 기자들에게 미리 넌지시 '힌트'(?)를 주기도 했다. 시자(侍者) 스님이나 주변 분을 통해 '이번 법문은 주목해볼 만할 것'이라는 식의 기별이 오곤 했다. 과연 스님은 법상에서 때로는 정치권을 향해, 때로는 불교계를 향해 사자후를 토했다. 훌륭한 신문 기사 아이템이었다.

그렇게 연타석으로 사자후를 토하고 나면 스님의 법문 날엔 언론이 몰린다. 취재 열기가 과열되는 것이다. 그러면 무산 스님은 짐짓 "오늘은 종정 스님의 법어가 좋다. 그 내용을 대독(代讀)하겠다"며 김을 뺐다. 무산 스님은 그렇게 속세 관심의 고삐를 죄었다 풀었다 하시며 자신의 메시지를 발신하곤 했다.

무산 스님이 그렇게 10년 동안 세상에 던진 메시지는 항상 사구(死句)가 아닌 활구(活句)였다. 스님은 항상 자신의 법문과 법어의 주제가 뉴스에서 멀어지는 것을 경계했다. 그것은 지금 여기에서 세상 사람들이 가장 관심을 가진 문제, 마음 아파하는 문제를 놓치고 무슨 깨달음, 무슨 진리를 찾느냐는 스스로에 대한 경계였다.

이 글에서는 무산 스님이 2007년 이후 공개적인 자리에서 세상을 향해 발표한 메시지를 몇 가지 키워드를 통해 되돌아보려 한다. 또 스님들 사이의 용어뿐 아니라 일반 사회 용어로 비유해 보려 한다.

1. "비위를 잘 맞춰라" - 친절하라

무산 스님만의 트레이드마크 같은 말씀은 '비위 맞추기'이다. 필자는 20년간 많은 종교인과 만나보았지만 다른 어떤 분으로부터도 '비위 맞추기'라는 표현을 들어본 기억이 없다. 무산 스님은 종교의 본질을 '비위 맞추는 것'이라 했다. 이는 무산 스님만의 반어법이기도 하다. 대부분 사람들은 '종교는 세상에 가르침을 줘야 한다'는 생각을 갖고 있다. 거칠게 표현하면 종교는 '갑'이고 신자는 '을'인 셈이다. 그러나 스님은 그 선입견을 보란 듯 부숴버리고 "종교는 세상의 비위를 잘 맞춰야 한다"고 했다.

스님은 평소 이런 이야기를 자주 했다.

"여러분 모두 집에 가면 부모님, 마누라, 자식 비위 맞춰주지? 그래야 하는 기라. 회사 경영하는 사람들은 직원들 비위 잘 맞춰야 회사가 잘되는 기라. 비위 잘 맞춰주는 사람은 큰사람이라. 내 보기에 세상에서 가장 비위 잘 맞춘 분은 석가모니하고 테레사 수녀야. 세상 모든 사람들 비위를 다 맞춰줬잖아? 그런 분들이 많이 나와야 해."

스님은 삼삼오오가 모인 사적인 자리에서도, 공개 법문 때에도 '비위 맞추기'를 자주 거론했다. 2012년 백담사 동안거 결제법어에서도 비위 맞추기가 등장했다. 스님은 "2,500년 전 석가모니가 제일 섬겼던 사람이 누구인가요? 불가촉천민들 아닌가. 이 세상 살아가는 것은 비위 맞추는 것입니다. 비위 맞춘다고 하면 비겁하다고 생각하지만, 비겁한 게 아니야. 이 세상에서 제일 비위 잘 맞춘 사람이 누구인가요? 석가모니만큼 중생 비위를 잘 맞춘 사람이 없어요. 나는 오래전부터 비위를 맞추라고 했어요. 선방(禪房)에 살면서 옆에 도반(道伴)들 비위를 맞춰야 해요. 자기 허물을 드러내놓고, 남의 허물은 보지도 듣지도 말하지도 마라. 그게 선방, 대중 생활 아니요?"

스님 스스로 비위를 맞춘 일화도 많다. 스님은 공·사석에 영국 방문 때 연설에 얽힌 에피소드를 소개하곤 했다.

한번은 영국의 어떤 도시를 방문해서 연설을 할 기회가 있었어. 단상에는 주최 측이 준비한 원고가 놓여 있었지. 좋은 내용이자 뻔한 내용이었어. 나는 원고를 치우고 즉석 연설을 하며 영국 사람들 비위를 맞췄지.

"우리나라에는 '영국신사'라는 말이 있다. 핸섬하고 매너 좋고 한마디로 최고라는 뜻이다. 나도 그런 영국신사가 되려고 노력한다." 그랬더니 좋아해. 그래서 좀 더 했지. 한 대 때려야 하겠더라고. 그래서 "우리나라는 몽골이 쳐들어왔을 때 총칼을 만들고 대포를 만들고 안 그랬다. 팔만대장경을 만들었다." 그랬더니 또 박수라. 마지막으로 그랬지. "여러분 나라에서 최고로 치는 셰익스피어가 '세상사는 허깨비'라 했는데, 팔만대장경 가르침이 바로 '모든 게 허깨비'라 카는 기다." 그러고 내려왔더니 그게 버킹엄까지 들어갔는지 들어와서 기자회견 하라고 해. 그래서 절대로 안 한다 그랬지. 말 많이 해봐야 손해라.

그의 '비위 맞추기'는 이렇게 국제적이었다. '영국신사'라는 단어와 영국인들이 인도와도 바꾸지 않겠다는 세익스피어를 가지고 영국인 청중들의 비위를 맞추면서 쥐락펴락했던 것이다.

스님은 1980년대 초 미국 생활을 하던 시절, 성당에서 강연하면서 '야소교에 대한 고마움'을 털어놓았던 에피소드도 자주 소개했다.

1980년대 초 미국 샌프란시스코 식당에서 접시닦이를 할 때, 승려라는 신분을 숨기고 있었는데 어쩌다 보니 식당 주인이 알게 됐어. 그 주인이 천주교 신자였는데 신부에게 소개해서 자기가 다니는 성당에서 강의하게 됐지.

"내가 절에서 소머슴살이 할 때 마을에 야소교가 들어왔어요. 매주 일요일이면 온 마을 사람들이 예배당에 모여들었어요. 옷이나 먹을 것을 나눠주니까. 나도 매주 갔지. 그런데 혼자 가면 내 것만 주는데, 아기를 업고 가면 2인분을 줄 거 같은 기라. 그래서 어느 날 이웃집 갓난아기를 업고 갔지. 강아지도 한 마리 끌고. 내 차례가 돼서 먹을 것을 주기에 손가락으로 등에 업은 아기를 가리켰지. (한국인) 목사님은 눈도 깜짝 안 하는데, 금발의 여학생이 빤히 쳐다보더니 갓난아이 몫까지 주는 기라. 그래서 발로 강아지를 가리켰더니 강아지 몫까지 주는 기라."

이런 이야기를 하면 신자들이 좋아했지.

이렇게 '자신들의 비위를 맞춰주는 스님'의 이야기를 듣는 청중의 마음이 어땠을까 짐작하기 어렵지 않다. 이미 대접받은 기분이 들었을 것이고, 관심이 없던 한국과 불교에 대해서도 귀를 기울였을 것은 보지 않아도 알 수 있다. 이처럼 스님에게 '비위 맞추기'는 상대방의 마음을 여는 열쇠이자 자비 실천의 방편이었다.

앞에서 예로 든 경우가 말(언어)로 비위를 맞춘 것이라면 스님이 몸소 실천한 '비위 맞추기'는 그 전모를 다 알 수 없을 정도이다.

대표적인 예가 '백담사 셔틀버스'이다. 강원 인제 용대리에서 백담사에 이르는 길은 정상적으로 자동차가 다니기 어려운 좁고 위태로운 길이다. 관광객, 등산객의 차량 출입을 제한하고 허가받은 셔틀버스를 운행하지 않을 수 없는 조건이다. 이런 경우엔 백담사가 셔틀버스를 운행해도 아무도 비판할 사람이 없을 것이다. 그러나 무산 스님은 그 셔틀버스 운영권을 용대리 마을에 맡겼다. 셔틀버스 운행으로 수익이 얼마가 나더라도 사찰은 일절 관여하지 않는다. 독점수익사업권을 마을에 넘긴 것이다.

사람들이 이 일에 대해 '대단한 결심을 하셨다'고 칭송하면 스님은 혼잣말처럼 이렇게 말하곤 했다. "사하촌(寺下村) 사람들이 중 욕을 얼마나 하는지 아나?" 욕을 먹어도 이익을 챙기는 것이 속세의 셈법이다. 그러나 무산 스님의 계산법은 달랐다.

무산 스님의 '노인회장 모시기'도 비위 맞추기의 대표적 사례이다. 무산 스님은 사찰의 주요 행사엔 꼭 마을 노인회장을 모셨다. 무산 스님의 행사에는 전직 국무총리와 전직 대학 총장 등 사회 저명인사들이 대거 참석하곤 했다. 스님은 그러나 참석자 중 '노인회장'을 가장 먼저 챙겼다. 특히 동안거 해제 때는 반드시 노인회장을 모셨다. 동안거 해제일은 음력 정월 보름이기 때문에 새해 인사를 겸할 수 있는 자리. 때로는 폭설이 쏟아져 노인회장이 행사장에 늦게 도착할 때도 있다. 그러면 무산 스님은 노인회장이 도착해 좌정할 때까지 행사를 늦췄다. 행사의 최고 어른인 무산 스님이 노인회장을 극진히 모시는 모습은 무언의 가르침이었다.

무산 스님의 생각과 실천을 살펴보면 '비위 맞추기=섬기기'로 바꿔볼 수 있겠다. 그러나 그렇게 바꾸면 '말의 맛'이 확 떨어진다. '종교의 본질은 세상을 섬기는 것'이라고 한다면 너무나 뻔한 느낌이 든다. 그러나 '비위 맞추기'라고 하면 종교에 대한 세상 사람들의 선입견을 뒤집고 의표를 찌르는 전복(顚覆)의 맛이 있다. 사람들로 하여금 한 번 더 생각하게 만든다. 이런 효과가 있어야 비로소 선승이 세상에 던진 화두, 메시지라 부를 수 있을 것이다. 시인이었던 무산 스님은 '비위 맞추기'라는 표현을 통해 세상에 "서로에게, 모두에게 친절하라"는 화두를 던졌다.

2. "부처 되려 하지 말고, 부처로 살아라"

무산 스님이 선승(禪僧)들에게 가장 강조한 말이다. 스님은 안거 결제·해제 법문 때면 거의 빠짐없이 "부처 되려고 하지 말고, 부처로 살아야 한다" "불교는 깨달음을 추구하는 종교가 아니라 깨달음을 실천하는 종교"라고 강조했다.

글의 앞부분에 무산 스님이 2007년 〈조선일보〉 인터뷰를 기점으로 세상에 스스로를 드러내기 시작했다고 썼다. 그렇다고 스님이 항상 대중들 앞에 모습을 드러낸 것은 아니었다. 여전히 스님은 만해축전 기간에도 보일 듯 말 듯 무대 뒤에서 얼핏 모습을 비출 뿐이었다. 스님은 2014년 겨울부터는 백담사 무문관에서 석 달씩 동안거와 하안거 수행에 들어갔다. 무문관이란 1인실 수행 공간을 바깥에서 문을 걸어 잠그고 석 달 동안 '밥구멍'으로 하루 한 끼 식사만 넣어주는 곳이다.

여름, 겨울 석 달씩 합하면 6개월이니 1년 중 절반은 선방(禪房)에서 바깥출입을 하지 않는 것이었다. 스스로 대외 활동량을 절반으로 다이어트한 셈이다. 대신 스님은 안거의 시작과 끝, 즉 결제와 해제 법문을 메시지 발표 기회로 삼았다.

스님은 특히 해제 법문 준비를 위해 일종의 '반칙'(?)도 했다. 원래 선승들은 무문관에 들어갈 때 휴대전화를 반납한다. 꼭 필요한 의사소통은 '밥구멍'을 통해 메모를 주고받는 방식으로 한다. 그러나 스님은 무문관에 스마트폰을 가지고 들어갔다. 뉴스를 놓치지 않기 위해서였다. 왜 뉴스를 놓치지 않으려 했을까. 스님의 시적 표현을 빌리자면 '삐까번쩍한 이야기'를 전하고 싶어서였다. 스님은 평소 스마트폰 사용이 능숙했다. 스님은 무문관 안에서도 이따금 스마트폰으로 뉴스를 검색하면서 석 달의 안거를 마치고 세상에 나서는 선승과 해제 법회에 참석하는 불자들에게 잊지 못할 한마디를 전하기 위해 노력했던 것이다. 이런 간절한 노력 덕분에 스님의 안거 해제 법문은 뉴스를 장식하곤 했다.

무산 스님의 해제 법문 중 대중들에게 많이 회자된 것이 2014년 동안거 해제 법문이다. 2014년 겨울에 시작된 안거가 끝난 것은 2015년 3월. 이날 법문에서 스님은 스티브 잡스와 그해 아카데미 각본상을 받은 영화 〈이미테이션 게임〉 각색자 그레이엄 무어를 예로 들었다. 스티브 잡스와 그레이엄 무어는 각각 스탠퍼드대 졸업식 축하 연설과 아카데미상 수상 기념 연설에서 'Stay'로 시작하는 명언을 남긴 것으로 유명했다. 스티브 잡스는 "Stay foolish, stay hungry(항상 어리석어라, 항상 배고파라)"라며 항상 갈구하라고 했고, 그레이엄 무어는 "Stay weird, stay different(괴팍하다고 해도 괜찮아, 남들과 달라도 괜찮아)"라고 연설한 바 있다.

스님은 이 두 사람의 연설을 예로 들면서 "세계 젊은이들의 가슴을 뛰게 한 명언"이라고 했다. 스님이 주목한 것은 바로 이 '가슴을 뛰게한'이었다. 선승들의 화두가 전혀 세상 사람들의 가슴을 뛰게 하지 못하는 현실을 타파하고 싶었던 것이다. 스님에게 화두란 선승들이 참선할 때 깨쳐야 할 문구 정도가 아니라 세상 사람들의 가슴을 뛰게 할 메시지여야 했다. 그래서 스님은 스티브 잡스와 프란치스코 교황의 한마디가 세상을 울리는 것에 비해 선승들의 화두는 천 년 전 당송시대의 '한자 말 놀음'에서 벗어나지 못하고 있는 것 아니냐는 문제의식을 토로했다. 때로는 '화두 중독'이라는 과격한 용어도 서슴지 않았다.

1) "화두나 마약이나 중독은 중독" - 매너리즘에서 탈출하라

요즘 참선하는 사람들은 참 이상하다. 옛사람들은 그 마음을 고요하게 가졌는데 요즘 사람들은 그 처소를 고요하게 가지고 있다. 옛사람들은 그 마음을 움직이지 않았는데 요즘 사람들은 그 몸을 움직이지 않고 있다. 그 처소를 고요하게 가지려 하면 염세가 되는 것뿐이며, 그 몸을 움직이지 않으면 독선이 안 되려야 안 될 수가 없을 것이다. 선의 본말을 모른 채 세월만 끌고 다만 옛 선사들의 영롱한 구두선, 즉 선리를 제대로 체득하지 못하고 청춘을 보내고 있으니, 과연 무엇이라 하는 짓들이냐.

2012년 신흥사 하안거 결제법어에서 무산 스님은 갑자기 만해 한용운의 법문을 인용했다. 100년 전 만해는 당시 조선불교에 대해 무척 비판적이었다. 그래서 〈조선불교유신론〉을 발표하며 승려의 결혼도 허용해야 한다고 주장했다. 만해는 당시 선승들의 매너리즘에 대해 "마음을 고요하게 하는 것이 아니라 처소를 고요하게 하고, 마음을 움직이지 않는 것이 아니라 몸을 안 움직인다"고 질타했던 것.

무산 스님의 '화두 중독' 질타도 매서웠다. 무산 스님은 "이 법문이 만해의 선(禪) 법문 가운데, 후학들에게 가장 중요한 대목"이라고 했다. 그러면서 만해가 39세 때인 1917년 오세암에서 참선 중 문풍지 바람 소리를 듣고 읊은 오도송(悟道頌)을 소개했다. "남아도처시고향(南

兒到處是故鄉)" 즉 '남아가 가는 곳은 어디나 고향'이라고 시작하는 게송을 소개하면서 "임제 스님의 수처작주(隨處作主)와 맥이 똑같다"며 "남아가 가는 곳이 어디나 고향이라는 것은 수처작주, 어디에 가나 주인이 되라는 것과 같다"고 말했다. 이어 그는 "깨달았으면 깨달음의 삶을 살지, 왜 그 깨달음에 취해 깨달음에 중독이 되어 있는가. 중독이 되어 있다는 것은 깨달음에, 화두에 취해 있는 것입니다. 혼자 깨달아 산속에 고요히 앉아 있겠다면 그게 뭐 하자는 것인가 이런 말씀"이라고 질타했다.

그에 앞선 2012년 백담사 동안거 결제법어에서는 "스마트폰 시대에 천 년 전에 늙은이들이 씨불인 화두는 깨버려야 한다"고도 했다. "화두를 깨버려야 해요. 화두에 집착하면, 알코올 중독자가 중독되는지 모르고 중독되듯이 화두 중독자가 되어버리면 일생을 만날 무(無), 무, 무…… 하다 말아요. 표현이 지나치지만, 마약중독자는 자기가 마약중독자인 줄 몰라요. 마약만이 자기 살길이라고 믿고 마누라도 팔아먹고 집도 팔아먹으면서……. 지금 선방 스님들도 화두에 중독돼 있는 거야."

2016년 동안거 해제법어에서는 개와 사자의 비유를 들어 화두 중독을 비판하기도 했다. 흙덩어리를 던지면 개는 흙덩어리를 쫓고, 사자는 그 흙덩어리를 던진 사람을 문다고 했다. 여기서 흙덩어리는 화두이다.

1,700공안(公案) 이 흙덩어리는 다 깨트려봐야 흙먼지만 일 뿐입니다. 불심의 근원은 중생심입니다. 중생의 아픔이 없는 화두는 사구(死句) 흙덩어리입니다. 한로축괴(韓獹逐塊) 사자교인(獅子咬人)이라 했습니다. 흙덩어리를 던지면 개는 흙덩어리를 쫓고 사자는 던지는 놈을 물어뜯고 울부짖습니다. 그 울음소리는 진천(振天), 진천입니다.

여러분들은 지금 흙덩이를 던지는 이 노골(老骨), 이 늙은이의 말을 물어뜯고 자신의 울음소리를 내야 합니다. 지금 누가 노골의 말을 쫓고 지금 누가 노골의 말을 씹어 뱉어 버리는가를 지금 노골은 보고 있습니다.

스님이 '화두 중독' '깨달음 중독'을 질타한 것은 매너리즘에 대한 비판이다. 사회적·역사적 맥락이 없이 천 년 전 중국 선사들의 수행 과정에서 나온 1,700가지 에피소드, 화두를 지금 시대에 아무 점검이나 비판 없이 그대로 이어받는 것이 온당하냐는 간절한 질문이다.

그러면서 스님은 "자기에게 분노를 좀 하라"고까지 말한다. 2011년 신흥사 동안거 해제법어에서 무산 스님은 "2,000년 전 석가가 6년 고행 끝에 삼계의 대도사가 되었는데, 나는 이게 무엇이냐. 남한테 분노하면 중이 아닙니다. 자기에게 분노해야 하는 것"이라며 "대신심 대의정 그래서 자기 의심, 그리고 그것을 벗어나려고 하면 자기 자신한테 분노해야 한다"고 일갈했다.

'화두 중독' '깨달음 중독'을 질타하다가 '개' 비유까지 꺼내는 무산 스님의 말씀은 일견 지나치다는 느낌도 든다. 한편으론 '간화선 무용론'처럼 보이기도 한다.

그렇지 않다. 무산 스님은 2014년 백담사에 조계종 기본선원을 유치한 장본인이다. 기본선원은 출가 후 사미계, 사미니계를 받은 예비 스님들 가운데 선승(禪僧)을 지망하는 사람들이 4년간 기본 교육을 받는 기관이다. 일반적인 스님들은 각 사찰의 승가대학이나 중앙승가대, 동국대 등에서 4년간 경전 위주로 교육받는다. 마찬가지로 선승을 지망하는 출가자들은 기본선원에서 4년간 선승으로서 기본적인 교육을 받게 된다. 기본선원을 운영하기 위해선 안정적인 재원이 필요하다. 이 때문에 기본선원은 제도적으로는 설립된 지 20년이 넘도록 한곳에 정착하지 못하고 사찰을 떠돌고 있는 상태였다. 그런 상황에서 선승들이 먼저 '기본선원은 백담사에 설치하면 좋겠다'고 의견을 냈고, 무산 스님이 선뜻 받아들임으로써 비로소 떠돌이 신세를 면하게 된 것이다. 무산 스님은 기본선원 조실로 추대됐고, 스님은 기본선원을 백담사에 유치한 사실과 기본선원 조실이라는 직함을 입적할 때까지 자랑스러워했다.

그뿐 아니라 무산 스님은 선승들의 숨은 후원자였다. 선승들이 스스로의 복지를 위해 만든 단체가 전국선원수좌복지회이다. 이 단체의 '큰 후원자' 중의 한 명이 바로 무산 스님이었다. 또한 선승들의 교과서라 할 《벽암록》과 《무문관》의 해설서를 펴낸 바 있다.

그 누구보다 간절하게 간화선 전통을 지키고 이어가기 위해 애쓴 분이 무산 스님이었다. 그런데 왜 이렇게 선승들과 참선 문화에 대해 질타했던 것일까.

그것은 매너리즘에 대한 질타였다. 기자와 문학평론가에 대해서도 스님은 매너리즘에 빠지면 안 된다고 강조했다. 모골이 송연할 정도로 핵심을 찌른 말씀이다.

기사 잘 쓰는 기자도 많고, 참선 잘하는 선승도 많다. 그러나 그것만으로 봉급을 타고 시주 밥 먹을 자격이 있는지는 다시 생각해야 한다. 기자나 선승은 독자나 불자들로부터 '현재 이상의 무엇'을 요구받고 있다. 이에 응답하기 위해 기자나 선승은 새로운 각오를 다져야 한다. 이 말이 뜻하는 낙처(落處)를 모른다면 기자든 선승이든 모두 사표를 내야 할 것이다.

— 1990년 한국기자협회 창립 30주년 축사

글이란 자기 혼이 담겨야 제 글이지요. 그런데 요즘 평론이라는 것은 대개 남이 만들어 놓은 방법론을 빌려다가 다른 사람이 쓴 작품 가지고 왈가왈부 시시비비만 하지요. 그러니 허망할 밖에요. 계곡의 깊은 못에 커다란 물고기가 간밤 폭포를 타고 오르면서 용이 되어 승천했지요. 그런데 거기 무어가 남아 있을 거라면서 사람들은 그 물속으로 그물을 던집니다. 물고기는 이미 승천했는데 그물에 무어가 걸리겠습니까?

                — 권영민 〈내 마음속의 큰 산〉《설악무산, 그 흔적과 기억》

2) 말[言語]이 살아 있으려면 – 중생의 고통이 화두

무산 스님의 2015년 백담사 하안거 해제법어는 처음부터 끝까지 단 한 사람, 프란치스코 교황 이야기뿐이었다.

"내가 오늘 이 자리에서 느닷없이 프란치스코 교황에 대해서 말하는 것은 이분의 화두 이야기를 하고 싶어서입니다. 종교인의 생명은 화두입니다. 우리 스님들은 서로 안부를 물을 때 '화두가 성성합니까?' '화두가 깨어 있습니까?' 이렇게 묻습니다. 화두에는 활구(活句)가 있고 사구(死句)가 있습니다. 프란치스코 이분이 세계를 움직이는 힘이 어디서 나옵니까? 이분의 살아 있는 화두, 즉 활구에서 나옵니다."

무산 스님은 생전에 프란치스코 교황을 '경쟁 상대'(?)로 여기는 듯한 발언을 자주 했다. 핵심은 교황의 말, 즉 화두가 살아 있다는 것이었다. 스님은 2015년 하안거 해제법어에서도 "지난 결제 때 우리 스님들의 화두는 무엇입니까? 알 필요도 없고 말할 필요도 없습니다. 모두 다 천 년 전 중국 선사들의 산중문답이니까 말입니다"라고 했다. 그러면서 "불자들에게 존경받는 어느 노스님은 내가 어릴 때 저에게 '화두 들고 참선공부 하다가 죽어라'라고 당부했다"며 "빨리 깨달아 깨달음의 삶을 살고자 참선하는 것이지 참선하다 죽으려고 참선하는 것은 아니지 않나?"라고 말했다. 그는 또 "화두는 그 사람의 생각"이라며 "그 사람이 오늘 무엇을 생각하느냐에 따라서 그 사람의 삶이 결정된다. 지금 여러분들은 무슨 생각을 하고 계십니까?"라고 물었다. '화두'에 대한 무산 스님의 생각을 단적으로 보여주는 법어가 아닐 수 없다.

무산 스님은 '활구'와 '사구'를 간단히 구분했다. 중생의 고통을 자신의 아픔으로 삼고 있으면 제대로 된 화두이며 '활구'라는 것이었다. 스님의 이런 생각이 집약적으로 드러난 것이 2016년 백담사 동안거 해제법어다.

고대 중국의 화두 이 뭣고? 시심마(是甚麼), 무자화(無字話), 뜰 앞의 잣나무, 조주사문(趙州四門), 마조백흑(馬祖白黑) 등 1,700공안에는 시비인(是非人)만 있고 무사인(無事人)은 없습니다. 오늘의 중생의 삶, 아픔이 없습니다. 1,700공안 이 흙덩어리는 다 깨트려봐야 흙먼지만 일 뿐입니다. 불심의 근원은 중생심입니다. 중생의 아픔이 없는 화두는 사구(死句) 흙덩어리입니다.

'중생의 아픔' 즉 지금 이 시대 사람들의 현실적인 문제에 대한 공감이 가장 중요한 화두라는 게 스님의 말이다. 이 때문에 2014년 방한 당시 계속 옷깃에 세월호 리본을 달고 빡빡한 일정 가운데 세월호 유족을 네 번이나 만난 프란치스코 교황의 화두가 살아 있는 화두라고 한 것이다.

그렇다면 중생의 아픔은 어떻게 공감할 수 있는 것일까. 스님은 2016년 백담사 동안거 해제법어에서 방법도 일러줬다.

중생의 아픔을 내 아픔으로 받아들이면, 몸에 힘을 다 빼고 중생을 바라보면, 손발톱이 흐물흐물 다 물러 빠지면 중생의 아픔이 내 아픔이 됩니다. 중생의 아픔이 내 아픔이 돼야 중생과 한 몸이 되고, 한 몸이 되어 사무치고 사무쳐야, 사무침이 다 해야 '내 이름을 듣는 이는 삼악도를 벗어나고 내 모습을 보는 이는 해탈'을 하는 것입니다.

'손발톱이 흐물흐물 다 물러 빠진다'는 표현을 들으면 몇몇 인물이 떠오른다. 벨기에 출신으로 하와이 군도의 한센인들을 돌보다 그 스스로 한센병에 걸려 선종(善終)한 다미안 신부(1840~1889)와 남수단의 어린이들을 돌보다 암을 발견하지 못해 젊은 나이에 세상을 떠난 이태석 신부(1962~2010) 등이다. 스님에게 '화두' '활구'란 구두선이 아니라 중생의 아픔을 자신의 아픔으로 삼는 실천이었다. 그래서 스님은 '불교는 깨달음을 추구하는 종교가 아니라 깨달음을 실천하는 종교'라고 강조했던 것이다.

2016년 동안거 해제는 2017년 2월이었다. 대통령 탄핵과 새 대통령 선거가 이어지기 직전 상황이었다. 유례없는 사회적 혼란의 한복판이었다. 스님 이날 당시 사회의 혼란상을 소개하는 것으로 법어를 시작했다.

대통령은 직무를 정지당했고 헌법재판소는 그 탄핵을 심판하고 있습니다. 이런 와중에 실업자가 100만 명, 백수(白手)가 450만 명이 넘는다고 합니다. 나랏빚과 함께 가계 빚은 늘어만 가고, 소득은 줄어들고, 물가는 오르기만 하니, 서민들의 살림이 비절참절(悲絶慘絶), 말을 다 할 수 없다고 합니다.

우리 국민은 화가 많이 나 있습니다. 이럴 때 대중들은 몸가짐을 소종멸적(掃蹤滅跡) 조심해야 합니다. 고행 정진했다는 생각, 깨달음을 얻었다면 깨달음을 얻었다는 집착과 함께 그 흔적까지도 다 지우고 몸에 힘까지 다 빼고 떠나야 합니다. 자기로부터 무한정 떠나야 합니다.

우리는 새벽마다 불전에서 행선축원(行禪祝願)을 합니다. 축원문 끄트머리에 '내 이름을 듣는 이는 삼악도를 벗어나고, 내 모습을 보는 이는 모두 해탈할 지어다' 이렇게 되어 있습니다.

과연 내 이름을 듣는 이는 삼악도를 벗어나고 내 모습을 보는 이는 해탈할 수 있을까? 이렇게 자문자답 자신을 돌아보고 한 걸음 한 걸음 조심조심 걸어야 합니다.

무서운 말씀이 아닐 수 없다. 성난 국민들 앞에서 '정진했다' '깨달았다'고 절대 티 내지 말라는 말씀이다. 스님은 당시 상황을 "삼독(三毒)의 불바다"라 표현했다. 그러면서 "모름지기 수행승은 삼독의 불길을 잡는 소방관이 되어야 그림자가 부끄럽지 않습니다. 우리 모두는 그림자가 부끄럽지 않게 살아야 한다"고 했다. 또한 대선을 앞두고 "삼독의 불길을 잡는 사람이 민심도 잡고 대권도 잡는다"고 했다. 섣부른 훈수가 아니라 원칙론만 밝힌 셈이다.

또한 스님은 중생의 아픔과 함께하고 그 아픔을 화두 혹은 제일의 원칙으로 삼아야 하는 것은 비단 수행승뿐 아니라 사회지도층이라면 누구나 새겨야 할 삶의 자세라고 강조한 셈이다.

3) 'No 음주운전=선지식' – 깨달음, 일상에 있다

춘풍추상(春風秋霜)이란 말이 있다. 남을 대할 때는 봄바람처럼 부드럽게, 자신에게는 가을 서리처럼 엄격하게 한다는 뜻이다. 무산 스님이 그랬다. '자기 식구'인 선승들에게는 화두에 중독되지 말라며 엄격하게 대했지만 불자들에게는 한없이 부드러웠다.

깨달음의 문제에 대해서도 그랬다. 무산 스님은 일상생활에서 자신의 생업에 최선을 다하고 정성을 다하는 이들을 선지식이라 했다. 스님은 평소 "매일같이 각종 매체에 크고 작은 사건들이 보도되고 있는 것을 보는데, 그것이 무진법문(無盡法門)"이라고 강조했다. 2015년 낙산사 동안거 결제법어에서는 '음주운전 하지 않는 이가 깨달은 사람'이라고도 말했다.

　신도님들은 깨달음은 아주 먼 곳에 있다고 믿고 있습니다. 깨달음이 뭔지 내가 아주 쉽게 한마디로 말하겠어요. 예를 들면, 우리가 살아가면서 제일 많이 듣고 보는 것이 무엇입니까? 교통사고 아닌가요? 음주운전으로 교통사고가 나는 것을 매일 보고 듣지 않습니까? 그런데도 보고 듣기만 하고 그냥 지나치고 말아요. 남의 일로 보는 거지요. 그러지 말고 사무치게 깨달아야 합니다. 음주운전을 하면 교통사고로 죽는구나, 하고 자신이 사무치게 깨달아야 하는 겁니다. 보고 들었으면 확실하게 알아야 하는 거예요. 확실하게 알면 음주운전을 안 하는 거지요. 그냥 보고 듣기만 하니까 그런 일이 자꾸 반복되는 겁니다. 음주운전 안 하는 사람은 이미 깨달은 사람이에요. 깨달음은 허공에 있는 게 아니고, 일상 속에 있어요. 부모에게 잘하면 복 받는다는 말만 듣고 행하지 않는 것은 그 근본 도리를 깨닫지 못해서, 알지 못해서 그러는 거예요. 깨달음은 멀리 있는 게 아니고 우리 생활 속에 있어요.

스님이 지금 살아계신다면 '우회전 신호에서 잠깐 멈춤을 실천하는 이가 깨달은 이'라고 말씀하실지 모르겠다. 무산 스님은 그만큼 일상생활에서 한순간 한순간을 매너리즘에 빠져 생각 없이 흘려보내지 말고 '사무치게 깨달아야' 한다고 강조했다.

스님은 여러 법문과 글을 통해 '염장이 노인'을 이야기한 바 있다. 감동적인 우화(寓話)를 연상시키는 에피소드다. 지난 2011년 신흥사 동안거 해제법어에서도 이렇게 말했다.

신도의 전화를 받고 염불하러 간 길에 염하는 염장이를 만났다. 너무나 정성스레 염하는 모습에 감동해 '다른 사람들도 그렇게 정성스럽게 염하느냐'고 묻자 염장이는 '살아 있는 사람은 구별이 있지만 죽은 사람은 남녀노소 지위 고하 구별이 없다. 시비가 끊어졌다'고 답한다. 염하면서 시신과 대화를 나눈다는 노인은 잘 살았던 것 같은 사람의 염은 대충대충 해도, 잘 못 산 거 같은 사람은 마음이 쓰여서 더 정성스레 염한다고 했다. 그러면서 "저는 내 마음 편하자고 시신을 이렇게 하는데, 남의 눈에는 시신을 위해 최선을 다해 정성을 기울이는 것처럼 보였으니 나는 아직 멀었습니다, 부끄럽습니다"라고 말했다. 그 말을 듣는 순간 내(무산 스님)가 참 부끄러웠다. 이 염장이 이야기가 팔만대장경이다. 해인사에 있는 팔만대장경은 살아 있는 대장경이 아니라 골동품이다. 그 팔만대장경 속에 억만 창생이 다 빠져 죽었다.

스님은 이날 법어에서 "한 60쯤 되니까, 선지식이 누군지 보이기 시작했다"고 말했다. 염장이를 만난 이후에 생각하니 밥해주는 공양주, 군불 때주고 청소해주는 부목, 어촌 주막의 주모, 어부, 대장장이, 시장 바닥의 노점상, 서울 시청 앞 광장에 누워 있는 노숙자 모두가 선지식이라고 말했다. 《화엄경》의 선재동자가 만난 53선지식을 떠올리게 하는 대목이다. 또한 '교도소에서 살아가는 거룩한 부처님들' '술집에서 웃음 파는 엄숙한 부처님들'로 시작하는 성철 스님의 1986년 부처님오신날 법어도 떠오른다.

3. "괜찮다. 다 괜찮다."

필자에게 무산 스님의 마지막 모습은 '괜찮다'로 기억된다. 필자는

지금도 '괜찮다'라는 단어를 떠올리면 무산 스님에게 큰 위로를 받는
느낌이 든다.

　스님은 2014년 백담사 동안거 해제법어에서 '괜찮다'를 여러 번 말
씀했다. 스님에게 장학금을 받던 강원 인제의 여학생 이야기를 하면서
다. 당시 스님은 석 달간 연락이 두절되는 무문관 수행을 시작하면서
지인들에게 문자 메시지로 소식을 전했다.

　"노망이 들어 무문관(無門關)에 있습니다. 금족 생활을 하기 때문에
전화 못 받습니다. 3개월 보내고 해제하면 연락드리겠습니다."

　이 메시지 내용이 언론에 보도됐다. 그러자 무산 스님에게 장학금을
받던 여학생이 '노망'이란 단어에 놀랐던 모양이다. 중학교를 졸업하고
고등학교 진학을 앞둔 이 학생은 '스님이 노망이 나면 안 되는데. 나는
대학도 가야 하는데……'라며 걱정하다가 백담사까지 찾아왔다고 한
다. 그러나 무문관에 들어 있는 스님을 만나지는 못하고 메모를 남겼
는데 이 메모가 스님에게 전달됐다. 그 여학생은 인터넷을 검색하다가
각본가 그레이엄 무어의 아카데미 시상식 수상소감에서 '이상해도 괜
찮아'를 읽고, '스님이 노망들어도 괜찮다. 내가 스님 못 만나고 쫓겨나
도 괜찮다. 나 대학 못 가도 괜찮다'라고 생각하게 됐고, 그 내용을 스
님에게 편지로 썼다고 한다.

　스님은 그날 해제법어에서 이렇게 말했다.

　괜찮다는 말은 나도 일상적으로 자주 쓰는데, 편지를 보고 찡하게
깨달았어요. 아, 스승은 여기에도 있구나 하고. 괜찮아. 잘해도 괜찮
고 못 해도 괜찮아. 괜찮다. 혼자서 늘 괜찮다, 괜찮다, 그래요.

　내가 왜 이야기를 하느냐 하면 그 전에 내가 늘 생각했어요. 이거
해제 – 결제 법문, 천 년 전 고승들의 이야기를 지금 해도 과연 괜찮은
가? 뭐 삐까번쩍한 이야기가 없나? 잡스 같은 사람이 한마디 하면 세

계가 열광하는데, 스님들이 한마디 해도 세계가 열광하고 이래야 하는데 하고 생각했는데, 이 여학생의 편지를 받고 보니 '괜찮아. 그래도 괜찮아.' 그런 생각을 하게 되었어요.

'괜찮아'는 무산 스님이 스스로에게 건네는 위로이기도 했던 것이다. 누구보다 치열하게 살면서 매너리즘에 빠지지 않기 위해 노력했던 스님에게도 '괜찮다'는 위로가 필요했다는 것을 생각하면 필자와 같은 보통 사람은 한결 마음이 편안해진다.

스님은 2017년 백담사 무문관 동안거를 마지막으로 입적했다. 이 때문에 2018년 3월 1일 동안거 해제법어는 사실상 그의 '육성 유언'이 되었다. 무산 스님은 이 법어에서 자신의 마지막을 예감한 듯한 말씀을 남겼다.

이 글의 서두에 "살아 있는 것들은 다 살려고 애쓸 뿐 좋은 것 나쁜 것은 없다"는 말씀을 인용한 바 있다. 그 말씀의 대구(對句)처럼 들리는 말씀을 이날 법어에서 들을 수 있었다. 스님은 〈이 내 몸〉이란 게송을 읊었다. "남산 위에 올라가 지는 해 바라보았더니/ 서울은 검붉은 물거품이 부걱부걱거리는 늪/ 이 내 몸 그 늪의 개구리밥 한 잎에 붙은 좀거머리더라"

스님은 평소 자신의 시에서 벌레나 짐승에 인생을 비유하곤 했다. '살아 있는 모든 것은 살려고 하는 것'이라는 본질을 그렇게 표현한 것이리라. 이 시에서도 스님은 "태어난 모든 것은 잘난 척해 봐야 누구나 늙고 병들어 죽어갑니다. 개구리밥에 붙은 좀거머리보다 나을 게 하나 없습니다. 나는 평생 중노릇을 하고도 이것 이상은 깨달은 바가 없습니다"라고 말했다.

그러면서 스님은 "최근 몇 년간 여름과 겨울을 무문관에서 지내는데

아주 편하고 좋았다"며 "왜 편하고 좋은가 했더니 구할 바가 없으면 이렇게 좋다는 걸 뒤늦게 알았다"고 했다.

그리고 무산 스님은 자신이 항상 어루만지는 해골 모형 이야기도 꺼냈다. 스님은 서울과 만해마을의 거처 손 닿는 자리에 자신의 두개골을 스캔한 해골 모형을 놓고 틈나는 대로 어루만지곤 했다. 그는 "나이 들어 죽을 날만 기다리게 돼서야 '아, 내가 헛발질하고 살았구나' 하고 뒤늦게 깨닫고 그걸 잠시라도 잊지 않으려고 방에다가 해골 모형을 갖다 놓고 눈만 뜨면 그걸 바라봅니다. 누구는 볼썽사납다고 치우라고 하지만, 그 해골이 나의 본래면목"이라며 "진실로 내가 늙고 병들어 죽는다는 것을 뼛속 깊이 깨닫는다면 이렇게 욕심부리고, 잘난 척하고, 허망한 일에 집착할 일이 없다"고 말했다. 서양식으로 말하자면 '메멘토 모리' 즉 '죽는다는 것을 기억하라'는 격언을 항상 마음에 새기며 살았던 것이다.

이날 법어의 마지막은 무산 스님의 시 〈내가 죽어보는 날〉로 마무리했다. 지나고 돌아보면 이날 법어는 육성 유언이었다.

나가며 – 우리 곁을 다녀간 친절한 성자

무산 스님의 언어는 친절했다. 일상 대화에서도 법문, 법어에서도 어려운 표현은 없었다. 모든 어려운 이야기는 스님이 꼭꼭 씹어 소화시킨 다음에 대중에게 내놓았다. 그러니 대중들은 알아듣지 못할 이야기가 없었다. 그렇게 쉬운 표현으로 분명한 메시지를 내놓았다.

'비위 맞추기'를 못 알아듣는 사람이 있을까. 불교 선승들을 향해서 '화두에 중독되지 말라'고 한 말씀은 일반인들도 스스로를 돌아보게 한다. 알게 모르게 매너리즘에 빠지는 것이 어쩌면 보통 사람들의 삶이다. 스님의 일갈은 '나도 모르게 중독된 것은 없나?' '내가 중요하다고 생각하는 것이 정말 중요한 것인가?' 하는 물음도 갖게 만든다. '중생의 아픔이 화두'라는 말씀은 공감의 중요성을 새삼 일깨워준다. '깨달음을 추구하지 말고 깨달음을 실천하자'는 말씀은 스님 스스로 삶으로 실천했기에 울림이 더욱 크다.

"삶이란 만나는 지금이다."

무산 스님은 2015년 동안거 해제법어 대신 짧게 이렇게 말했다. 스님은 "어느새 인제에서 가장 나이가 많다는 소리를 듣는 때가 됐다. 그래도 사람들과 이렇게 만나고 있으니 삶이 있는 것이다"라고 말했다. 그렇다. '지금 만나고 있으니 삶이 있는 것'이다. 그 만남을 헛되이 하지 말고 항상 '비위 맞추며' '상대의 고통을 나의 아픔으로 삼으며' '뻔한 매너리즘에 빠지지 말고' '깨달음을 추구하는 대신 깨달음을 실천하자'는 것이 필자가 생각하는 무산 스님의 메시지이다.

가끔 종교의 탄생 배경을 추측해본다. 아마도 그 시작은 '좋은 기억'이 아니었을까 생각한다. '좋은 기억'을 나누고 싶은 마음이 모여 종교로 결집된 것이 아닐까 하는 생각이다. 무산 스님 역시 '좋은 기억'을 너무나 많이 남겼다. 스님을 기억하는 많은 분들은 무산 스님이란 코끼리의 각각 다른 부분을 만지고 있는지 모른다. 각자 자신이 겪은 무산 스님의 모습을 퍼즐 조각처럼 들고 있는지 모른다. 필자 역시 발톱 하나쯤 만진 이야기를 하고 있을 것이다.

이런 이야기를 무산 스님이 듣는다면 이렇게 말씀하지 않을까 싶다.

"괜찮아!"

기자가 본 설악무산의 인간적 면모

조현

차 례

- 당주조한(噇酒糟漢)

- 금선탈각(金禪脫殼)

- 화광동진(和光同塵)

- 간난신고(艱難辛苦)

- 지독지정(舐犢之情)

- 대지약우(大智若愚)

- 불수불탐(不受不貪)

- 유혐간택(唯嫌揀擇)

조현 / 한겨레신문 종교전문기자 겸 논설위원. 주요 저서로 《나를 찾아 떠나는 여행》 《세계 어디에도 내 집이 있다》 《인도 오지 기행》 《은둔》 《우린 다르게 살기로 했다》 등이 있다. 〈한겨레〉 수행·치유 웹진 휴심정 운영자.

당주조한(噇酒糟漢): 장형을 맞을 말, 맞을 짓을 골라서 하다

아침 5시에 문자가 딩동 하고 울렸다면 뭔가 급한 일이 있다는 신호일 것이다. 고독과 그리움을 천석고황처럼 껴안고 몸부림치던 오현 스님은 자신을 '독거노인'이라고 했다. 내 노모도 40여 년 전 홀로 돼 독거노인으로 지내고 있지만 이 표현은 스님에게서 더욱 적절하다. 5시라지만 실은 불면의 밤을 지새우면서도 남의 단잠까지 깨우지 않는 배려심으로 분초를 늦추고 늦춘 시간이니 그로선 가장 늦은 시간이다. 서울 북쪽 끝 수유동에서 남쪽 끝 서초동으로 오려면 먼 거리지만 아직 거리가 한산한 시간이니 '택시를 타면 20분이면 올 것'이라고 채근한다.

하지만 불초는 급한 호출해 호응할 만큼 배려가 없었다. 평소 대중교통만을 이용하는 분수대로 버스를 타고 지하철을 두 번 갈아타고 가곤 했다.

스님은 서울에 머물 때면 만해사상실천선양회와 《불교평론》이 있는 강남구 신사동 사무실에 주석하다가 10여 년 전 남부터미널역에서 200m 거리에 있는 오피스텔을 토굴로 삼았다. 문을 열러 나온 스님은 신발도 신지 않은 채였고, 바지춤 밖에 내의가 삐져나와 있기 일쑤였다. 산승이 도심의 오피스텔에 출몰하는 까닭을 알 리 없는 이웃 거주자들이 그 복식과 불콰해진 모습을 보면 아마도 남의 상갓집에서 모처럼 술상을 받아 밤을 새운 조선시대의 광대나 사당패로 볼 만한 모습이 아닐 수 없었다.

스님은 아무리 취기가 올라도 선수(先手)를 빼앗기는 법이 없었는데, "이것이 납자의 본분상입니까?"란 질문이라도 받은 듯이 낙승을 자처했다. 낙승(落僧)이란 '낙방한 중'이란 뜻으로, '50년 넘게 절밥만 축냈으니 중이 되려다 못된 중'이라는 것이다. 그래도 "절 받고 돈 받는 게 중 아니냐"고 했다. 또한 만해마을을 만들어 만해축전을 열고, 만해상을 유명 인물들에게 주는 것을 놓고는, "이만하면 만해를 팔아 장사를 잘했제"라며 담배 연기를 뿌옇게 내뿜었다. 그야말로 하룻밤 추위를 녹이려 절간의 보물인 부처님을 쪼개 아궁이에 불쏘시개로 넣고 있는 단하소불(丹霞燒佛, 단하 선사가 목불을 태우다)의 언행을 하면서도, 천연덕스럽기가 그지없었다.

그는 《벽암록》을 쓰면서, 자신에 대해 '이 술지게미나 먹고 취하는 당주조한(噇酒糟漢) 같은 놈! 백주에 장형(杖刑)을 당해도 할 말이 없다'고 했는데, 잔나비 상호로 배시시 웃으며 능청스럽게 '만해 장사' 운운하며, 그야말로 장형 당할 소리만 골라서 해대는 것이었다.

하나 그 정도는 권두언에도 미치지 못했다. 그는 "왜 시(詩)를 쓰게 됐느냐면"으로 묻지도 않는 답을 이어갔는데, "국민학교도 안 나왔다고 무시하길래 뽐내려고 시를 썼다"고 했다. 1970년대 설악산 신흥사 주지를 할 당시만 해도, 본사 주지는 시청에 학력과 경력까지 들어가는 이력서를 첨부해 등록해야 했는데, 시장과 국회의원이 국민학교도 안 나왔다고 안 알아주더라는 것이다. 그런데 누군가가 '시인은 알아준다'는 말을 했다. 대학교수들조차도 자신을 소개할 때 시인이라고 할 만큼 시인이라면 알아준다는 것이다. 그래서 우리나라에서 알아주는 시인이 누구냐고 했더니, 젊은 사람들 중엔 이근배 시인이 《한국문학》잡지도 내고 있어 알아준다고 했다. 그래서 이근배 시인을 불러 시집을 만들어달라고 했다. 그에게 "대한민국에서 제일 알아주는 시인이 누구냐"고 물었더니, "뭐니 뭐니 해도 '미당 서정주'가 아니겠느냐"고 했다. 1년 만에 시집을 만들어 교정지가 왔는데, 이 시인의 평론이 미당과 자신을 비교했는데, 미당을 높이고 자신을 낮추는 듯 보였단다. 그래서 자신이 이를 뜯어고쳤다고 한다. "서정주의 시는 화려하나 조오현의 시는 오만하다. 서정주는 가꾸고 있으나, 조오현은 버리고 있다."고 자기가 자신의 시를 '남의 이름을 빌려' 평했다는 것이다.

그가 탔던 수많은 상이 그저 그의 후원의 덕화를 입은 이들이 갚은 은공 정도가 아니었겠느냐고 폄하의 생각을 유도할 만한 말만 골라서 해대는 것이다. 그런 말을 듣고 보면 그가 하버드대나 버클리대에 한국의 대표적인 시조시인으로 초청받아 강연했다는 것도 그런 정도로 이해되어도 이상할 게 없었다. 그러니 언젠가 인도에서 시성 타고르와 조오현의 시를 비교하는 세미나를 여는데, 동행할 테냐는 요청을 받았을 때도, '어찌 타고르에 갖다 붙일까'라며 가당찮다는 생각에, 핑계를 대어 거부한 것이었다. 취생몽사(醉生夢死)하면서 감히 한산과 습득의 흉내를 내면서, 명예까지 탐하지 않은가라는 의심이 더해지는 것이었다.

그는 가끔 자신의 '탄생 비화'를 들려주었는데, 이는 그야말로 장광설의 화룡정점이었다. 그는 자기 어머니가 밭일을 하다가 계곡에서 목욕을 하던 중 전라도에서 무슨 일로 도망을 다니던 사람이 어머니를 범해 자기를 낳은 것이라고 했다. 그래서 형제들과 얼굴이 닮지 않아 처음엔 무당집에 맡겨졌다가 꼴머슴으로 절에 들어가 살게 됐다는 것이다. 부친을 알 수 없는 선종의 5대 조사 홍인대사는 자기의 성씨를 불성(부처의 성)이라고 했고, 고구려 시조 주몽은 천제의 아들 해모수의 자식이라고 했고, 그리스도교는 예수가 하느님의 아들이라고 했다. 내세울 수 없는 부친을 이렇게 신화화하는 경우는 숱하지만, 자기의 출생을 '사통'으로 인한 것으로 희화화하는 것은 익히 본 바가 없다. 그러니 어디까지가 진실이고, 어디까지가 거짓인지 구분할 수가 없었다. 조오현(曺五鉉)과 조현(曺鉉)은 같은 창녕 조씨에 돌림자 현 자까지 같으니 '너는 내 동생 아니냐'고 하는데도, 그가 과연 조(曺)씨인지 아닌지도 더욱 미궁에 빠져들었다. 스님은 마시던 막걸리를 종이컵에 따라 홀짝이며, 이렇게 '조오현'이란 돌멩이로 공깃돌 놀이도 하고, 제기도 차고, 물수제비도 뜨며 일인극을 하는 것이었다.

금선탈각(金禪脫殼): 허물을 벗은 매미처럼 자유롭게 살다

근세 선의 중흥조인 경허선사가 견성을 한 뒤 처음 가진 법회에서였다. 속가의 어머니도 소문을 듣고 와 법회에 참석했다. 과연 견성 도인의 법은 어떤 것인가 시선을 경허에 집중하고 있던 차 법상에 오른 경허가 갑자기 옷을 벗었다. 그는 실오라기 하나 걸치지 않은 알몸으로 말했다. "어머니, 저를 보십시오!" 너무도 놀란 어머니는 "내 아들이 견성을 했다더니 미쳐버렸구나"라며 법당 밖으로 뛰쳐나갔다. 다른 대중들도 마찬가지였다. 그러자 경허가 혼자 중얼거렸다.

"온 세상이 혼탁한데 나만 홀로 쓸쓸히 깨어 있구나."

그 뒤 경허는 장터에 가서 곡차를 동이째 털어놓고 얼굴을 붉게 단청했다. 어느 날 경허는 시자 만공을 데리고 가던 중 곡차를 마시고는 지나가는 아녀자를 껴안고 입술을 맞췄다. 그러자 마을 장정들이 잡아 죽이려고 경허와 만공을 쫓았다. 잡히면 꼼짝없이 맞아 죽을 판이었다. 강을 건너 겨우 도망을 치는 경허를 따라서 구사일생한 만공이 아무 일도 없었다는 듯이 길을 가는 경허에게 따지며 물었다. "스님, 어찌 그러실 수 있습니까? 여인에게 그런 짓을 하다니 해도해도 너무하지 않습니까?"

그러나 경허가 말했다. "나는 그 여인을 내려놓은 지 오래인데, 너는 아직도 그 여인을 껴안고 있느냐."

만공의 의뢰를 받아 만해는 경허의 사후 《경허집》을 썼고, 조오현은 경허를 사숙했다. 광인처럼 나신으로 춤을 추는 듯한 스님에게서 어느 순간 경허를 보았다. 손자병법 21계에 금선탈각(金禪脫殼)의 계가 있다. 매미가 아무도 모르게 허물을 벗어버리고 날아가 버리는 것이다.

스님이 역해해 출간한 《벽암록》 제84칙 '유마거사의 불이법문'을 다음과 같이 시작했다.

옳다고 해도 옳다고 할 만한 것이 없고, 그르다고 해도 그르다고 할 만한 것이 없다. 옳고 그름을 이미 버리고 얻었다거나 잃었다거나를 모두 잊어버리면 깨끗한 벌거숭이가 되어 아무것도 거칠 것이 없다. 말해 보라. 내 앞뒤에 무엇이 있는가?

그리고 이 설두선사의 법문에 대해 해석을 붙인 원오선사의 '정라라 적쇄쇄(淨裸裸 赤灑灑)'를 소개했다. 즉 원오는 진리 당체를 '아무것도 걸치지 않은 벌거숭이 모습 그대로'라고 했다.

《장자》에 나오는 송나라 '원군(元君)의 화가' 일화도 이와 다르지 않다. 송나라 원군이 그림을 그리게 했을 때 많은 화공들은 명령을 받고 그림을 그릴 준비를 하는데 한 화공은 늦게 도착했다가 그림도 그리지 않고 자기 숙소로 가버린다. 그리고 숙소에서 옷을 홀랑 벗고 벌거숭이로 쉬고 있다. 원군은 그야말로 참된 화공이라고 한다. 공자는 회사 후소(繪事後素)라고 했다. 온갖 아름다운 겉모습보다 아무런 치장이 없는 그 바탕이 우선이라는 것이다.

지금도 정신이 초롱초롱한 아침 시간임에도 낙승을 자처하던 스님의 비화에 현혹돼 그 바탕의 성적(惺寂)에서 벗어난 것을 생각하면 분하기 그지없다. 여우 같은 의심으로 먹고사는 기자의 업습의 한계에 갇혀버린 것이다. 성스럽게 포장하면 포장할수록 위선과 거짓이 사무쳐 있는 종교가의 이면과 실상을 숱하게 보아오면서도, 여전히 겉모습의 이분법에 사로잡히고 만 탓이다.

더구나 스님의 무용담은 무협지 같은 것이어서 의심을 늘 부채질해

현혹되기에 안성맞춤이었다. 그는 1980년에 미국으로 건너가 2년간 식당일을 하던 중 가톨릭 신부의 초청으로 성당에 가서 강연하면서 황진이와 백호 임제의 시조로 청중들을 사로잡아 인기 강사로 떠서 텍사스주로부터 귀빈 증서를 받고, 휴스턴시 등 18개 시에서 명예시민증을 받고, 미국 공군사관학교와 해군사관학교로부터도 명예 지휘검을 받았다고 자랑을 했다. 영국에 가서는 우리 한국에선 예의 바른 사람을 '영국신사'라고 한다고 서두를 꺼내고, 한국에 와 안동 하회마을과 봉정사를 둘러본 엘리자베스 여왕의 우아한 모습을 찬사하며 비위를 맞춰주었다고 했다. 그곳에서 기립박수를 받았다고 말하는 대목에선 다시 그 영광의 자리에 서 있는 듯했다. 그러면서 "'날 좀 보소'란 민요 가사가 사람의 감정을 가장 잘 표현한 것 아니냐"며 "나도 날 좀 봐달라고 이러고 있는 것 아니냐"고 했다. 이야기 도중 화장실에 다녀오면서는, 바지춤도 제대로 여미지 않은 채 미국 등 서양에서 수백 명의 제자를 둔 국술원 총재 등이 자신을 따르게 된 이야기를 하면서, "내가 젊어서는 한 주먹 했다"고 권투 폼을 재기도 했다. 영락없이 무성영화 속의 채플린 같은 모습이었다.

원오는 설두의 법문에 박자를 맞춰 화답한 선서(禪書)인《격절록(擊節錄)》을 남겼다. 격절(擊節)이란 '핵심을 찌른다'는 뜻이다. 원오가 설두의 법문에 '무릎을 치며 탄복하고 칭찬한다'는 데서 '격절탄상(擊節嘆賞)'이란 말이 나왔다. 그런데 허물을 벗어버리고 훠이훠이 날고 있는 그의 무애자재한 본래면목에 격절탄상은 고사하고, 나 또한 경허 모친의 우를 되풀이하고 만 것이다. 조주처럼 신발을 머리에 이고, 운문의 간시궐(幹屎厥, 똥막대기)을 짚고 허우적거리듯 비틀거리는 그 모습을 그저 광대놀음으로 여겼을 뿐이다. 매미 허물에만 현혹돼, 술에 넘어지고, 담배에 또 한 번 넘어지고, 곡예극에 다시 넘어지며 진흙밭에서 허우적거렸으니, '맹인 코끼리 만지기'식 군맹모상(群盲摸象)이었다. 강을 건넌 뒤에도 갈 길을 가지 않고 뗏목을 붙들고 낑낑대는 꼴이었다. 허수아비의 광대놀음에 취해 시퍼런 칼날이 녹스는 줄도 몰랐으니, 번갯불처럼 뗏목줄을 단칼에 베여내 함께 훠이훠이 나르듯 가지 못하고 미망의 밧줄에 매여 있었던 것이다.

화광동진(和光同塵): 숨은 보살을 누가 알아보는가

근세 숨은 고승 33인의 삶을 추적하고 그들의 제자들을 만나 《은둔》이란 책을 펴낸 적이 있다. 많은 스님이 그 책에 대해 과분한 평을 해주었다. 스님과 인연이 닿은 것도 《은둔》을 〈한겨레〉에 시리즈로 쓴 것을 본 스님이 만남을 청해 이루어진 것이었다. 스님은 "조현은 앞으로도 꼭 붓을 놓지 않고 불법의 당체를 드러낼 책임을 져야 한다"고 경책과 격려를 해주었다.

《은둔》은 자신의 본모습을 감춘 채 세상 속에 숨어들어 대승의 길을 연 화광동진(和光同塵)의 보살들을 조명했다. 33분의 고승은 모두 열반한 분들이었다. 그런데 정작 화광동진의 살아 있는 보살이 앞에 나타났을 때는 이를 알아보지 못했으니, 스스로 청맹과니였음을 고백지 않을 수 없다.

그랬으니 스님이 펴내 내게 던져준 책도 수년간 제대로 펼쳐본 적조차 없었다. 뭐 볼 게 있겠느냐는 생각이었던 것이다. 그러다 어느 날 잠이 오지 않아 뒤척이다가 스님의 《절간 이야기》를 집어 들었는데, 그날 밤은 저 가슴 밑바닥에서 울려오는 소쩍새 울음 같은 호곡소리를 들었다. 〈절간 이야기 1〉은 새벽 사지가 다 부러지는 뼈마디 소리를 내며 일어나 아궁이의 군불을 때는 '우리 절 늙은 부목처사' 이야기다.

양산 통도사 극락교 그 돌다리, 장골 열 사람의 목도로도 움직이지 못하는 그 큰 돌덩어리 누가 들어다 놓았는지 아는 사람 있능교? 울할아버지가 익산 미륵사지에서 혼자 야밤중에 들어다 놓았니더. 밀양 표충사 대웅전 대들보는 또 누가 짊어지고 왔능교? 울아부지가 짊어지고 왔니더. 그 대들보 짊어지고 오시다가 허리뼈가 부러져 아니 지게가지가 부러져 그날로 시름시름 앓다가 운명했니더. 운명하실때 나무껍질 같은 손으로 날 부둥켜안고 '시님들 말씀 잘 듣거라이. 배고프면 송기 벗겨먹으면 배부르다이.' 하고 갔니더.

다른 이야기에서는 캉캉한 시골 노인과 염장이 등이 등장한다. 고승도 대시주자도 아니다. 절집 주위 가장 소외된 중생들이다.

불가에서 유정설법을 넘어 무정설법까지 알아들은 소동파의 시만큼 널리 회자되는 시도 드물다. "계성변시장광설(溪聲便是長廣舌, 시냇물 소리가 그대로 부처님의 장광설이요) 산색기비청정신(山色豈非淸淨身, 산빛이 어찌 그대로 청정법신이 아니겠느냐)"다. 그러나 어찌 시냇물과 솔바람의 소리만 있겠는가. 진정한 무정설법은 중생의 삶이다. 시인묵객들이 노래하는 시냇물과 솔바람에 묻혀버려 들리지 않는, 중생들의 신음 소리 말이다.

그러나 입이 있어도 말을 못 하고 손이 있어도 글을 못 쓰고, 아파도 아프다는 말조차 못 하는 고통 중생의 화농이 스님의 시집에서 터져 줄줄 흘러내리고 있었다.

무슨 무슨 상을 받았다 하는 시와 소설을 읽어보면 새로운 기교와 기법을 가미해 달리 현혹할 뿐이라는 감을 지우기 어렵다. 그러나 이날 밤 스님의 글로 잠을 이루지 못한 것은 글에서 기교가 아닌 진실을 보았기 때문이다. 또한 중생들의 애응지물(礙膺之物)이 가슴에 걸리지 않고는 나올 수 없는 통한이 서려진 때문이었다.

그래서 미친 듯이 그의 다른 책들까지 찾아내 읽어보니, 하나같이 가장 연약한 이들의 심중에 가닿는 동체대비(同體大悲) 아님이 없었다. 더구나 글이 글로 끝나지 않고 보살로 화작(化作)하는 것을 보고 나서, 여우 같은 의심을 끊을 수 있었다.

간혹 서울 정릉 흥천사를 비롯한 절간에서 스님을 뵌 적도 있는데, 그는 절에서 상좌들에겐 호랑이 같으면서도, 부목이나 공양주 보살이나 심부름꾼이나 대중들에겐 자비롭기가 봄바람 같았다. 남이 더 무시하고 하대하는 이들을 더욱 아끼고, 존대하고 공경했다.

이런 태도가 개인에게만 머물지 않고, '대승의 보살도'로 행해졌다는 게 더욱 뜻이 있다. 설악산 신흥사가 있는 속초와 낙산사가 있는 양양에서 신흥사와 낙산사가 운영하는 사회복지시설들이 얼마나 여법하게 운영되고 있는지를 본 이들은 소아적 불교의 나태함 대한 한심함을 단번에 벗고, 미래 불교의 대안에 환호작약하지 않을 수 없다. 또한 백담사가 있는 인제에서 백담사가 용대리 주민들과 백담사까지 운행하는 버스 기사들을 얼마나 불보살처럼 공양하고 모시는지를 보면, 그 모방할 수 없는 모습에 고개를 숙이지 않을 수 없다. 스님이 열반 직전까지 주머니를 다 털어서 공양하고 모신 것도 이들이었다.

간난신고(艱難辛苦): 버려지고 찢긴 상처가 진주가 되기까지

조오현은 1932년 경남 밀양시 상남면 이연리에서 태어났다. 그곳은 조선 초기 이래 창녕 조(曺)씨의 집성촌이었고, 조선 명종 때는 조말손이 기근으로 굶주리는 고을민들을 구휼했다고 전한다.

스님은 어려서 무당집에서 지내다가 여섯 살 때 경남 밀양 종남산 은선암에 맡겨져 소머슴으로 살았다. 절에서 서당에 보내줘 《천자문》과 《사자소학》과 《명심보감》 등을 배웠다. 그는 소금쟁이와 노는 데 한눈이 팔려 해가 지는 줄 모르고 있다가 맡은 일을 제대로 해내지 못했다고 한다. 꾸중을 듣고 가출을 해 도시로 나가 떡장수, 배달꾼, 막노동 등을 하다가 절로 귀환했다. 그는 한 절에서 노스님을 시봉하는 시자를 했는데 그 절이 너무 가난해 매일 탁발을 해 끼니를 해결했다.

어느 날, 탁발을 나간 그는 한 집 앞에서 《반야심경》을 두 번이나 외며 염불을 했는데도 집주인이 내다보지도 않았다. 그때 한센인 부부가 구걸하러 왔는데 집주인 아주머니가 한센인들에게만 쌀을 주었다. 그 주인은 한센인에겐 한 됫박의 쌀을 주면서도 그에겐 방아도 찧지 않은 겉보리 한 줌만을 주었다. 이를 본 그는 '부처님보다 한센인이 더 낫구나!'라고 느꼈다고 한다. 그래서 한센인을 따라가 같이 살게 해달라고 간청한다. 그러나 그들 부부는 거절한다. 하지만 조오현은 끈질기게 그 부부들을 설득해서 먹고, 자고, 구걸하면서 그들과 반년 동안 움집에서 함께 산다. 그는 그들 부부의 따뜻함과 배려심으로 전에 느끼지 못한 평화를 누렸다고 한다. 알고 보니 그 한센인 남자는 대학을 졸업한 지식인이었다. 문학도 좋아하고, 시도 썼다. 그는 조오현에게 많은 것을 가르쳐 주었다. 세계 명작 책을 구해 가져다주며 명작의 줄거리를 들려주며 감상담을 나누기도 했다. 헤르만 헤세의 《싯다르타》를 읽은 것도 그때였다. 그 한센인은 기인 같은 구석이 있었던 모양이다. 그는 스님에게 자기 아내의 젖을 빨라고 하고는, 그렇게 하면 이를 보고, 빙그레 웃었다고 한다.

그런 어느 날, 그들이 조오현에게 혼자서 읍내로 나가 구걸을 해 오라고 했다. 혼자서는 구걸을 시키지 않았던 분들이라 그는 이상하다고 생각했지만 시키는 대로 구걸을 해서 움집으로 돌아왔다. 그런데 그들은 보이지 않았고, 잘 지내라는 당부 편지만 있었다. 그는 그 한센인 부부를 잊지 못해 여기저기 수소문해가며 전라도 해남까지 갔지만, 다시 만나지 못했다고 한다.

그는 이후 다시 출가한다. 이번에야말로 스스로 승려의 길을 택한 발심출가다. 그는 당시 은사였던 밀양 성천사 인월 스님이 들려준 이 야기를 《무문관》에서 언급했다. 스님은 도반인 조계종 전계대화상 성우 스님의 소개로 해인사에 와서 조계종 전 종정인 고암 스님에게 수계를 받아 승려인증을 받는다. 스님이 대처승의 상좌여서 승려로서 제대로 길을 가지 못할 것을 염려한 성우 스님은 수계를 받은 스님을 해인사 강원에 넣으려 했는데, 그때도 남의 눈치를 살피지 않고 태연하게 절에서 담배를 피우는 바람에 쫓겨나는 신세가 되었다고 한다. 1960년대 도반 조오현과 성우 스님 등은 승려시인회를 결성해 시문학 활동을 했고, 스님은 '율'이라는 시동인으로도 활동한다. 그러므로 30대 중반부터 이미 시를 써온 셈이다. 그러니 그가 '아무도 알아주는 사람이 없어서 시인이 됐다'고 한 것은 사실이 아닌 셈이다.

당시 성우 스님은 스님의 열반 뒤 조오현의 단면을 알 수 있는 일화를 소개한 바 있다. 한번은 청도 신둔사라는 절의 객실에서 하룻밤 함께 묵은 적이 있는데 그날 밤 신둔사에 강도가 들었다. 한창 자고 있을 때 복면을 쓴 강도가 들어와 턱밑에 칼을 들이밀고 가진 것을 다 내놓으라고 했다. 혼비백산한 성우 스님은 벌벌 떨며 걸망 속까지 열어 보이며 가져갈 것 있으면 다 가져가라 했다. 그러나 오현 스님은 아무것도 가진 것이 없으니 죽일 테면 죽이고, 살릴 테면 살리라고 배짱을 부렸다고 한다. 강도는 어이가 없었는지 눈만 한 번 부라리다가 나갔다. 성우 스님은 이때 오현 스님에 대해 '이 사람은 어떤 두려움도 없이 자기만의 길을 갈 사람'임을 간파했다고 한다. 아마도 좌고우면하지 않고 무소의 뿔처럼 자신의 길을 갈 수 있는 담대한 성정은 타고난 것이기도 하고, 어린 시절부터 간난신고를 겪으면서 다져진 것이기도 할 것이다.

스님은 해인사에서 쫓겨난 뒤 삼랑진 금무사 약수암에서 6년간 정진하며 상당한 체험을 했지만, 그는 어떤 불교적 체험을 통해서보다는, 간난신고의 고해를 건너며, 삶의 이치를 체득한 것으로 보인다. 그는 내게 "어느 순간 세상 이치가 훤해져버렸다."고 했다.

지독지정(舐犢之情): 새끼를 핥는 어미 소처럼 약자를 껴안다

어미는 목매기 울음을 듣지 못한 지가 달포나 되었다. 빨리지 않은 젖통이 부어 온몸을 이루는 뼈가 자리다. 통나무 구유에 담긴 여물 풀 냄새에도 구미가 당기지 않는다.……// 다 알고 있다. …… 다시는 만날 수 없음을, 어미가 살아온 것처럼 살아갈 것임, 곧 어미를 잊을 것임을.// 어미는 젖을 떼기도 전에 코를 꿰었다. 난생 첨으로 부르르 몸을 떨었다. 아파서만은 아니었다. …… 어린 눈에 뿔을 갖고도 멀뚱멀뚱 바라만 보고 있는 그 어미도 미웠다. 그러나 그 어미는 그 밤을 혀가 마르도록 온 몸을 핥아 주었다. 그리고 다음날 팔려갔다.// 보았다. 죽으러 가는 그 어미의 걸음걸이를, 꿈쩍 않고 버티던 그 힘 그 뒷걸음질을, 들입다 사립짝을 향해 내뻗던 뒷발질을, 동구 앞 당산 길에서 기어이 주인을 떠 박고 한달음에 되돌아와 젖을 먹여주던 그 어미의 평생은 입에서 내는 흰 거품이었다.

스님의 〈어미〉라는 시를 읽으면, 간뇌도지(肝腦塗地)하는 중생의 애달픈 고통이 3만6천 뼈를 시리게 한다. 어미 소와 송아지의 심중에 어쩌면 이토록 일심과 동체에 이를 수 있을까, 그 경지가 아득해질 뿐이다.

어려서 어머니를 떠나 절집에 맡겨졌던 그에게서 오세암 동자의 모습이 떠오르곤 한다. 아무도 없는 깊고 깊은 겨울 설악산 암자에서 불모 관세음보살에 의지해 모진 겨울을 난 어린 동자의 애달픈 그리움 같은 것이다. 인간은 어려서 모정이 결핍되면 사람을 믿기 어렵게 되고, 그 분리불안의 공포를 떨치기 어렵다는 것이 심리학자들의 분석이다. 스님도 그 그리움과 짙은 애수가 골수에 맺혀 시로 터져나왔다. 그러나 그는 그 응어리에 걸려 있지만 않았다. 오히려 그는 그 자신이 어머니 같은 자애로운 보살이 되었다. 칼로 베어내는 듯한 파도가 스쳐 간 상처를 진주로 토해낸 조개처럼.

그는 내게 "생모가 90세가 넘어 백담사로 찾아왔는데 만나지 않았다."고 했다. 그러나 그 어머니가 세상을 뜨자 고향 읍내 여관을 잡아 묵으며 자기식 이별을 고했고, 끝내 상가엔 가지 않았다.

티베트의 지도자 달라이 라마는 인도 다람살라를 찾은 부모를 따라 온 한 한국인 소년이 "어떻게 해야 부처님이 될 수 있느냐?"고 묻자, "네가 가장 사랑하는 사람이 누구냐?"고 물었다. 소년이 "엄마"라고 답하자, 달라이라마는 엄마를 사랑하고, 그리고 그 사랑으로 가족들을 사랑하고, 또 이웃들을 사랑하고, 그 사랑을 넓혀 온 세상 사람, 온 중생을 다 사랑하게 되면 부처가 된다고 답했다. 스님은 어머니로부터 받지 못한 사랑을 이 세상의 가엾은 이들에 대한 연민으로 승화하며 그 자비를 확산해갔다. 그는 고관대작들과도 가까이 지냈지만, 그가 늘 세심하게 정성을 쏟은 이들은 약자들이었고, 만해상을 준 이들도 대자비를 확산시킬 수 있는 사람들이었다.

금강산 건봉사에서 거행된 오현 스님의 다비식의 대미는 한 유랑승의 무애춤이었다. 그 노승은 스님의 법구가 활활 타오르는 다비식장에서 춤을 추며 오현스님을 보냈다. 깊고 깊은 상실의 아픔이 밴 춤사위였다.

스님이 주석하는 설악산 신흥사나 백담사엔 선방 결제나 해제 때면 유랑승들이 몰려들었다. 종단에선 승려 체면을 손상시킨다고 객비를 못 주게 했다. 그러나 스님은 이들을 후하게 대접했다. 이를 상좌들이 제지하면 "너희는 저들보다 뭐가 잘났노? 저 사람들은 객비 몇 푼 얻으면 그만이지만 너희들은 그 돈 아껴 어디다 쓰노?"라고 오히려 호통을 치곤 했다. 그렇게 사찰 내에서도 객비나 동냥할 정도로 사정이 어려워 어느 절에서도 환영받지 못하는 이들을 스님만큼 승려 대접, 사람대접해주는 이는 요즘 풍토에서 찾아보기 어렵다. 스님은 말년에 유랑승을 모아서 자신도 한 번도 가보지 못한 인도 성지순례를 가겠다는 꿈을 꾸기도 했다.

《불교평론》의 홍사성 주간도 스님은 늘 그런 분이었다고 회고한다. 한번은 《불교평론》 사무실 보조원을 채용했는데 엉뚱한 실수투성이어서 홍 주간이 그만두게 하려 했을 때였다. 스님은 "너처럼 잘난 놈은 어디 가서든 먹고 사는데, 저 녀석을 여기서 쫓겨나면 어디로 가겠느냐"고 했다. 홍 주간이 "도저히 일을 시킬 수 없다"고 하자 "청소라도 시켜라"며 그 청년의 월급은 따로 챙겨주었다.

정념 스님이 서울 성북구 돈암2동 흥천사에 조실채를 멋지게 지었다. 오현 스님을 모시기 위해서였다. 그런데도 결국 스님은 살지 않고 오피스텔 토굴과 무문관을 오가다 입적했지만, 처음엔 서울의 사찰에서도 사람들을 만날 수 있는 공간이 생긴다는 데 기대감이 큰 듯했다. 스님은 조실채의 이름을 어떻게 했으면 좋겠냐고 물었다. 대부분의 절에서 조실채는 염화실이라는 이름을 쓰고 있어서, 절집 용어 외엔 달리 생각나는 게 없었다. 1~2주일을 나름대로 고민해봤지만, 그 테두리를 넘어서지 못했다. 그런데 스님이 이름을 지었다고 했다. '손잡고 오르는 집'. 그 이름을 듣는 순간 격절탄상이 터져나왔다. 그 이름만큼 불교의 이상, 그리고 그가 살아온 동체대비적 삶을 적절하게 표현할 수는 없었다. 많은 이들이 저 높은 것을 향한 욕망과 노력하고 정진한다. 그런 발분망식의 정진만으로도 수행가에선 호평을 받기도 한다. 그러나 애초 이를 위한 초발심의 가치는 사라져 거기에 타인이나 대비는 사라지고 개인의 명예욕만이 남는 경우가 허다하다. 그러나 오현 스님은 늘 손잡고 올랐다. 아무도 쳐다보지 않는 자들, 무시당하는 자들, 버려진 자들, 아픈 자들, 약한 자들과 함께.

스님은 2011년엔 반값등록금 촉구 집회에 나갔다가 집시법 위반으로 약식기소돼 대학생들이 1인당 15만~5백만 원의 벌금 고지서를 받고 힘들어한다는 〈한겨레〉 기사를 보고는 한겨레신문사에 벌금 총액인 1억3천만 원을 기부해 벌금을 대납하게 했다. 이 사실도 자신의 이름을 밝히지 않을 것을 전제로 해 당시 '한 스님의 기부'로만 알려졌다.

혹자는 스님이 가난한 문학인들과 예술인들과 약자들을 지원한 것을 두고 절집 돈으로 인심을 쓴 것 아니냐고 한다. 틀린 말도 아니다. 그러나 신흥사보다 절 수입이 몇 배나 되는 사찰들이 우리나라엔 있지만, 그 사찰의 실력자들이 이렇게 공적인 곳, 혹은 이름 없이 보살도를 행한 것을 보기 어려웠다. 그러나 오현 스님은 돈이 들어오는 대로 그 돈이 가장 요긴하게 쓰일 곳, 가장 필요로 한곳, 가장 빈한한 곳, 가장 아픈 곳으로 흘러가는 통로가 되었다. 그래도 돈이 그에게서 머물러 있는 법이 없었다.

대지약우(大智若愚): 비루먹은 말이 천 리를 날듯이

스님은 어려서부터 천성이 게을러 공부를 해본 적이 없다고 했다. 그러나 그렇지 않다는 것이 《벽암록》과 《무문관》에서 꼬리를 밟혔다. 홍천사 조실채를 작명할 때 이미 번개를 잡아채는 지혜에 혀를 내둘렀지만, 《벽암록》의 서문을 보고 다시 놀라지 않을 수 없었다. 글 쓰는 일을 업으로 삼아 살아오면서 아둔함을 좀체 벗지 못한 이 둔재로서는 그의 활발발한 종횡무진이 부러울 뿐이었다. 스님은 자신을 한없이 비하했지만 그 속에 든 천재성을 다 감출 수는 없었다. 가끔 우리끼리 나누는 대화 중에 스님은 어려운 문자를 쓰는 걸 거의 피했지만, 어지간

한 불교의 한문 경전들을 꾀고 있을 만큼 천재적 암기력을 소유하고 있었다.

스님은 털털했다. 옷매무새도 단정치 않았다. 손도 잘 씻지 않았다. 그러니 사람 자체가 허술하게 보이기 십상이었다. 그에 비해 신흥사 주지직을 물려받은 우송 스님은 티끌 하나 묻지 않게 새하얀 승복을 풀칠해 빳빳하게 해 입어 정반대의 스타일이다. 우송 스님은 처음 조실스님을 가깝게 모실 때는 "스님께서 왜 그렇게 약주와, 담배를 하시느냐는 생각도 했지만, 스님의 진면목을 본 뒤부터 이를 시비할 수 없었다"고 했다. 우송 스님은 "조실스님은 말씀은 화려하게 꾸며 하지 못하지만 힘이 있었고, 뜻이 좋았다"면서 "아랫사람에게 한번 일을 맡기면, 그다음엔 믿어주었다"고 했다.

사람이란 조그마한 권력이 있어도 이를 좀체 놓지 못하고 이를 두 배 세 배 누리려 하기 일쑤다. 그러나 스님은 그렇지 않았다. 1년 중 6개월을 감옥과 같은 무문관에 들어가면서도, 나와서까지 대부분의 시간을 또 다른 무문관이나 다름없는 오피스텔에서 홀로 지내는 게 안타까워 "스님, 이제 연세도 있으시니, 절에서 시봉을 받으시지, 왜 이렇게 지내시느냐?"고 하면, 그랬다. "노인네라는 게 한 소리 또 하고 한 소리 또 하게 돼 있어. 늙으면 죽어야 하는데 죽지도 않고 잔소리만 해대면 어느 누가 좋아하겠어? 그런 잔소리꾼이 어른이라고 앉아 있으면 절에 손님이 와도 늙은이만 찾고, 주지한테는 들르지도 않으면 주지는 허수아비가 되는 거야. 그러니 나처럼 늙은 노인네는 절에서 피해주는 게 돕는 거라."

그렇게 상좌들의 고충을 생각해서 절을 나와 홀로 지내며, 전혀 곡기도 들지 않은 채 막걸리로 허기나 채우며 고독 속에서 살아가는 것이었다. 그만큼 그는 매사 사리가 분명했고, 일신의 편리를 도모하기보다는 사리를 따랐다.

서울 대학로에 있는 가산불교문화연구원에 주석하던 지관 스님은 말년에 오현 스님을 초청해 식사를 함께했다. 지관 스님은 동국대 총장을 거친 불교계 최고의 학승이자 현직 총무원장이었다. 지관 스님은 당대의 대율사로, 해인사에서 오현스님이 젊은 날 담배 피우는 것을 보고 쫓아낸 자운 스님의 상좌다. 지관 스님은 은사와 달리 오현 스님이 곡차와 담배를 하는 것을 승려들이 시비하면, "겉만 보지 말고 그 안 살림을 보라"며 오현 스님을 두둔했다. 오현 스님도 지관 스님이 금석문의 꽃인 역대 고승들의 비문을 망라해 정리한 《역대고승비문총서》 7권을 보고는 "원효 이후 지관 스님만 한 학자가 없다"며 칭송했다. 지관 스님이 조계종 총무원장일 당시 조계종 총무원과 조선일보사 간의 갈등이 커졌을 때, 조선일보 사장을 비롯한 간부들에게 지관 스님에게 직접 가서 사과하게 한 것도 오현 스님이었다.

　두 어른은 식사를 함께하면서도 말이 없었다. 이심전심이었다. 그러나 둘은 서로가 서로의 진면목을 익히 본 지음(知音)인 지기지우(知己之友)였다. 불교계 대표적인 연구기관인 가산불교연구원이 현대 대장경 불사 격으로 진행 중인 불교대백과사전 《가산불교대사림》 22권 발간작업이 설립자인 지관 스님의 열반 후 위기에 봉착하자, 아무도 몰래 연구원 이사장을 맡아 수십 명의 연구원들을 지원해온 것도 오현 스님이었다. 정승 집 개가 죽으면 상가가 문전성시지만, 정작 정승이 죽고 나면 상가가 텅 빈다는 염량세태는 현대에 더욱 심해졌다. 그런데도 지기지우의 사후에까지 의리를 베푼 덕인이 완전히 사라진 것은 아니었다.

불수불탐(不受不貪): 받기 전에 주고, 섬김을 받기 전에 섬기라

　절집안이 어렵다. 갈수록 신심은 약해지고, 보시도 예전 같지 않다.

그러니 신도 대중들의 보시를 유도하기 위한 절집안의 아이디어도 천태만상이다. 그런데 오현 스님은 뭔가를 얻어내기 위한 살림보다는 베푸는 데 심혈을 기울였다. 그의 계산법은 세간법과 반대였다.

낙산사가 화재로 인해 전소되다시피 한 뒤에 보인 행보에서도 그랬다. 낙산사는 당시 전각 20채 중 14채가 불타고 경내 80%가 소실되는 중화상을 입었다. 그런데 오현 스님의 상좌인 정념 스님은 낙산사 재건을 위한 구걸에 나서기보다는 전혀 다른 자세를 취했다. 먼저 경내 10여 개의 자판기에서 커피를 무료로 제공하고, 점심때면 국수도 무료로 대접했다. 가장 궁핍할 때 오히려 자비를 베푸는 역발상에 대해 정념 스님은 "조실스님의 가르침대로"라고 했다. 정념 스님은 낙산사 복원이 시급해 한 푼이 아쉬운 시점에 오히려 낙산사 입장료를 없애고, 양양 시내 노인들을 위한 무료급식을 시행했다. 그 뒤 복원불사를 하자마자 가장 먼저 은혜를 지역민들에게 돌리기 위해 60여억 원을 들여 양양 시내 2,500여 평에 유치원과 공부방, 도서관, 노인요양원, 노인복지관을 지어 양양의 아이들, 노인들이 무료로 좋은 시설에서 지내도록 '특혜'를 베풀었다.

서울 흥천사를 인수하게 된 것도 오현 스님식 계산법과 배포가 아니면 어려운 일이었다. 흥천사는 조선왕조를 세운 이성계가 왕비 신덕왕후를 위해 세운 원찰로 역사적 중요성이 큰 곳이다. 그러나 일본강점기를 거치면서도 경내에 한 집 두 집이 들어서면서 사찰인지 여염집들인지 구분이 모호한 지경이 되었다. 사찰을 재정비하려면 이들 집을 모두 내보내야 하는데, 무려 22가구가 들어서 있고, 세입자만도 60집이 되어서, 이들에게 보상비를 지급해줘야 해서 조계종단에서도 엄두를 내지 못하고 방치한 상태였다. 시간이 흐를수록 거주자들의 보상비도 늘어나니, 원찰의 회복은 시간이 갈수록 어려워졌다. 오현 스님은 정념 스님에게 거주자들과 세입자들에게 불만이 없도록 충분히 줘서 내보내도록 했다. 보상비만 110억 원이나 됐다. 그러나 오현 스님은 "뭔가 이익을 보려고 하면 절을 인수할 수 없지만, 그럴 생각이 없다면, 수중에 돈이 없더라도 절을 인수할 수 있다"고 했다. 대출을 받아 보상비를 모두 지급하더라도 이 정도 사격이면 목탁만 열심히 두드려도 대출 이자 정도는 감당할 수 있다는 것이다. 절에서 수입이 들어오는 대로 대출 이자를 갚으면 대중들은 무엇을 먹고 살겠냐고 걱정부터 했지만, 스님은 "자기 돈 한 푼 안들이고 은행 돈으로 점거자들을 다 내보내면, 서울에 이런 대찰이 남는 것 아니냐?"고 했다. 그다운 배포가 아닐 수 없었고, 그로 인해 조계종으로서는 서울 도심권에 가장 큰 규모의 대찰을 하나 더 확보한 셈이었다.

스님은 작은 것만을 탐하는 자는 작은 데서 벗어나지 못한다고 했다. 베푸는 것만큼 남는 장사가 없다는 게 그의 논리였다. 지폐를 '나뭇잎'으로 표현하면서 나뭇잎을 받고 좋아한다고 배시시 웃는 그였으니, 세속인들과 소유의 견해가 달랐다.

그가 열반 몇 해 전에 서울 한남동의 삼성가 오너의 자택에 초청을 받아 홍라희 여사와 이재용 부회장을 만났다고 한다. 홍라희 여사는 불교와 원불교에서 널리 존경받는 분들을 자주 뵙고 있었다. 한결같이 계행이 청정한 이들인데 이날 결이 다른 오현 스님과 마주한 것이다. 그럴 밖에, 스님은 약주와 담배를 꺼리지 않는 분이었다. 이날 스님은 이재용 부회장에게 "중국이나 후진국에서 버는 돈들을 가져올 생각 말고 그곳에 쓰라"고 했다고 한다. 그래야 그들이 삼성을 적대기업이 아니라 자기 나라를 위한 자기 나라의 기업으로 생각한다는 것이었다. 또 노동자들에 대해서도 그들이 원하는 것을 들어주라고 했다. 자신들이 존중받은 만큼 충성하는 것이 인지상정이라는 것이었다. 그러나 이 부회장은 "스님께서 이 험한 세상을 잘 몰라서 하시는 말씀입니다."라고 답했다고 한다.

유혐간택(唯嫌揀擇): 어느 손가락이나 다 내 손가락이다

스님은 남다른 면모가 많았지만, 진보와 보수 간 동병상련의 이전투구판을 한 세기 가까이 관통하면서도, 그 진흙탕 속에 빠져들지도 않았다. 또한 산중에 은거해 사는 것이 아니라 정치인과 언론인, 고관대작들을 맞상대하면서도 양극단의 어느 쪽을 경계하지도 않으며, 내치지도 않고, 둘을 다 아울러 껴안으며 화이부동(和而不同)했다는 점에서 누구도 흉내 내기 어려운 점이 있었다.

그가 만든 만해축전은 만해와 〈조선일보〉 설립자인 방응모와의 각별한 인연을 들어 우파 신문인 〈조선일보〉와 공동주최했다. 그러나 만해대상은 김대중 전 대통령, 리영희 선생, 이소선 여사, 고은 시인, 김지하 시인, 조정래 소설가, 강원용 목사, 함세웅 신부, 법륜 스님, 두봉 주교, 백낙청 선생, 신영복 선생 등 당대 대표적인 진보인사들에게 종교의 벽을 넘어 시상됐다. 그가 아니면 남남갈등의 시대에 대표적 우익신문의 이름으로 '좌익'으로 손꼽힌 이들에게 월계관을 씌워주는 일은 있을 수 없었다.

그뿐이 아니다. 아시아와 아프리카, 남미, 중동 등 제3세계에서 군부와 독재자들의 폭압 아래서 목숨을 걸고 외로운 투쟁을 전개하는 평화 · 인권운동가들을 발굴해 시상함으로써 그들의 운동을 간접 지원했다.

그러나 신영복에게 만해상을 줄 때는 고충이 적지 않았다. 오현 스님은 흥천사 조실채의 이름을 '손잡고 오르는 집'이라고 작명한 뒤, '편액 글씨를 신영복 선생이 써줬으면 좋겠다'면서 내게 부탁을 했다. 지인을 통해 신 선생에게 말을 전하니, 흔쾌히 청을 들어주었다. 신영복 선생은 천성이 부끄럼을 잘 타 여러 사람이 있는 자리엔 함께하려 들지 않는다. 그래서 조용하게 흥천사에서 오현 스님과 자리를 만들어 함께 식사를 했는데, 스님은 그 자리에서 신영복 선생 부친의 함자를 부르면서, "밀양에서 국민학교 교장 선생님을 한 신학상 선생님을 뵌 적이 있다"고 친밀감을 표했고, 신 선생도 스님과 만남을 행복해했다.

스님은 신영복 선생에게 만해상을 주고 싶어 했으나 〈조선일보〉에서 '신영복만은 안된다'고 반대해 뜻을 이루지 못했으나 다음 해 다시 상정해 기어이 뜻을 이루는 뚝심을 내보였다. 그때 심사위원단에게 보낼 추천서를 내게 당부했는데, 신 선생과 함께 또 하나의 추천사도 당부했다. 쌍용자동차 해고근로자 등을 돕기 위해 모금 운동을 벌이는 '손잡고'라는 단체였다. 그는 당시 쌍용차 해고근로자들의 자살이 이어지는 상황을 보며, 만해상을 주어 상금 5천만 원으로라도 간접지원 해 주고 싶어 했다.

그는 평소 사람을 대할 때도 종교나 지역을 따지지 않았고, 오직 인간됨과 뜻을 보았을 뿐이었다. 기독교 주일학교 교사를 하면서 청계천 피복노동자로 노동운동을 하다 분신한 전태일을 기리는 전태일기념사업회에 아무도 몰래 매달 후원금을 보냈다. 이 사실은 전태일의 어머니 이소선 여사가 늘 "조오현 스님을 뵙고 싶다"고 했다는 소식을 들은 그가 2011년 이 여사의 장례식장에 조문을 감으로써 유족들에 의해 밝혀졌다. 만해상 수상자를 결정할 때도 승려나 불자 여부를 따지지 않았고, 만해마을에 유숙하는 문학인들과 그가 지원하는 사람들도 마찬가지였다.

그는 기독교인들을 만나면 더욱 좋은 기독교인이 되도록 했고, 승려들에겐 좁은 안목을 격파해 좀 더 넓은 세계로 나오도록 했다. 그의 법문은 늘 허울의 불교를 던져버린 파격의 연속이었다. 그는 "절마다 교회마다 방송마다 신문마다 진리를 이야기하지만 시끄러운 소음이 된 지 오래다."면서 "대장경의 글과 말 속에 무슨 진리가 있느냐. 여러분이 오늘 산문을 나가 만나는 사람들과 노숙자들의 가슴 아픈 삶 속에서 진리를 찾아라"라고 경책하고 "절집은 승려들의 숙소일 뿐이니 소설가 이청준의 말대로 절집에만 '당신들만의 천국'을 만들지 말고 세상 속에서 진리를 찾고 세상과 함께하라"고 했다.

그는 2014년 프란치스코 교황이 방문해 세월호 유족들을 위로하고 돌아간 뒤엔 "환자가 없으면 의사가 필요 없듯이 고통받는 중생이 없으면 부처도 필요 없다"며 "천 년 전 중국 신선주의자들, 산중 늙은이들이 뱉어놓은 사구(죽은 말)만 들고 살지 말고 교황처럼 중생들과 고통을 함께 나누라"고 했다.

불교엔 일수사견(一水四見)이란 말이 있다. 같은 물이지만, 천계(天界)에 사는 신(神)은 보배로 장식된 땅으로 보고, 인간은 물로 보고, 아귀는 피고름으로 보고, 물고기는 보금자리로 본다는 뜻이다. 한국 근대 100년만큼 일수사견을 적나라하게 보여준 역사도 드물다. 자신의 좁은 안목으로 노선이 같으면 선이며, 다르면 악이다. 선의 6조 혜능은 5조 홍인으로부터 깨달음을 인가받은 뒤 자신의 의발을 빼앗으려 달려온 혜명에게 "선도 생각하지 않고 악도 생각하지 않는 바로 그때 그대의 본래 모습은 어디에 있는가"고 물어 선악 시비를 넘은 안심입명(安心立命)으로 이끌었다.

"와우각상쟁하사(蝸牛角相爭何事, 달팽이 뿔 위에서 무슨 일로 다투는가) 석화광중기차신(石火光中寄此身, 부싯돌 번쩍이는 사이에 붙어 있는 이 몸이거늘)"이라며 비웃을 수 있는 이가 과연 몇이나 될까. 스님은 내게도 틈만 나면 "선과 악이 있다고 생각하느냐, 잘난 놈 못난 놈이 있느냐?"고 물었다.

일찍이 아시아의 황금 시기에/ 빛나던 등불의 하나인 코리아/ 그 등불 다시 한번 켜지는 날에/ 너는 동방의 밝은 빛이 되리라/ 마음에 두려움이 없고/ 머리는 높이 쳐들린 곳/ 지식은 자유롭고/ 좁다란 담벽으로 세계가 조각조각 갈라지지 않은 곳/ 진실의 깊은 속에서 말씀이 솟아나는 곳/ 끊임없는 노력이 완성을 향해 팔을 벌리는 곳/ 지성의 맑은 흐름이 굳어진 습관의 모래 벌판에 길 잃지 않은 곳/ 무한히 퍼져 나가는 생각과 행동으로 우리들의 마음이 인도되는 곳/ 그러한 자유의 천국으로/ 나의 마음의 조국 코리아여 깨어나소서.

— 타고르 〈동방의 등불〉

이데올로기든 종교든, 지역이든 분별심에 빠지면 자기의 이익을 위해 동포나 민족, 나라와 인류애는 제쳐두고 눈을 번득이며 총칼을 들거나 악구를 퍼붓기를 주저하지 않는 야차들만이 득실대던 현대사에서 오현 스님은 타고르가 말한 위대한 조선인의 모습을 잊지 않았고, 우리가 가야 할 길을 몸소 보여준 선구자였다.

초반엔 스님이 배를 갈라 내장을 드러내 보이는데도 의심하고 또 의심하다가 어느 날 홀연히 스님을 신뢰하고 공경했으니 나의 전심(前心)은 무엇이고, 후심(後心)은 무엇일까. 설악산 대청봉 위로 한 미친 노인네가 삼태기에 죽은 강아지를 담아 매고 대청봉을 넘고 있는데, 아직 나 홀로 설악산을 헤매고 있다. 스님이 떠난 봄날의 무산(霧山, 안개산)은 벼랑 밖으로 한 걸음 나아가기에 참 좋은 날이구나.

* 이 논문은 불교평론 주최로 2019년 5월 15일 동국대 만해마을에서 열린 무산대종사 1주기 추모세미나에서 발표된 내용을 필자의 동의를 얻어 재수록하였다. —편집자